日本憲法史叢書

9

植原悦二郎集

高坂邦彦／長尾龍一編

信山社

刊行の辞

大石眞
高見勝利
長尾龍一

「五十年経たないと歴史の対象にならない」とは、国史学者黒板勝美の言葉だそうであるが、変転極まりなく、何事もたちまち忘却の彼方に去ってしまう現代においては、これはやや悠長に過ぎるものかも知れない。しかしついに、この基準からしても、日本国憲法は、一九九六年に公布半世紀、九七年に施行半世紀を迎えて、歴史の対象に仲間入りした。

思えば、日本憲法史という領域は、戦後憲法学の中で、冷遇された領域であった。というのは、旧憲法の歴史は、「八月革命」以前のアンシァン・レジームの世界にあって、実定憲法学者とは疎遠なものと感じられたし、日本国憲法制定史は、「押しつけ憲法論」と結びついて、もっぱら反憲法派の好む領域の観があったからである。実際、日本国憲法制定史について、本格的な研究の鍬を入れたのは、改憲を念頭において発足した政府の憲法調査会であった。

しかし、歴史学の世界では必ずしもそうではない。明治初期史の研究は、憲法制定・議会開設をめぐる政府と民権派の対立を主題とせざるをえず、明治後期史・大正史の研究は、憲法を制度的枠組とし、議会を舞台とする藩閥と政党の闘争と妥協の過程を主題とする。昭和前期史の研究は立憲体制の崩壊過程を対象とし、占領史は日本国憲法の制定過程を主題とする。政治思想史においても、伊藤博文・井上毅、穂積八束・美濃部達吉などが関心対象となる。

それに、昭和十年代の伊東巳代治資料、昭和三十年代の井上毅資料、そして日米の研究者による占領関係資料の発掘など、多様な資料が公開・発掘されて、研究者の知的好奇心を刺激し、解釈学者にも「立法者意思」への関心を向けさせる。

しかし、憲法史という地味な領域の研究成果の多くは、目立たぬ大学紀要・論文集などに掲載されて、研究者相互の目にさえなかなか触れがたい。本叢書は、このような業績を、学界や関心をもつ読者に広く紹介し、研究の新たな発展に資そうとするものである。

一九九七年七月

目　次

目次

目　次

凡　例

本文の校訂については、原文を尊重する趣旨から、以下のような方針をとった。

1　漢字は原則として、原文で使用されている字体を用いた。但し、類似の字体については、編者の責任で各論文ごとにこれを統一した。なお、論文中の難解漢字は、後掲別表を参照されたい。

2　ふりがな・送りがな・強調点等は、原文によった。

3　促音便については、現代表記を採用した。

4　明らかな誤字脱字について、編者の責任でこれを改めた。

〔一　使用国名・地名漢字表〕

濠多剌利亜　オーストラリア
墺利亜　オーストリア
白耳義　ベルギー
加奈太　カナダ
加奈他　カナダ
丁抹　デンマーク
獨逸　ドイツ
希臘　ギリシア
匈牙利　ハンガリー
愛耳蘭・愛蘭　アイルランド
伊多利　イタリア
倫敦　ロンドン
墨西哥　メキシコ
和蘭　オランダ
諾威　ノルウェー
葡萄牙　ポルトガル
普魯西亜・普露亜　プロシア
露西亜　ロシア
蘇格蘭　スコットランド
西比利亜　シベリア
英領南阿　南アフリカ共和国
西班牙　スペイン
端典　スウェーデン
端西　スイス

土耳古　トルコ

華盛頓　ワシントン

歐羅巴　ヨーロッパ

【二　植原新旧漢字対照表】

〔5画〕
仝→同
囘→回

〔6画〕
收→収

〔7画〕
佛→仏
吳→呉
沒→没

〔8画〕
亞→亜
兒→児
免→免

兩→両
拂→払
爭→争
狀→状
來→来

〔9画〕
卽→即
拜→拝

〔10画〕
挾→挟
效→効
狹→狭
竝→並
缺→欠

益→益
氣→気
徑→径

〔11画〕
假→仮
參→参
將→将
專→専
帶→帯
旣→既
既→〃
晝→昼
欵→款
淺→浅
處→処

陷→陥

〔12画〕
强→強
惱→悩
爲→為
畫→画
發→発
絕→絶
虛→虚
圍→囲
黃→黄
殘→残

〔13画〕
亂→乱

亂↓〃
傳↓伝
圓↓円
搖↓揺
會↓会
腦↓脳
當↓当
碎↓砕
經↓経
與↓与
萬↓万
號↓号
裝↓装
遂↓遂
壹↓壱
虞↓虞
衞↓衛
奧↓奥
惠↓恵

鄕↓郷
鄉↓〃

［14画］
僞↓偽
團↓団
圖↓図
壽↓寿
奬↓奨
實↓実
對↓対
滯↓滞
滿↓満
盡↓尽
稱↓称
綜↓総
臺↓台
誤↓誤
軽↓輕

榮↓栄

［15画］
增↓増
寫↓写
層↓層
廣↓広
廢↓廃
數↓数
樣↓様
歐↓欧
澁↓渋
節↓節
賣↓売
踐↓践
價↓価
駈↓駆
齒↓歯
緣↓縁

［16画］
學↓学
戰↓戦
據↓拠
擇↓択
擔↓担
橫↓横
獨↓独
豫↓予
（豫）
賴↓頼
辨↓弁
選↓選
遷↓遷
遲↓遅
險↓険
隨↓随
餘↓余

凡　例

錢→銭
驅→駆

〔17画〕
勵→励
彌→弥
應→応
擧→挙
擊→撃
膽→胆
檢→検
濱→浜
營→営
爵→爵
縱→縦
總→総
聲→声
聰→聡
隱→陰
隸→隷
館→館
點→点
壓→圧

〔18画〕
擴→拡
斷→断
歸→帰
獵→猟
禮→礼
舊→旧
醫→医
聯→連

〔19画〕
懷→懐
獸→獣
穩→穏
藝→芸
藏→蔵
證→証
贊→賛
贈→贈
辭→辞
辭→〃
關→関
難→難

〔20画〕
勸→勧
嚴→厳
壞→壊
獻→献
繼→継
覺→覚
觸→触
讓→譲
譯→訳
譽→誉
釋→釈
騷→騒
鬪→闘
黨→党

〔21画〕
屬→属
攝→摂
續→続
辯→弁
鐵→鉄

〔22画〕
權→権
歡→歓
聽→聴
讀→読

〔23画〕

變↓変

顯↓顕

驗↓験

髓↓髄

體↓体

〔24画〕

蠶↓蚕

讓↓譲

I

通俗立憲代議政體論

博文館　明治四十五年二月發行

序

我國が立憲代議政體國の名を帶ぶること已に廿有餘年。されど、有名無實、未だ代議政治の實行を睹る能《あた》はず、否、啻に代議政治の實現を見る能はざるのみならず、我國民中未だ立憲政體又は代議政體とは、眞に如何なるものを意味するかを明確に適切に理解せざるもの頗る多しと思惟せらる。而して本邦に於ける幾多の政治學者は、只管、獨逸學派の或國家學者に倣ひ、專ら抽象的に國家なるものを解説し、憲法の字義に拘泥し、其行文、字句等を解釋するに熱心なるも、實際、事實上憲法の明文が如何に運用せられつゝあるかを調査、研究、説明するに深く意を注がざるものゝ如し。

一般の國民をして立憲政體及代議政體とは、如何なるものなるか、又如何なるものならざるべからざるかを會得せしむるは、彼等をして立憲代議政體に關する一定の理想或は觀念を抱かしむるの途なり。又、彼等をして憲法が實際如何に運用せられつゝあるか、猶且つ、年を經るに從ひ、其明文の意義と隔たり、制定者の意思に違《たが》ひ、如何に變化しつゝあるかを了解せしむるは、彼等をして政治に注意するの必要を自覺せしめ健全なる立憲代議政體組織の途を需め、途を啓かしむる最良の策なり。如何に我國の官僚等爲政者が口に「憲政有終の美を濟《な》すを望む」と說き、「立憲政政治の美果を收むを冀ふ」と反覆するも、又、如何に幾多の憲法學者が的確に憲法の明文、字句を論議註釋するとも、一般の國民をして立憲代議政體とは如何なるものを意味し、如何なるものならざるべからざるかを充分に理解せしめ、之に對して一定の觀念を抱かしむることなく、又、彼等をして自己の存在を自覺せしめ、政治に注意し政治に參與するの必要を自認せしむることなくんば、如何でか立憲代議政體の健全なる發達を望み、代議政治の實現を見るを得んや。
著者爰に観る所ありて本書をものせり。固《もと》より極めて簡單なる一小冊子、果して本書が能《よ》く著者の志望を充たし、聊か此缺を補ひ得るや否、著者自らの識り能はざる所、敢て讀者の批判を請はんとす。幸に世の識者、若し著者の誤解謬見あるを發見し、之を指摘するの勞を採り給はゞ著者の感謝に堪へざる所也。

明治四十五年一月下浣

著　者　誌

通俗立憲代議政體論　目　次

第五章　形式的代議政體

第九章　政黨

第十章　選擧と投票

I　通俗立憲代議政體論

緒　言

我邦の爲政家は屢々《しばしば》「憲政有終の美」なる言辭を口にし、學者、代議士、法律家、新聞雜誌記者等之を反覆す。其意義果して如何。

憲政有終の美を濟《な》すとは、立憲政體が順を逐ふて發展し、秩序正しく健全なる代議政治の實行を見るまで漸進するを意味するものなるか。將又《はたまた》立憲政體の下、寡頭政治、金力政治、閥族政治、官僚政治等の發生を意味するものなるか。超然主義を標榜する山縣公及桂公の唱ふる憲政有終の美は前者の意義にあらざるべし。超然主義と代議政體とは全然兩立すべきものにあらず。超然主義とは行政長官卽ち閣臣が、獨り陛下の信任に由って動き、國民の多數を代表する議會に於ける多數代議士の意思意嚮《いきよう》には隨《したが》はざる主義を意味するものなり。

故に「憲政有終の美」なる語は、之を用ゆる人に由りて其意義を異にす。專制政治を理想とする人が、憲政有終の美を濟《な》すを望むと言へば、專制政治の實行を希望すてふ意義にして、武斷政治、官僚政治を以て理想とする人が、之を言へば武斷政治、官僚政治の發展を意味するものなるや明なり。假令《たとえ》ば「僕は熱心に我目的を貫徹せんことを望む」なる言辭は、何人も使用し得べきも、其目的なる實體は各人の理想に由りて一樣ならず。それと均しく「憲政有終の美」なる辭は、之を用ゆる人に由りて各其意義を異にす。されば、之を使用せんとするものにして其意義の明確ならんことを欲せば、豫め立憲政治に對する自己の理想を述べざるべからず。然らざれば其言ふ所、全く徹底せざるべし。

我大和民族にして誰か我國の政治組織の善美なるを欲せざるものあらんや。瘋癲《ふうてん》白痴にあらずんば、此土に生を享《う》け、生を保ち、産を有し、而して我國の衰頽滅亡をこれ冀《ねが》ふの理なし。之《こ》れ恰《あたか》も人にして其體軀の不健全を望み、其抱負の全からざることを欲するものなきが如し。而して各人の希望抱負は各自の織見、嗜好、感情、思想、理想、經驗、境遇に由りて甚しき相違あり。されど各人が有する一個人に關する希望抱負は、各自如何に相違するとも更に軋轢を生ずることなく、又希望抱負其物の性質に於て善良なる限りは社會を益すること多くして害することなきも、政治組織の如き社會一般又は國民全體に亘る事に關して、各人の希望に就き甚しく相違せんか、同黨、異伐、衝突あり、内訌あり、軋轢あり、騷亂ありて社會の秩序を亂し、世の發達進捗を害することの免れ得べからざる事實は、世界各國の歷史に徵して明なり。ゆえに一國政治機關の健全なる發達進化を圖り、善美なる政治組織を見んと欲せば、先づ其國民の政治思想を養成し、一定の政治組織に對する觀念及理想の調和を求めざるべからず。然らずんば順を逐ふて秩序正しき、健全なる政治組織の發達進化を期せんと欲するも能はざるべし。

人若《も》し我國に於ける立憲政體の健全なる發達を圖り、代議政治の實を擧げんと欲せば、憲政に關する枝葉末班の論爭は姑《しばら》く擱《お》き、先づ我國建國の歷史より其國體に鑑《かんが》み、國民の人情、風俗、習慣を察し、社會組織の狀態を究め、國民の政治心理に徵し、又、時世の推移、思想の變遷、世界の大勢を鑑み、如何なる立憲政體、如何なる代議政體が尤も能《よ》く我國民に適合するやを研鑽窾究《きょうきゅう》して、國民間に於ける政治思想の調和を求めざるべからず。如何に爲政家、學者、法律家、新聞雜誌記者等が『憲政有終の美』を濟さんと公言し、之を希望するとも、彼等各々立憲政治に關する見解を異にし、又庶民が代議政體の何物たるかを明晰に意識し能はずんば、到底健全なる政治組織を構成するに足るべき國民の綜合意思を發生せしむべからず。憲政組織の改善を圖る、要は國民の政治組織に對する根本的思想、理想の調和にあり。而して此調和を求むるには、先づ立憲政體及び代議政體なるものを出來得る限り、正確に定義し、明瞭に解釋して國民一般に識らしめざるべからず。

立憲政體又は代議政體など云ふ文字を識り、之を讀み、之を綴るは尠しも困難ならず。されど、其文字以内に横はるものゝ實體實質を識るは容易ならざるべし。勿論、其文字を識る人は之に付き多少の見解を有し居るは疑ひなきも、一般國民の立憲政體又は代議政體に關する智識は極めて淺薄なるものゝ如し。吾人が日々三回使用する箸又は茶碗などを代表する文字に接せば、必ず明瞭に箸、茶碗の實體が鋭く腦裏に印象せらるゝ如く、代議政體又は立憲政體なる文字が明瞭なる實物のを與へざるべし。之れ畢竟《ひっきょう》其物に對する知識の淺薄と見解の漠然たる所以也。

我國に於ける幾多の憲法學者は能く熱心に明治廿二年發布せられたる憲法の行文字義を論じ、種々なる註釋を付せらるゝと雖《いえど》も、更に憲法が實際如何に運用せられつゝあるかを研究せざるものゝの如し。文字はものゝ符號なり、其數にも限あり、意義も亦不完全なることを免れず。而して宇宙の森羅萬象及び人間の思想は殆んど無限なり。此不完全にして限りある文字を以て殆んど限りなきものを代表せしめんとす。固《もと》より完全なる能はず。其意義を解釋するに就き多少の相容れざるものあるは免れ難きことなり。ゆゑに憲法の行文につき正確なる字義註釋を與へ、時に際して疑問なからしむることを期するは必要なり。憲法學者たるもの爰《ここ》に意を注ぐ其當を得たるものなるや疑なし。

されど、憲法は不變のものならず、成文憲法なれば其行文を改正せざる限り、其法文は不變なるべきも、憲法は不變なりと謂《い》ふべからず。憲法を運用するものは人間なり、而して人間なるものは時々刻々變化しつゝあり。憲法の行文は不變なるべきも、如何でか其運用が運用するものゝ變化に應じて變化せざるの理あらんや、加之《しかのみならず》、憲法は之に附屬する議院法及議員選擧法等の改正に由り甚しく變化するものなり。英國の有名なる憲法學者サァー・ウヰリアム・アンソンは英國の憲法は千八百三十二年の選擧權擴張に由り、根本的變化を來せりと主張し、其著書中に論ぜる一節あり。（ロー、ヱンド、カストム、オヴ、ゼ、コンスチウシヨン三版第二巻緒論頁二八）以て憲法が如何に著しく之に附隨する法律の改正に由りて變化するかを證するに足るべし。又憲法は運用上生れ出づる所の慣例に由り、甚しく變化するものなり。されば、何れの國の憲法も時日を經過するに從ひ、漸々《ぜんぜん》制定者の意思と隔たり、行文の意義に違ひ、社會の進化に應じて變化すべし。ゆゑに憲政の發達を計らんと欲せば憲法の文字行文の定義を研究するよりは、より多く其運用を審査考究せざる可らず。

憲法の義解註釋を付するにも、法律の行文を解釋するにも其土臺は人間なることを忘るべからず。人間を捨てゝ國家もなく、憲法もなく、法律も存在せざるべし。然るに、獨逸學派の或國家學者は人間の存在を捨てゝ、抽象的に國家なるものを、自己の胸中に蜃氣樓《しんきろう》的に描く出し、嚴格らしく論ずることあり。此種の學者は憲法を解釋するにも矢張人間の存在を認むることなく、只管《ひたすら》文字の意義に拘泥し、自ら漂泊する所を意識せざるものゝ如し。憲法を編み、法律を作るものは人間なり。之を解釋するものも人間にして、之を運用するものも亦人間也。國家と稱するものも亦人間の聚合體《しゅうごうたい》ならずや。而して人間なるものは各々其容姿面貌の異なるが如く、各自均しからざる程度に於て、理性もあれば、情性もあり、慾もあれば、嫉砧心もあり、慈悲心もあれば、愛もあり、泣きもすれば、笑もし、怒りもすれば、理窟も云ふものなり。斯く理も情もあるものが夥多《あまた》聚合して組織して居る團體、又は彼等が定むる法規法典を解説せんとせば、須《すべか》らく彼等の存在を認め之に準じてなさざるべからず。曾《か》つて獨逸の哲學者ヘーゲルは、其抱けるパンセイズムなる宗教觀を捨て、只管《ひたすら》嚴然たる論理一片に基き宇宙の森羅萬象を解釋せんと企て其結果彼自身の胸中に、無情無意味なる論理に由って組織せられたる抽象的一種異樣の宇宙を案出せり。國家の組織及び憲法制定の源泉たる人間を忘れ、國家の存在を論じ、憲法を解説せんとするものも亦蓋《けだ》し此類なるか。

立憲政體も亦代議政體も人間が作りて人間が運用するものなれば、文字の如く固定四角四面なる能はず。立憲政體と云ひ代議政體と呼ぶとも國々に由りて均しからず、又或二國に於て憲法の行文全く同一のものを有するとも各々建國の歴史を異にし、國民の風俗、習慣、政治思想、政治心理を同うせざれば、運用上著しき相違を生ずべし。げに我國の憲法第三拾七條、三拾八條及六拾五條と、千八百七拾五年二月廿五日發布せられたる佛國憲法の統治權に關する規定第一條及上院組織に關する規定第八條と殆んど同一の行文、同一の文字を有するも、兩者の運用に就ては甚しき相違あり。而して何れの國の憲法の運用も亦其國民〝人間〟の變化に伴ひて不絶變遷して止まず。之を極不完全なる符號的の言葉又は文字を以て、寫出し、説明せんとするは極めて難事なり、到底滿足なる結果を見る能はざるべし。されど出來得べきだけ明瞭と正確を期し敢へて立憲代議政體なるものゝ解釋説明を試みん。

第一章　立憲政體

凡そ一邦家又は一社會をなし、之を統治する機關の備はる所にして憲法を有せざるものなし、王國にせよ、帝國にせよ、專制君主國にせよ、共和國にせよ、族長政治の行はるゝ社會にせよ、必ず憲法あらざるなし。

神武天皇が此豐葦原の瑞穗の國を鎭定し、親しく祭祀の法を司り、統治の權を握り、皇位を永遠に世襲と定め、諸官を閥族の有となし、族長制度を設けて統治機關の組織と運用を示せるは、我國の憲法を創定せるものなり。而して聖徳太子十七條の成文憲法とは、治世の主義方針を示し、君臣の分を明かにし、國民は總て陛下の臣民にして階級に由りて差別なきを説きて、神武天皇以降運用せられつゝありし不成文憲法を補充せられたるものなり。徳川氏の治世に於ては公武法制十八條なるものありて政治組織の概要と施政の精神及方針を示せり。これ一種の憲法なり。此法制十八條なるものは後人の僞作なりとの説あれども、徳川氏治世の精神及び方針が實際之に基きて實行せられつゝありしものとすれば、之が家康の時代に已《すで》に編成せられしと、せられざりしとを問はず徳川治世の憲法と認めざるべからす。憲法なるものは一社會又は一邦家に於ける統治機關の組織を定め、其機關各部の權限と運用方法を示し、統治の主義及び方針を明かにし、且つ國民又は市民の自由權利の限界をも定むる法典なり。されど何れの憲法も此定義に嚴しく當塡《あたはま》ることなし。これに適合するものは比較的能《よ》く進歩したるものなり。

成文憲法と不成文憲法との區別は容易なるが如くなれども容易ならず、只其大體に於て形式上の區別をなし得るのみ。成文憲法とは熟字の示すが如く、文體をなしをる憲法と言ふ意味なり。猶《なお》委《くわ》しく言へば一定の纏《まと》まったる法文に由り、之れが憲法なりと明記制定せられ居るものなり。不成文憲法なるものは、傳説、習慣、慣例、或は普通の法律等に由りて不文の間に一國の統治機關の組織及び運用方法等が定まりつゝある場合に存在するものと識らるべし。既に述べたる如く、國家の組織あれば必ず憲法あり。而して文字未だ發明せられざりし時代に於ける一社會又は一邦家の憲法は正に不成文憲法なり。されど、現今の文明國に於けるが如く發達せる社會に於ては、傳説も、慣例も、風俗習慣も殆んど皆文字を以て何處にか記錄せられつゝあり。ゆゑに、文字廣く用ひられつゝある邦家に於ける憲法が不成文憲法なりと呼ばるゝとも、全然其憲法が不成文なりとの意味ならず、只之が憲法なりと纏まったる法文に由りて編成せられ居らずと云ふのみ。斯の如き場合には種々なる法律、傳說、慣例等が自然に綜合せられて憲法を構成するものなり。其結果不成文憲法は成文憲法に於けるが如く、普通の法律との限界歴然ならざるべし。現時英國が有する憲法は此種の不成文憲法なり。

英國現時の憲法は、一般に英國の大憲章《まぐなかーた》として識らるゝ憲章の精神に基きて發生し、漸次年を逐ふて進化せるものにして、此大憲章は西暦千二百十五年、今を距《さ》ること約七百年の昔、ジョン王に由りて發布せられたるもの、成文體なるも、近世の成文憲法の如く法文式をなさず。其内容稍々《やや》粗雜の感なきにあらざるも、此大憲章は曾て英國の憲法學者ハラム氏が英國民自由の原譜にして又柱石なりと言ひし如く、獨り英國憲法の骨髓なり精神なるのみならず、世界各國に於ける近世政治史上及思想界に與へたる感化實に尠からず。此大憲章に由りて英國人は始めて宗教の自由を確認せられ、犯罪者は法廷に於て公然審問なくして刑罪を科せらるゝことなく、又納稅者は承諾なくして妄《みだ》りに新課稅を附せらるゝことなき權利を公認せられたるものなり。而して英國人が今日自ら誇る所の自由と權利及世界各國の人が羨望する所の英國の代議政體なるものは此大憲章より生れ出で、年と共に徐々に進化したるものなり。ゆゑに英國現時の憲法は幾多の慣例、法律、議會の決議等によりて構成せらるゝ不成文憲法なり。西暦千七百七十六年米國合衆國が英國の羈絆《きはん》を脫し、獨立國を建設するに至りしも、英國の大憲章中に籠もる政治思想に負ふ所尠からず。固より合衆國が其母國なる英國に對し叛旗を翻へすに至りしは、時に際せる英國政府の專制的壓迫と苛酷なる課稅に基くと雖も、之に就き殖民時代に於ける合衆國民を刺擊し奮鬪せしむる原動たりしものは、大憲章中に宣告せらるゝ『課稅は納稅者の承諾を受くべきものなり』との主義なり。此主義に基き合衆國民は納稅者として代議士を英國議會に送ることを請願せしも、拒絕せられて遂に獨立するに至れり。我國に於ても明治六年征韓論のため閣議分裂せし後、直に民選議院開設の運動起りしは、蓋し英國の大憲章より生れ出でたる政治思想が我政界へ侵入せるに因る所尠からず。明治二十二年發布せられたる我國の憲法は、此思想に基き普魯西亞の憲法に擬し、佛國及英國等の憲法を參酌し編成せられたる成文憲法也。

成文憲法と雖も、嚴しき意味に於て憲法全部が悉く法文體をなし憲法と呼ばるゝ法典中に存在すべきものにあらず、又なし能はざるべし。成文憲法は不完全なる人間に由りて一定の期間に編成制定せらるゝものなり。而して之を編成する人間は編成する間も、編成せし後も間斷なく變化しつゝあり。之を運用するものも、國家も、社會も、政事團體も亦然り、時々刻々變遷して止む時なし。之に伴ひ憲法も亦變化せざるを得ず、變化したる部分は法律として、議會の決議として、慣例として存在すべし。故に成文憲法も發布せられし時より、年月を經過するに從ひ、社會の變化につれ倍々《ますます》變化し、不成文憲法なりと稱せらるゝものと甚しき差違を生ぜざるべし。只成文憲法と不成文憲法と最も相違する點は、不成文憲法は時代の變遷に應じ、全部容易く改め得べきも、成文憲法に於ては其骨子たるべき部分のみは容易に變更し得べからざる事なり。其結果成文憲法は時として革命を釀《かも》すことあり。

社會又は國家は恰も有機體の如く發達するか或は衰微するかにして決して停止するものにあらず。而して成文憲法なるものが固定的の文字を以て其組織を定め、自然の進化を妨げ、其發展を永久抑壓するを得ば社會又は國家は萎微するも革命の危險なしと雖も、若し其進化力を一時抑壓し強き反動を惹起せば、憲法の爆發卽ち政治上の革命は數の免れざる所なり。

立憲政體と立憲政體ならざるもの、換言せば、立憲政體と專制政體とは、成文、不成文憲法を區別するが如く困難ならず。既に述べたる如く國にして憲法を有せざるものあらざるも、單に憲法を有するがゆゑに立憲國と謂ふことなし。穗積八束博士は立憲政體と專制政體の區別を論じて曰く、

「今ノ政治ニ顯著ナルノ政體ノ異同ハ專制政體ト立憲政體トノ別ナリ。而シテ此ノ專制ト立憲制

トノ別ハ、之ヲ權力分立ノ主義ニ懸ケテ念スルニ非サレハ其ノ本旨ヲ明カニスル能ハサルナリ。所謂權力分立ノ主義ハ、一人ニシテ國權ヲ總攬シ立法、行政、司法ノ諸權力ヲ兼併專行スルトキハ、權勢ヲ濫用シ下民ヲ壓制スルノ弊ニ陷リ易キカ故ニ、須ク此三權力ヲ分立セシメ以テ一人ノ專制ヲ抑ユヘシトスルノ本旨ニ出ツ。（中略）立憲政體トハ權力分立ヲ主義トスルノ政體ナリ、專制政體トハ權力兼併ヲ主義トスルノ政體ナリ」（『憲法提要』上巻頁一〇三）と。

之に依りて觀れば、穗積博士は一國の統治權卽ち立法、行政、司法の三權を一人にて左右する政治組織を專制政體と稱し、此等の三權が異なりたる人に由りて運用せらるゝものを立憲政體と稱するものゝ如し。若し、果して之が穗積博士の意義なりせば、博士は立憲政體と專制政體の根本的差別を全く誤解し居るものに非ざるか。

博士が『國權』と稱するもの、卽ち一國の統治權なるものは決して分離分立せらるべきものに非ず。行政權と云ひ、司法權と呼び、立法權と稱ふるものは、單に統治權の各々異なりたるワン・アスペクト、一方面のみ。立法權又は司法權なるものが行政權を離れ行政權及司法權なるものが立法權に分れて存在するものに非ず。而して稍々《やや》進化せる社會に於ては、必ず法を編み、法を定め、法を以て人を治め、人を制し、社會の秩序を保全するが通例なり。斯の如き社會又は國家に於て、一人が親しく法を編み、法を定め、法を行ひ、法を司り、刑罰を行ふことなし、必ずや多少の分業分擔あり。我國の封建時代に於ても、法を編纂制定することは多く儒者の手に委ね、刑罰は奉行及其他のものをして行はしめ、行政長官たりし大老又は家老等が直接之等に當りしことなかりき。又、明治二十二年の憲法發布せられし以前、已に元老院の設置及裁判所の設けありて、行政、司法、立法が異なりたる人の聚合體に由りて分擔せられつゝありしことあり。此等を以て穗積博士は立憲政體と呼びなすか。

立憲政體と專制政體と分岐する所は、統治機關に於ける組織の相違にあらず、斯く異なりたる統治機關を組織するに至らしむる根本的精神の相違なり。專制政體の精神は、治者被治者の區別を嚴にし、專ら治者（君主或は統治者）を主とし、被治者（庶民或は國民）の存在を認めず。而して專制政體の下、治者はアルハ・オメガにして、彼等は庶民のために存在するに非ず、庶民は彼等のために存在するなり。之と異り、立憲政體なるものは、國民が彼等自身其存在を自覺するか、或は從來の治者が國民の存在を認むることに依りて始めて起るものなり。立憲政體『コンスチチューショナル・ガヴァーメント』又は『コンスチチューショナル・システム・オヴ・ガヴァーメント』なる語は、之を歴史的に解するも、又、今日使用せられつゝある意義に解するも、民定憲法卽ち國民自ら制定したる憲法、或は從來の治者なるものが、國民の存在を認め國民の要求に應じ、其要求の一部又は全部を容れて編成したる憲法によりて組織せられたる政體を意味するものなり。例へば、現時に於ける佛國、米國、端西、葡萄牙等の憲法は、此等の國民が自ら制定せるものなれば、此等の憲法に依り組織せらるゝ政體は立憲政體なり。又、英國、獨逸、墺利亞、匈牙利、伊多利、西班牙、和蘭、端典、丁抹、諾威、白耳義、露西亞、土耳古、希臘、日本等の憲法は、各國民の要求に由りて編成制定せられたるものなれば、之に基き組織せらるゝ政體も、亦均しく立憲政體と稱せらるべきものなり。

立憲政體國に於ける政治組織は、王國、帝國、共和國の區別なく、必ず或程度に於て民意の代表を意味するものなれば、一面に統治者の權利が制限せられ、他面に國民の自由權利が保障せらるゝものなり。而して抽象的又は形式上の統治者ならず、事實上の統治者が國民多數の意思に由りて定めらるべき立憲國に於ては、國民の自由、權利は儼然たる保障を有するも、我國の現今に於けるが如く事實上の統治者（内閣大臣）が、國民の意思以外に存在する場合には、國民の權利、自由は、憲法の規定せる法文上の保障にも不拘《かかわらず》、實際統治者の意思に由りて甚しく伸縮せらるべし。

又、普通立憲國に於ては統治者の專横を妨げ、權勢を制限し、國民の自由、權利を保障するがために、國民を代表するものを以て組織せらるゝ議會なるものあり。此議會なるものは實際事實上の統治者を支配するか、又は統治者の權勢と國民間に於ける潛勢力との均衡を保ちて、專制的權力を掣肘し、國民の自由權利を保障するものにして、立憲政體の要素なり。而して國民の輿論、國民の意思は議會を經て發表せられ、之に由り立憲國に於ける凡ての政治、政策は制定せられ又は拘束せらるゝものなり。ゆゑに立憲政體の發達は一に議會の發展如何に歸着するものなりと謂ふべし。

第二章　代議政體

立憲政體國に普通議會なるものが存在せることは前章に於て論述せり。而して此議會なるものは國民(嚴しく言へば選擧權所有者)が選出する議員に由りて組織せらるゝものなれば、凡て國民を代表して組織せらるゝ政治機關なる如く思惟せらるゝも、事實は決して然らず。議會にして能く國民を代表するものと、せざるものとあり。されば凡ての議會制度を代議政體なりと云ふべからず。又凡ての立憲政體も代議政體ならざるべし。

然るに我國に於ては代議政體と立憲政體なる語を混同して一般に使用せられつゝあるも、代議政體と立憲政體とは、椀と茶碗、馬と驢馬程の相違あり。人若し椀と茶碗、馬と驢馬とを混同せば、何人も直に其誤謬を發見し得るも、代議政體と立憲政體とを混同するも其誤ちを糺すもの甚だ稀也。之れ畢竟代議政體及立憲政體なるものに對する知識の淺薄なるがためなりと謂はざるべからず。若し代議政體及立憲政體なる言語又は文字が、椀、茶碗、馬、驢馬等の言葉又は文字が、觸接に應じて、其代表する實物を腦裏に印象するが如く、鋭き印象を腦裏に與へなば、決して兩者の混同使用を誤り、又は之を觀過することなかるべし。而して立憲國の國民には椀、茶碗、馬、驢馬に對する知識よりも、寧ろ代議政體及立憲政體に對する知識の一層必要なることは云ふを竢《ま》たず。

代議政體とは國民の輿論に由りて一國の政治が行はれ得べき政治組織を意味するものなり。詳言すれば、議會に列する議員が選擧に臨み、主義政綱を明かに公表し、選擧人を餘儀なくすることなく、全く彼等の自由意思に由りて選出せられ、而して斯く選出せられたる議員の多數が議會に於て國政の方針を定め得べき政治組織を意味するものなり。

立憲政體なるものは、既述の如く國民の聲に由り、又は聲を含んで制定せらるゝものなりと雖も、立憲政體なることは、國民の輿論に由りて國政が行はるゝ政治組織を意味することなし。立憲國に於ては通例代議政體又は形式的代議政體あるも、立憲政體と代議政體とは異名同物に非ず。立憲國にして議會あるも、國民の輿論、國民の意思に由りて國政の方針が決定せらるゝことなく、專斷政治、寡頭政治、官僚政治、金力政治等が實行せらるゝ所は、只代議政體の形式を有するのみにして其實を有せざれば、此等は形式的代議政體とも稱すべきものなり。國民の意思、國民の輿論が國政の中心となり、議會は能く國民を代表し、國民は能く議會を支配するに至って、初めて代議政治の實行を見るべく、代議政治の實行を見るに至って、初めて代議政體の存在を確認し得べきものなり。

實例に就て曰はんか、英國、佛國、端西等は代議政體國なり。英領南阿、加奈太《カナダ》、濠多剌利亞《オーストラリア》等は自治權を有する範圍に於ては代議政體の組織を有すると云ふべく、獨逸、西班牙、合衆國、露國、日本等は形式的代議政體國なり。

而して佛國、端西等は共和國なるも英國は君主國なり。且つ現今の文明國中最も古き立憲政治の歴史を有する國なり。其國民は發達せる政治思想を有し、能く常識を備へ、愛國心に富み、公共心に深く、比較的冷靜にして能く感情を制し、餘り情實に拘泥することなくして道理を重んじ、個人的にして獨立を愛し、自由を尊び、權利を貴ぶ性格を有するのみならず、歷史上最も能く政治的經驗に長ずる國民なり。彼等は族長制度純然たる專制的君主政體、封建制度、君主制立憲政體、共和制立憲政體、立憲制形式的代議政體、立憲制純然たる代議政體等に關する幾多の經驗を積み、閥族政治、專制政治、寡頭政治、金力政治、武斷政治、官僚政治、代議政治等をも能く玩味す。而して英國が今日、完全なりと云ひ難きも慥かに健全なりと云ひ得べきまで能く發達せる君主制立憲代議政體の組織を有する、決して偶然に非ざるべし。

單に慣例及び法文上より觀察すれば、現今に於ける英國の政體は其組織極めて複雜なるも、實行上より論ずれば、比較的整然たるものなり。英國は我國の如く萬世一系なりとは云ひ得ざるも皇統連綿たる一天萬乘の皇室を戴き、此皇室より出でゝ王位を踏み給ふ英王は、事實上は兎まれ角まれ、法文上英國の統治權を有し、之を總攬し給ふものとす。之れ英國の代議政體に君主制と冠する所以なり。英國の立憲國なることは贅言を要せず。英國は世界中の立憲國の母とも謂ふべし。而して代議政體に就て云ふも亦世界に於ける代議政體國の母なり。

法文上及び名義上より論ずれば、英王は英國の統治者なることは一條の疑問なし。されど何處の國に於けるも實際の統治者なるものは、普通政府と稱せらるゝ統治機關にして、英國に於て此統治機關を造るものは事實上國王にあらずして國民なり。勿論、統治機關の主腦なる運用者、卽ち內閣大臣を名義上儀式的に任命するものは、恰も我國に於けるが如く、陛下の親しくなし給ふ所なりと雖も、實際國王が任命し給ふ時には、既に國民の輿論に於て何人が大臣なるか豫め決定し容易に動かすべからず。

又、賢き聖上陛下には國民の意思に逆ひ自ら自由に國務大臣を任命し給ふことなし。我國に於ても憲法の文意上、國務大臣を任命し給ふは天皇陛下なりと雖も、今回及前回の内閣更迭に關しても、之が桂公と西園寺侯との商議に依りて略ぼ決定せられたる事實に徴するも、實際國務大臣の後繼者は少數の官吏に由りて、豫め決定せらるゝものゝ如く、陛下の任命は多くの場合、儀式的形式上のものなりと思惟せらるべし。只本邦と英國と相違する點は、英國に於ては國民の意思、輿論に由りて國務大臣決定せられ、我國に於ては少數の官僚等に由りて決定せらるゝにあり。是蓋し代議政體と形式的代議政體と分岐する所なり。

英國に於て國民が能く國務大臣を定め又は廢し得るは、彼等が直接に能く議會を支配し得るに依るものなり。英國民は我國に於ける多數の選擧人の如く、代議士を選出するに金錢を標準とすることなし。又候補者も運動費に由りて投票を聚《しゅう》蒐《しゅう》せんと努めず。彼等の選擧競爭場裡に用ゆる唯一の武器は筆と舌なり。而して選擧人が候補者を定むるは、其主義と、政綱と、人格とにして人格に重きをなす、候補者が或事情のために妻を離縁せしと云ふことに由りてすら其資格を失ふことあり。

人格は其人の素行に由りて、世人の判定すべきもの、主義、政綱は候補者の自ら發表すべきものなり。如何なる問題にも、必ず尠くとも二樣の說あり。ゆゑに兩派の候補者出づるは必然、各々相反する候補者は、選擧場裡に於ては勿論、平素と雖も、充分自己の主張、主義、政綱を國民に說明せざるべからず。加之、彼等は自分と主義、政綱を同ふするもの、換言すれば自黨が、選擧の結果、議會に多數を占めしならば、必ず其主張する政綱を實踐し、選擧者を滿足せしむる政策を實行することを誓言せざるべからず。斯くして選擧人は兩者の說を咀嚼し、其信ずる所に向って投票す。而して、選擧場裡に於ける二派の說は、議會に於て兩黨の對峙となり、議會に於ける多數黨の主領は入って内閣總理大臣たるべく、黨内順次之に次ぐものは各國務大臣に、而して英國皇帝は此等に儀式上國務大臣の任命すべき組織なり。

故に英國に於ては、内閣大臣は代議士なり。代議士にあらずんば大臣たる能はず。而して内閣大臣が屬する黨派は議會に於て多數を有するものなれば、國民又は議會の見地より英國の政府は、我國に於て政府と呼ぶものと甚しき相違あり、同一視すべからず。我國の政府なるものは國民と隔て國民の外にあり、少數人士に由りて組織せられ、國民は勿論、議會をも支配するものなり。然るに英國の政府なるものは、國民を代表し國民に由りて作られ、國民の中にありて國民を支配し、國民に支配せられつゝ國家の統治權を運用しつゝあるものなり。

斯くて我國の政府は議會と主義政綱上更に連結を有せず、されど議會の存在を許す限りは我國に於ても凡ての法律は假令《たとえ》形式上なりとも、議會に於ける多數の賛同を得ざるべからず。故に政府と議會と偶然意思の一致を見るか、『情意投合』『意思吻合』するか、單に議會が政府に盲從するか、政府が議會を威壓屈服するか、將又議員多數を操縱籠絡するか、買收するにあらずんば、議案の通過を望む能はず。之と異り英國の政府は國民を代表し、議會に多數を占むる政黨を代表するものに由りて組織せらるゝがゆゑに、議會の多數と主義政綱を均ふするは勿論、威壓屈服、操縱、又は買收の必要なく、容易く議案の通過を計るを得べし。時として若し政府が議員多數の意思に反し、議案を提出したる場合に議案の否決を見んか、政府は責任を明かになさんがため、直ちに辭職し議會に於ける多數を代表するものをして、新たに内閣を組織せしむるか、又は議會を解散して國民の輿論に訴へ、直接國民の裁決を求むるか、其二途一途を擇ばざるべからず。前者を採る場合には單に内閣の更迭、後者を採る場合には總選擧後、新議會に於て政府黨多數を占むれば、内閣は留任し、然らざれば辭職、議會に多數を占むる國民の意思を代表するものをして、新内閣を組織せしむべし。

斯くて英國の議會に於ける議案の討議は、政府黨と反對黨間に於ける主義政綱の爭なり。而して政府黨は、常に議會（衆議院を意味す）に多數を占むるがゆゑに何時《なんどき》にても議案の通過をなし得べきも、我國の議會に於て、重大なる問題をも妥協、又は情意投合とて、少時日間に有耶無耶に決議し去る如く、輕忽に事を決議することなし。假令一小問題なりとも事國家に關するがゆゑ、政府は一々充分反對黨の質問に答へ、説明に説明を附し、能く國民に了解するべき機會を與へたる後にあらずんば議決することなし。

勿論、英國の議院制度は二院制にして、衆議院の外に直接國民を代表せざる貴族院あるがゆゑ、凡て政府と衆議院議員の多數に由りて、全然決定せらるべきものに非ず。貴族院が衆議院通過の議案を停滞せしめ、又は否定することあり。されど、慣例上又は常識に由り、英國の貴族院は、國民の輿論を代表して編成せられたる議案を妄《みだ》りに否決することなし。若し實際非常に重大なる議案にして、政府と衆議院議員の多數が、正しく國民の意思を代表するや否や疑はしき場合には、同議案を否決し、政府をして議會を解散し國民の輿論に訴へしむ。而して總選擧の結果、再び政府黨多數を占むれば貴族院は新議會に於ては、躊躇なく同議案を通過せしむるが通例なり。

げに、一昨々年ロイド・ヂョージ氏の豫算案が地價增加税なる新課税につき、地價制定の法律的意義を有する一項を含有するてふ理由を以って、貴族院は千八百六十一年以來五拾年間實行し來りし慣例〝貴族院は財政案を否決せずてふこと〟を破り同案を否決せり。其結果、自由黨政府は餘儀なく議會を解散し、全豫算案の處決及貴族院の權限に關し國民の輿論に問へり。而して總選擧の結果、自由黨政府は國民の贊同を得て再び議會（衆議院）に多數を制せしかば、全案を復活せしめしに、今や貴族院は一言の辭なく之を可決せり。又、政府は貴族院の權限につき、法律を定め再び彼等をして豫算案に干渉するが如きことなからしめ、且つ、グラッドストーン内閣斃《たお》れし以來、拾數年間、貴族院が常に保守黨を助け、自由黨を抑歴したることあるに依り、貴族院の此偏頗《へんぱ》を防がんため、ヴヰトー・ビル（拒否權廢止案）なるものを編成し、之を壹昨年の議會に提出し、大多數を以て衆議院を通過せしも、仝案は甚しく貴族院の權能を制限するものなれば、仝院は斯《かく》の如き法案は國民の意思を代表するものに非ずとなして否決せり。其結果再び總選擧となり、自由黨又々衆議院に多數を制するや、最早國民の輿論定まるものとなし、自由黨政府は直に仝案を提《ひっさ》げて議會に臨み、速かに衆議院をして之を可決せしめ、貴族院に交付せり。仝案に依れば、貴族院は獨り財政案につき全然拒否權を失ふのみならず、引續き三回の議會に於て衆議院を通過したる凡ての法案につきても亦同一の權を失ふべきものにして、貴族院のため極めて不得策なる法案なるにも不拘《かかわらず》、彼等は國民の輿論、國民の要求を重んじ、遂に之を可決し、國民のため、彼等が久しく持續し來れる地位、特權、利益をも抛棄せり。之を我國の貴族院及官僚黨の國民に對する態度に比さば如何、誰か思半ばに過ぎざるものなしとせんや。

斯くの如く英國の議會及政府は能く民意を代表し、國政を定む、之れ代議政體と呼ばるゝ所以《ゆえん》なり。猶、代議政體と形式的代議政體の區別を明にせんがため、米國合衆國の政體組織を説明せん。

合衆國は共和國なり、立憲制なることは論を俟たず。されど、合衆國は英國の如く、純然たる代議政體にあらず、形式的代議政體なり。斯く論ぜば人或は問はん、合衆國は建國の歴史に徴すも民黨に依りて建設せられたる共和國にして一國の元首たる大統領も、上院議員も下院議員も悉皆《しっかい》國民に依りて選擧せらる、然るに代議政體ならずとは何故《なにゆえ》ぞやと。是れ畢竟《ひっきょう》皮想の觀察より起る結果なり。合衆國の政治組織は實際事實に照して純然たる代議政體なりと云ふべからず。換言すれば國民の輿論卽ち國民多數の意思に由り、其國政が英國に於けるが如く停滯なく圓滑に決定せられ得べき政治組織に非らざるなり。

合衆國の大統領は四ケ年毎に改選せられ、上院議員の任期は六ケ年にして半數改選、下院議員の任期は四ケ年にして、各内閣大臣は大統領の任命、又合衆國の憲法解釋者たる高等法院に於ける九名の判事も大統領の任命に屬するものなり。而して大統領、上院議員、下院議員の改選期は同期同年ならず。凡ての議案に對する上、下兩院の權利は殆んど同等にして下院は只豫算案先決の權利を有するのみ。之に反し上院は下院が有せざる條約批准權、大統領任命官吏の認可權等を所有す。故に合衆國に於ては實際上院が下院より有勢なり。

先づ、合衆國の政體が純然たる代議政體ならざる理由は、其國務大臣が國民を代表する代議士にあらず、又議會に於ける多數の代議士と主義政綱の合意的連鎖を有せざることなり。其結果、合衆國の政府なるものは、議會の見地より論ずれば、恰も我國の政府の如く議會に責任を有せざるがゆゑ、其議案をして議會を通過せしめんとする場合には、上、下兩院議員の多數と偶然政見の符合を見るか、然らざれば操縱又は買收せざるべからず。合衆國に於ける政界が我國の政界に於けるが如く腐敗し、各政黨主義政綱を有せざるにあらざるも、漠然として捕捉せらるべきものなく、國民をして依る所に惑はしむ。されば政府も議會も能く國民の意思を代表し、國政を定むることを得ず。然れども、斯《か》く述ぶるが故に、合衆國に於て我國に於けるが如く專斷的政治の行はるゝものと誤解する勿《なか》れ。合衆國の國民の政治思想はより能く發達し、行政長官なる大統領は四年毎に必ず國民の投票に由りて定められ、國務大臣の更迭も之に伴ふべく、而して大統領は一政黨に籍を有するものなれば、國務大臣を任命するにも同黨員内より拔擢するを例とす、故に合衆國の政府は單に議會の見地より論ずれば、我國の政府と均しき觀あるも、國民の見地より比較せば、全然相違すべく、我國の政府は國民と隔離し、國民に獨立するも、合衆國の政府は國民と密接なる連結を有し、國民に屬するものなり。

斯くて、合衆國に於ては大統領及び國務大臣が共和黨にして、上院の過半數が共和黨なるも下院の多數が民主黨なること、又は上、下兩院共民主黨を以て多數を占むること、或は大統領及び國務大臣が民主黨にして下院に於ては同黨の多數を有するも、上院に於ては反對黨の勢力有勢なることなど屢々《しばしば》なり。さればにや、若し假に共和黨が時の民意を代表し居りたりとすれば、民主黨はせざるものと謂はざるべからず。而して政府及び兩院が同時に共和黨の勢力範圍にあるに非ずんば民意を代表する政策の實行は望み難し。然れども三者の同政黨に占有せらるゝことあるは、異例なり。國政上民意の能く代表せられざる推して識るべし。

合衆國に於ても各立憲國に於けるが如く下院は上院よりも能く國民に接近するものなるが故に、常に國民の負擔に係はる財政案に最も重きを置き、屢々豫算案に修正を加ふることあるも、上院の多數及び政府が之と意見を異にする場合には、上院は下院の修正を全部復活し、兩院の協議會を開き、調停を試みると雖も、政界に於ける下院の勢力實際上院に及ばざると、上院に政府の應援あるとに由り、下院は威壓、操縱、又は買收せられて全然讓歩するに臻ること稀ならず。一例を擧ぐれば、一昨年の關稅案の如きは、政府と上院との勢力に由りて、全く國民多數の意思に反して、兩院を通過法律となれるものなり。

又時としては、上、下兩院が能く國民の意思輿論を代表し、一議案を通過するも、大統領が其否認權を用ひて裁可を拒絕することあり。

憲法の解釋も純然たる代議政體國に於ては英國に於けるが如く國民を代表する立法府に屬すべきものならざるべからず。然るに合衆國に於ては、憲法上の問題は凡て高等法院の九名の判官中、五名のものに由りて決定せらるものとす。而して此等の判事は終身官なれば國民の輿論に沿ふこと稀なり。概して言へば、共和黨の大統領に推薦任命せられたる判事は、共和黨の主義を固執し、民主黨の大統領が拔擢任命したるものは民主黨の主義に固着する傾向ありて、時代の思潮輿論に伴はざること多し。

此他歐米諸國に於ける純代議政體及び形式的代議政體を比較するも、歸する所大同小異なり。兩者の相違は、國民の輿論が國政を定め得べき政治機關の組織を具備するや否やにあり。

第三章　立憲政體と皇室

立憲政體ならざる君主國は專制獨裁君主國なり。專制獨裁君主國に於ては、啻《ただ》に君主が一國の統治權を有するのみならず、親しく萬機に當り、政權を運用し給ふか又は信任し給ふ輔弼《ほひつ》の臣をして、其命令に應じ政權運用を掌《つかさど》らしむものにして、國民の意思は更に國政に觸るゝことなく、政權の運用に關して何等の規定もなく全く君主の獨裁たるべし。故に國民の自由、權利、死活の問題、悉く君主の意思に依りて決し、君主を離れて國民なく、君主は國民のために存在するにあらず、國民は君主のために存在するものなり。これ恰《あたか》も野蠻時代に屢々發見する嚴格なる家長制度の下に生活する家族に於けるが如く、家長は家族のために存在するにあらず、家族は家長のために存在し、一家の苦樂家長に由りて定まり家族の自由、幸福、生命又一に家長の決する所、一生を契りし妻も三行半《みくだりはん》にて其運命を宣告せられ、骨肉を分けし子女も物品同樣に賣買せらるゝことなきにあらざるべし。されど立憲君主國に於ては如何に幼稚なる制度にせよ、必ず統治權運用の方法に就き一定の規定ありて妄りに侵すべからず。法理上統治權は全然君主の所有に歸するも、其運用は君主の獨裁たる能はず、法の定むる所に從ひ、國民の意思に基き又は意思に觸れて運用せられざるべからず。我國の憲法第四條に依るも『天皇ハ國ノ元首ニシテ統治權ヲ總攬シ此ノ憲法ノ條規ニ依リ之ヲ行フ』と規定す。我國の統治權は建國の歷史に基き、萬世一系の皇統を享《う》け、皇位を踐《ふ》み給ふ聖上陛下が所有し給ふ所なることは、一點の疑問なしと雖、其運用に關しては此憲法の存在する限りは、其規定を脱する能はず。福澤諭吉翁が曾て其帝室論中に『帝室は直接萬機に當らずして萬機を統べ、直接國民の形體に觸れずして其精神を收攬し給ふものなり』と論ぜしは、蓋し、立憲君主の地位を記述せるものなるか。

普通立憲君主國に於ては、爲政者の專制獨裁を防ぐがために議會の設立あり。而して議會は實際又は形式的に立法權を所有す。議會が實際立法權を所有する場合には、國民の輿論は能く議會を經て代表せらるゝがゆゑに、國政の方針は國民の意思に依りて決定せらるべく、政權の運用は極めて圓滑に、政治上君主の地位は明確に、君主は直接政事上國民の形體に觸るゝことなく、政爭の渦中に投ぜず、政務の責任を負はず、超然として萬機を統べ、親しく萬機に當ることなく、衆庶に對する一視同仁、一に民心を收攬し、儼然として皇位を保ち、其尊嚴は益々尊嚴に、其神聖は益々神聖なるべし。然れども、議會が甚だ幼稚にして、單に形式的に立法權を有する場合には憲法の法文に基き、君主が親しく萬機に當り、政權を運用するか、又は信任する臣下をして之に當らしむるものなり。而して、斯る場合には議會は假令《たとえ》多少制限せられ拘束せらるゝとも、其與へらるゝ辯論の自由に依り、公に政府當局者（君主或は輔弼の臣）の失策過失缺點を摘撥し、非難攻擊を試みる傾向あり。是れ人情の然らしむる所。又、政府當局者は自己の信ずる政策を實行し、其勢力を伸張せんと欲するは、自然の趨勢其結果、時としては全然憲法を無視せざるとも、憲法を曲解し又は殊更に適宜の解釋を附し、議會の權利を削減し、其勢力を縮少せんと企つることあり。之に對し、議會は其意氣と活動とを國民に示し、其勢力を國民間に附植せんため、政府當局者の缺點、過失は容赦なく悉く示摘し、彼等の無能を鳴らし、以て彼等の勢力を削《そ》ぐ資材となさんとす。是れ立憲國に於て政府當局者と議會と論爭絶へざる所以なり。

若し、君主が親しく政局に當り、政務を執り給はば如何に賢明なる君主にましまして、父母の心を以て國民を綏撫《すいぶ》し、善政を行ひ給ふ御心なりとも、其政策につき全然議會の批評、非難、攻撃なしとは保し難かるべし。古代の如く文運の發達遲々たる時代なればいざ知らず、現今の如く思想の變遷著しき時代に於ては、晝夜寢食を共にする父子の間柄にすらも尙甚しき思想の相違を生じ、意見の衝突上一家の不和を招くの例尠からず、如何でか君臣の間とは言へ、思想、見解、感情の相違を釀《かも》し、意思の疎通を缺くことなきを保し得んや。專制君主國に於ては、議會もなければ辯論の自由もなく、專ら武威を以て世を治め、民を制し得るも、立憲國に於ける君主は、國民の存在を認めて立法上議會の協贊をも經給はざるべからず。又國民としては邦家の進運消長に關する國事は須《すべか》らく審議討究し、國政の方針に就き嚴重なる批評を加へ、政府當局者をして過失なからしめんことに努めざるべからず。若し夫れ彼等の過失、失策を發見せば、飽くまで追窮して其責任を糺さざるべからず。是れ立憲國民の義務なり、責任なり。而して權勢に媚び、威壓に服し、金力に制せらるゝことの不可なるは何人《なにびと》も疑はざるべし。故に立憲國の君主が、親しく政局に座し直接政務に關係なし給はば無情なる議會の批評に遇ひ獨り其威信と德望を損するのみならず、皇室の尊嚴と神聖を害する虞なしと謂ふべからず。嘗て、有名なる憲法學者ローウヱル氏は、現獨逸皇帝の地位を論じて曰く『皇帝は自らを顯著ならしめんと欲して屢々親しく政事に干與し、國政の方針をも定め給ふことあり、是れ或は自分を捕ふる卷套を設くるものにあらざるか。若し夫れ一朝政府の政策が早晩起るべきものなるが如く、不人望に陷りたらんには、皇帝は大臣を辭職せしめたりとて其責任を免る能はず、自らも其責任を負ひ給ひ非難の聲を聞き、攻撃の中心點たらざるべからず』と（『歐洲大陸に於ける政黨及政府』第二卷五三頁）。

十九世紀の始、歐洲大陸に於ける立憲君主中最も賢明なりとの聞へありし白耳義《ベルギー》國王リオポールド一世は、英國ヴヰクトリア女王の最も有力なる薫陶者なりき。曾て女王の卽位當時、リオポールド王が立憲國君主の心得として女王に寄せたる書簡の一節に曰く「恐らくは立憲国君主の天職程世に至難なる職務はあらざるべし。立憲國の君主は、統治權の所有は永久保存することに努めざるべからざるも、親しく統治の衝に當るべからず。常に政治の中にあるも、政務に干與して其責任を負ふことなく、無偏無黨、一視同仁の德を以て民心を收攬し、國家の中心たるべきものなり」と。

ヴヰクトリア女王の威德、名望能く一世を風靡し四隣に冠たりし所以のもの、女王が親しく政局に當り善政を行ひ給ひたるにあらず、又直接臣下を指揮命令して政務を執り給ひたるにもあらざるべし。否、却て能く、リオポールド王の教訓を遵守し、政治の中にあるも直接政務に觸れ給はざりしに由るものなり。女王は能く時代の思潮及大勢を洞察し、民意の推移を測知し給ひ、政務を統べ給ひしも、更に政務に干涉し給ふことなく、政權爭奪の渦中に入らず、偏せず、黨せず、よく政黨の軋轢を緩和し、常に超然として政論の外にいまし給ひ、嚴然として皇位の尊嚴を保ち、衆庶を愛撫し、皇德の無窮なるを知らしめ皇室を泰山の安きに据へ、立憲政體の基礎を固くし、代議政體の實を擧げ給へり。蓋し世界各國の皇室中、萬世一系の我皇室を除き、恐らくは英國の皇室より泰山の安きに居るものはなかるべし。而して英國皇帝は露國皇帝の如く、九重《ここのえ》の禁裏中に籠居し、國民と遠ざかり給ふことなく、不絕《たえず》、庶民と接觸し、國民の中にありて國民と苦樂を共にし給ふべく、先帝エドワード七世の如きは、公園に於て、又は海濱の避暑地に於て、單獨逍遙散歩せられ給ひし事など稀ならざりき。猶陛下には親しく貧民窟を觀察せられしことも屢々なりき。げに現今に於てもアレキサンドラ女王は一名の侍女を伴ひ、馬車又は自動車を驅りて、貧民病院、貧民學校等へ窃かに行啓あらせられ、不幸なる市民を親しく慰めらるゝこと年に何回なるかを識らず。一昨々年の事なりき、倫敦のベーイスウォーターにある一病院に於ける肺病患者なる十八歳の娘、死期の近づけるを知り貧しき一書を認《したた》めてアレキサンドラ女王に呈し、『孤兒の悲しさ幼少より日夜勞働に從事し、未だ曾て女王を拜する機會を得ずして死するは、誠に殘念なり。不幸なる子女の心を憐み給はば、死期已に旦夕《たんせき》に迫り居れば、生前一回拜謁の機を與へ給はりたし』と嘆願せしに、女王は其書を受けし翌日、侍女と共に突然其病院に御微行、親しく患者を訪ひ、陛下御持藥、咳留藥を御手づから其患者へ下し給はりたることあり。之を嚴重なる護衞と警戒なくして外出し給ふことなき露國皇帝皇妃に比さば、豈《あに》誰か宵壤《しょうじょう》の差なしと謂はんや。而して露國の皇帝は直接國政に當り、英國の皇帝は事實直接國政に關することなきも、皇帝の威德、皇室の尊嚴に就ては露國の英國に及ばざること甚だ遠し。以て立憲國の君主が親しく國政を執るは却て皇室の尊嚴と神聖損ふことを證するに足るべし。之を歷史に徵するも明なり。英國のチャーレス一世及ヂョージ三世は、立憲國の君主が直接國政を左右し、國家を危機に投じ、皇室の尊嚴と神聖を瀆《けが》せし好適例也。

又、立憲君主が親しく政權を握り給はずとも、直接信任する臣下をして、政局に當らしむる場合には、皇室の安危、一つに懸って政府當局者の双肩にあり。換言すれば、斯る場合に皇室の安危は、一個人又は少數なる政府當局者の意思と、人爲と、識見と、政策とに依りて決定せらるべきものなり、決して安全なる泰山の如しと謂ふを得ず。何となれば、皇室の安危、健全なる政體組織に由りて決せらるゝにあらず、實に變り易き少數人士の意思、感情、識見、政策に依りて定まるべきものなればなり。

賢くも愚なるも人間は人間なり。自己の修養と經驗より多くを識る能はず。又自己の境遇を全然脫却して何事をも思慮し能はざるべし。如何に同情に富むも自ら辛酸を嘗めずして、他人の辛苦艱難を自己の苦痛の如く味ふ能はず。曾て子供の時に聽ける噺あり、大阪の富豪鴻池の娘は如何なる貧乏人にても、一升や二升の銀貨を有するならんと言へることありと。又先年倫敦に於て聞きしに、英國の貴婦人、一日音樂會よりの歸途、俄然降雪に遭ひ肌を劈く寒氣を覺へ、路頭を彷徨する貧民の窮狀を眺め、深く同情の念に沈み、隣家の貧民に與へんとて毛布數枚を購求して歸りしが、歸宅後、煖爐を焚ける我室内に入り漸く寒氣を忘れしや、最早暖かになりたり、隣家への毛布を送るの必要なしとて、折角の麗はしき企をも中止せりと。咽元過ぎれば熱さを忘るゝとは蓋し此意義なるか。

如何に天資聰明なるも、身高貴の地位に生まれ、世の風塵を侵さず、逆境に處せず、樵夫と語らず、農民に接せず、漁夫と談ぜず、商人と交はらず、如何でか能く民情に精通するを得んや。文化未だ進まず教育遍ねからず、殖產興業一つに手藝人工に依り、社會の組織單純にして生活の狀態極めて單一なる時代に於てはいざ識らず、現今の如く文運進み、人智啓け、生活の程度高まり、生存競爭烈しく、殖產工業は機械力を待ち、資本と勞働との限界は分れ、貧富の懸隔は益々增張し、社會の組織甚しく複雜なる時代に於ては、容易に一般の民情を探る能はざるべし。

而して立憲形式的代議政體君主國に於て通例、君主が信任して政局に當らしむるものは、多く世の風波と戰はざる顯位榮爵の人なり。彼等は榮譽と實權を一身に蒐め、動《やや》もすれば橫風尊大、世の大勢を識らず、庶民の要求を顧みず、議會の批評に耳を假さず、强ひて自ら信ずる所の政策を實行せんと欲し、議會と衝突せんか、君主の大權に倚り、皇室を楯として敢て議會と爭ふも辭せず、時としては勅令に由り又は詔勅を奏請し、大詔の煥發に依り、議會を屈服し、其難關を免れんと謀ることなきにしもあらず。若し夫れ然らんか、議會も國民も陛下の詔勅に對し一時謹んで承服するも『脊に腹は換へられず』といふ諺の如く、如何に忠君愛國の情に富む國民とて、永く政府當局者の橫暴無責任不德を忍び能はざるべし。其結果、累を皇室に及ぼし、其尊敬を害することなしと謂ふべからず、其例西洋諸國の立憲政治史上屢々散見する所なり。人或は謂はん、我國は泰西諸國と國體を異にするがゆゑ其憂なしと、是れ畢竟人間の研究足らざるより起る所の説なり。衣食足りて禮節を知るとかや、惡政に苦しみ、逆境に處し、饑餓に瀕して猶社會の秩序階級を想ふは、凡人のなし能はざる所、生活生存の問題は生あるものに對し、最も重大なることは宇宙生物に於ける原則ならずや。

最近の例は葡萄牙《ポルトガル》にあり。四年前、卽ち西暦千九百〇八年二月、暗殺せられたる葡萄牙の皇帝ドム・カーロス王は、親しく政務に當り給ひしにあらず。只顯位名望ありしシーノオ・ジョヱヲ・フランコを信任し、政局に當らしめ給ひしのみなれば、直接政事に關して責任あることなけれども、シーノオ・フランコは時局の大勢を洞察するを得ず、國民の要求に反し議會に抗し、皇室の威力を賴み、專制的政治を行ひし結果、遂に累を皇室に及ぼし、千古拭ふべからざる禍害を招くに至れり。而て昨年十月又ヱマニュヱル王は國外に放逐せられ、共和國の建設を見るに至りしも、シーノオ・フランコの施政宜しからざりし餘波なりと云はざるべからず。されど、シーノオ・フランコは私心を挾みて皇室を煩はし、議會と鬪ひたるにあらず、善意を以て己が信ずる所を強て實行せんと欲し、武斷政策を施せしものなり。唯其思想時代に伴はず、其境遇の結果能く民情を推測する能はず、ために其政策民意に添はず甚しき反動を惹起せしに由るものとす。之れ立憲君主國に於ける爲政家の大に學ぶべき教訓也。

又、普通立憲國に存在する議會なるものは、大體に於て必ず兩派に分るべきものなり。政府を助くるものと、政府に抗するもの。

而して純然たる代議政體國に於ては、君主國と否とを問はず、議會に於ける多數黨が必ず内閣を組織するがゆゑに政府反對黨は常に少數なり。然れども形式的代議政體の君主國に於ては、政府當局者の境遇上、自然專制的政治に流るゝ傾向あるがゆゑ、心情より政府に同情し、其政策に贊同するものは、概して少數にして反對するものは多數なり。其結果、兩派の論爭は稍々《やゝ》激烈に傾く弊あるは免るべからず。

政府に翼賛する少數黨は、多數を以て事を決する議會に於て勢力を有せざるも、政府の權勢を恃《たの》み、又政府當局者は啻《ただ》に官憲を左右するのみならず、國民に對し一種異様なる心理的感動を與ふる君主の名義、大權、威力をも利用し、陰に陽に彼等を助け、多數黨を抑壓せんと企つること稀ならず。而して政府反對の多數黨は彼等の背後に無聲なる國民の應援と同情あるを頼み烈しく政府の政策を非難攻撃し、少數黨を屈服せしめて政府を弊し、自ら政權運用の局に當らんと欲するものなり。ゆゑに兩者の論爭は論理に由りて支配せらるゝよりは、寧ろ感情に由りて支配せらるゝの傾きあり。

事理に基く議論は如何に熾なるも冷靜にして常規を脱することなきも感情と感情、權勢と多數との軋轢、其極度に達せんか沒常識のことなしと謂ふべからず。若し政府當局者が激烈なる多數の攻撃に接し、自ら其失策を認めたる場合には、速に其責任を明かにして議會及び國民を滿足せしめ得るだけ、宏量大度、己れを捨てゝ國家を想ひ、國民を愛する念慮あらんか、國家の禍害を釀し累を皇室に及ぼすことなかるべきも、通例、彼等は先づ自己の地位、威力、權勢を思ひ、多數黨に屈服することを好まず、あらゆる手段方法、權謀術策を用ひて多數を威壓せんと試みるものなり。此例プリンス・ビスマーク以來、獨逸の憲法史上尠からず。げに一昨々年三月、主相プリンス・ブューローは議會に於て『予は陛下の御信任あり、又自己の良心の許す限り其職を辭することなし』と公言し、議會に於ける反對黨の多數を威嚇せんと企てたることあり。これがため却て甚しき反動を惹起し、ブューロー公は永く其職に止まること能はざりき。幸にして著しく皇室の尊嚴を傷はざりしものゝ如きも、近年獨逸皇帝の威德名望、獨逸聯邦の南部諸洲に於て漸く衰へつゝあるは、爭ふべからざる事實なり。

而して議會に於ける多數は、無法なる政府の壓迫掣肘《せいちゆう》に接する場合には憤慨激動の余り過激なる政府攻撃を企て、勢ひに乘じて沒常識の擧動をなし、餘波を皇室に及ぼすことなしと云ふべからず。時として我國の議會は政府の威壓に耐へ得ずして上奏案を奉り、國政に關し陛下を煩はさんとすることあり。之《これ》畢《ひつ》竟《きょう》我國の政府當局者が陛下の御信任を口にして其威信を増さんとするに對し、議會が止むを得ず採る處の手段なりと雖も、這《こ》は皇室を政爭の渦中に投ずる端緒なり。立憲國に於て皇室を泰山の安きに置かんと欲せば、君主をして親しく政務に當らしむることなく、輔弼の臣は國民の意思に由りて、其進退を決し、施政に關する責任は全然之を負ふて直接にも間接にも君主を煩はするなく、能く皇室の尊嚴神聖を保存せざるべからず。

第四章　責任内閣

我國に於ける幾多の憲法學者、法律家、代議士、新聞雜誌記者等責任内閣なる語を用ゆること屢々なり。されど我憲法（明治廿二年發布せられたるものを意味す）の明文中に責任内閣なる文字あるを見ず。責任内閣とは果して何を意味するか。

我憲法第五十五條に『國務大臣ハ天皇ヲ輔弼シ其責ニ任ス』との規定あり。而して憲法編成者の主宰者なりし伊藤公は其『憲法義解』中（八二頁）に『國務各大臣ハ入テ内閣ニ參贊シ、出テ各部ノ事務ニ當タリ、大政ノ責ニ任ズル者ナリ』と註釋し、清水澄氏は氏の『憲法篇』中（二二八頁）に『國務大臣ノ責任ハ輔弼ノ行爲ヨリ來ルモノニシテ、獨リ君主ニ對シテ其責ニ負フベキモノナリ』と論じ、又副島義一氏は『日本帝國憲法論』中（二九八頁）に『國務各大臣の責任は之を分ちて政治上の責任と法律上の責任とに區別し得べく、政治上の責任とは大臣が政治上適當の行動を爲すべき義務を云ひ、法律上の責任とは、大臣も刑法を犯せば刑法上の責任を負はざるべからざることを云ふ』と説き、其他幾多の我憲法學者、殆んど之に類する解釋を附するものゝ如し。其用ゆる所の言辭又は文字等に各々多少の相違あるも、彼等の論ずる所を概括すれば、我國の國務大臣は輔弼の臣として適當なる行動をなすべきもの、而して政務に關する責任は之を負ふべきものなりと云ふにあり。何人と雖も社會の一員として、瘋癲《ふうてん》白痴にあらずんば、其職務に對し責任を負ふは必然なり、何ぞ特に之を國務大臣に對して規定するの必要あらんや。又何人と雖も刑法を犯せば刑法上處分を受くべきものなることは贅言を要せず。而して各人其職務に對し、責任を負ふとは、職務上に於ける凡ての行爲行動より起る所の善惡の結果を總て悉く一身に引受くる事を意味するものなり。勿論何事を爲すに於ても其結果の善なるべきことを欲するも、若し誤って惡なりし場合、一身に關することなれば、必然自己の利益を損傷すべく、他人に關することなれば之を償ひ、社會又は國家全般に關することにして償ひ難きことなれば、其職務を捨てゝ引退するを其責に應ずと謂ふべし。

我憲法學者の多數が、我國の國務大臣は輔弼の臣として其責を負ふべきものなりと論ずるは、果して是を意味するものなるか。若し然りとせば、國務大臣は如何にして其政務に對する責任を負ふべきものなるや。國務大臣の失策過失は何人に依りて判定せらるべきものなるや。國務大臣自身か、君主か、將又國民を事實上代表する議會なるか。

榮位顯爵を身に纒ふ國務大臣をして、速かに自己の過失を悟らしめんことを欲するは、情あり慾ある人間に向ひ、無情無慾なるべしと望むが如く殆んど不可能なりと云はざるべからず。彼等は位人臣を極め、實權をも併有するがゆゑに、容易に其地位を抛棄するを喜ばず。出來得る限り永く之に固着せんとし、偶々《たまたま》其失策を示摘するものあれば、之を威壓せんとするが通例なり。彼等が摘撥せられざる過失を自覺し、罪を天下に告白して其職を引退するが如きことはあるべからず。若し稀にありとすれば全く異例のことにして除外すべきものなり。されば、國務大臣をして獨り其政務に關する責を負はしむるは、事實に於て實行せらるべきものにあらざるべし。而して君主が國務大臣の過失を示摘するも亦思はしからず。何となれば君主は平常の生活に於て、國民と密接せざるがゆゑ、比較的民情に通ずること疎ければなり。國務大臣が行ふ政策の適否は君主の見地よりは、寧ろ國民の見地より批評すべきものにして、君主の地位は之に就き適當なりと言ふを得ず。

穂積氏一派の憲法學者は、國務大臣は政務につき獨り君主に對して其責を負ふべきものなりと主張す。而して大臣なるものは獨り君主に對して其責を負ふべきものなりとは、國務大臣は職務上如何なる過失あるとも、國民の輿論又は議會の意思に由りて進退を決することなく、唯君主の命令に依りて進退を決すべきものなりと云ふにあり。若し夫れ眞に然りとせば、我國の國務大臣は全然無責任のものなりと云ふを至當とす。常識より判斷するも職務に對して責を負ふとは、如何なることを意味するかは既に論述せり。國務大臣の職務は執政にあり。而して執政は國民のためになすものなり。若し其行ふ所の政策が國家に適せず、國民の意に滿たざるものとすれば、責任ある大臣は其責《せめ》を負ふべきものと云はざるべからず。然るに國民の意思を無視し、獨り君主の獨裁に由るとせば、國務大臣は立憲國の國務大臣として職務上其責を負はざるものと云ふべし。

專制國に於ては、國民の存在を認めず、君主の獨裁に由りて萬機を決すべきものなれば、輔弼の臣の進退は獨り君主の意思に由りて決するものなりと云ふも可なるべけれど、立憲國に於ては既に公に國民の存在を認めたるものなれば、國務大臣の進退につき國民の意思を全く無視する能はず。若し夫れ政治上に於ける國民の存在を認めずして憲法を解釋するとせば、立憲國の主義に悖《もと》るものなり。加之《しかのみならず》、君主が事實上國務大臣を左右し、直接政務に干渉するは、却て皇室の尊嚴を損し神聖を汚す虞ある事は、前章に論述せる所に由りて明瞭なり。ゆゑに、君主は國務大臣の過失を發見し其責を問ふものにあらざるべし。又、憲法の明文に依るも、憲法制定者の意思に基くも、國務大臣が政務上、獨り君主に對して其責を負ふべきものにして、國民及び議會に對して更に責を負ふべきものならずと解釋せらるべき理由を認る能はず。憲法第五十五條に『國務各大臣ハ天皇ヲ輔弼シ其責ニ任ス』とあり。『國務各大臣ハ天皇ヲ輔弼シ』とは、國務大臣なるものは統治の權を有する君主の任命を受け、君主に代りて政務を處理することを意味するものなり。且つ我國に於て憲法制定の當時も、猶今日に於ても之を實行しつゝあり。而して『其責ニ任ス』とは、獨り君主に對して責任を負ふものなりと意味するものにあらず。其とは君主を指するものにあらず、輔弼として行ふ其事、即ち政務上に於ける事を意味するものなるや疑なし。然るに是を獨り君主に對して責を負ふものなりと解釋するは、啻《ただ》に憲法明文の曲解なるのみならず、全く事實を無視するものなりと言はざるべからず。憲法制定者の主宰たりし伊藤公は、明かに『憲法義解』（八二頁）に於て、『國務各大臣ハ入テ内閣ニ參贊シ、出テ各部ノ事務ニ當リ、大政ノ責ニ任ズル者ナリ』と註釋を附するにあらずや。國家の大政は國民のために行ふものにして『大政ノ責ニ任ス』とは、國務大臣の施設政策が國民の要求を充さず、國民の意思に適はざる場合には、國務大臣は其責に應ずべきものなることを意味するものと解釋すべきものなり。畢竟、幾多の我憲法學者の間に國務大臣及び内閣の責任に關し議論區々なる理由は、多く獨逸國家學者の説に酔ひ、事實を無視し妄りに抽象的の議論を好む弊あると、憲法上に用ゆる責任なる文字の起原を正し、的確に使用せざるに由るべし。

憲法上國務大臣又は内閣の行動に關し使用する所の、『責に任ず』又は『責任を負ふ』と云ふ文字は英語のレスポンシブルなる文字を直譯せるものにして、能く當を得たる譯字なりと云ふを得ず。されど今日迄使用し來れるのみならず、憲法の明文中にも使用せらるゝがゆゑ、容易に之を變更し能はざれば、之を使用するは免れざれども、使用するに就ては充分其意義を明確にして使用せざるべからず。

内閣にせよ、國務大臣にせよ、將又《はたまた》、何人にせよ自己の職務に對して責任を負ふの必然なることは既述せり。之を英語にて言ひ表はせば「レスポンシブル・フォァ」なる熟語を用ゆべし。這《こ》は職務上に對する各人の義務にして殊更に之を憲法上の規定とすべき必要なく、又憲法學者が之を論ずる要なかるべきものなり。而して憲法上各國務大臣又は内閣の責任につき議論の起るは、英語にて「レスポンシブル・トゥ」と云ふ意義の場合なりと謂はざるべからず。此場合に直譯的に「責」或は「責任」なる邦語を用ゆるがゆゑに、其意義兎角不明瞭なるも、英語の「レスポンシブル・トゥ」なる語を用ゆれば意義頗る明白なり。「レスポンシブル・トゥ」なる文字を意譯すれば『應じて答ふ』又は『應じて進退す』と云ふ意義にして、國務大臣は、君主に責任を負ふべきもの、又は國民の輿論を代表する議會に於ける多數に責任を帶ぶべきものなりと云ふは、國務大臣は、君主の獨斷意思に應じて進退すべきもの、又は國民の輿論を代表する議會に於ける多數の意思に應じ、進退すべきものなりと解釋すべきものとす。而して前にも述べたる如く、國務大臣の進退が専ら君主の獨斷に由りて決すべきものなりとすれば、専制國にして立憲國にあらざるべし。我國に於ける多數の憲法學者は我憲法五十五條を斯く解釋するも、這《こ》は事實を沒却したる議論なりと謂はざるべからず。我國に於ける國務大臣の後繼者は時の大臣及び元老等に由りて略《ほ》ぼ決定し、陛下は之に對して儀式的に任命せらるゝ慣例なることは、事實を知る何人も疑はざる所なるべし。

而して我國の憲法明文中に國務大臣に關する規定あるも、内閣に關する規定なく、憲法の明文中内閣なる文字を發見するを得ず。されど、我國の政體組織に徴して、内閣なるものゝ存在することは爭ふべからざる事實なり。内閣とは國務大臣の結合體を意味するものにして、首相の指揮に從ひ、諸般の政務を商議、決定、實行するものなり。而して各國務大臣は閣議に準じ、各部との調和を保全し、首相の指示に由り、各自擔任する所の一局部を統轄するものとす。責任内閣とは、國民を代表する議會の要求に應じて進退する内閣を意味するものにして、各大臣は議會に於ける多數のものと主義政綱を均しふするは勿論、彼等の聲に應じ、國政の方針を定め、之を實行すべきものとす。ゆゑに責任内閣に於ける各大臣の進退は終始同一なるべし。詳言すれば、責任内閣なるものは主義政綱を均しふする各大臣に由り、議會に於ける國民の輿論を代表する多數の意見に基き、組織せらるゝ者なれば、國政の方針を審議決定するにも、凡て一致する主義政綱に基くは必然、各大臣の進退も同一、同刻たるべく、一大臣の過失、失策は内閣全員の過失、失策となるべきものなり。而して首相は大臣の行動につき、悉皆《しっかい》其責任を帶び、各大臣は首相の指揮命令に由りて動き、首相と進退を共にし、閣員連帶責任を負ふものとす。

　我國に於て初めて内閣制度の設けられたるは明治十八年十二月なりき。是より先き太政官制に由り、各大臣は其擔任の一局部に於て各自自由行動を採り、相互の調和を圖らざりし結果、施政の統一を缺きたりしかば、一面に於て此弊を除くとゝもに、他面に於て憲法發布後議會開設に備ふる行政機關の完備を圖らんため、新内閣制度を制定せしことは、明治十八年十二月に於ける三條實美公の建白書に依りて明なり。而して此當時發布せられたる内閣官制なるものに依れば、國政の方針は閣議に於て議決し、各大臣は首相の指揮に從ひ各自一局部を擔任し、各大臣は只其擔任する範圍に於て責任を負ひ、而して首相は施政全般に關して責を帶ぶるべきものと規定し、連帶責任を有せざる方針なりき。斯く内閣官制を定むるに當り、施政の統一を計らんと欲する國政の方針を閣議に由りて決定することとなしたるにも係はらず、連帶責任の規定を避けし理由は、憲法制定者が内閣大臣の連帶責任なるものが、實際如何に實行せらるゝかを了解せざりしがためなり。伊藤公は其『憲法義解』（八八頁）に於て『内閣大臣連帶責任ノ一點ニ偏スルガ如キハ其弊ハ或ハ黨援聯結ノ力遂ニ以テ天皇ノ大權ヲ左右スルニ至ラムトス』と述ぶ。是れ憲法制定者が内閣大臣の連帯責任を嫌ひたる唯一の理由なり。立憲國に於ては如何に幼稚なるものにせよ、内閣大臣の專横を許さず、不完全ながら議會なる批評者あり。立憲國に於て内閣大臣の連帯責任を有せしがため、皇室の大權を侵したる例あるを聞かず。又其憂あるべき正當の理由を發見する能はず。然るに伊藤公が閣臣の連帯責任は、動《やや》もすれば黨援聯結、遂に天皇の大權を左右するに至らんことを虞れしは、蓋《けだ》し、公の政事上に於ける經驗より湧き出でしものならんか。公は明治初年以來、我國の政界に波動を生じたる、薩長土肥、特に薩長の暗鬪を深く記憶せられたり。立憲政體ならざりし此當時、若し薩長兩派の勢力に均衡を保たざりしなば、或は天皇の大權を左右なしたるならんと思はしむる事實は歴史上明なり。而して伊藤公の意爰《ここ》に及びしも亦これがためなりしならん。

されど、立憲政體建設の今日、内閣大臣の連帯責任が、彼等の結合を鞏《きよう》固《こ》ならしめ、皇室の大權を侵すに至らしめん虞ありと思惟すべからず。明治三十四年以後に於ける内閣更迭の狀態に徴すれば、漸く連帯責任の傾向を示しつゝあるも、これがため閣臣が天皇の大權を左右する憂なきは明瞭なり。若し萬一にも内閣大臣等の聯結が天皇の大權を左右するが如きことありと假定せば、這《こ》は畢竟内閣大臣等が聖上陛下の威力を借り又は大詔を煥發して、議會を蹂躙し、國民の意思、國民の輿論を無視したる時に始まるべきものなるべし。而して斯る現象の發顯するは、責任内閣ならざる内閣の存在する時、換言せば、政府の重要なる地位は輔弼の臣と呼ばる、少數人士に由りて、支配せられ寡頭政治又は官僚政治なるものが行はるゝ時なり。責任内閣の存在する時に、内閣大臣が黨援聯結天皇の大權を侵すが如きことは全然不可能なることなりと謂はざるべからず。

我國古來よりの歴史に徴するも、庶民が皇室の尊嚴を害し、神聖を瀆《けが》し、其大權を左右し、又は左右せんと企てし例あることなし。偶々時代の趨勢に駈られ、又は自己の慾望に依り、敢て皇室の大權を左右せし、藤原、源、平、北條、足利、織田、豊臣、徳川等皆高位榮爵のものならざるなし。而して建武中興の業なりしは、武力權勢に屈從せざりし庶民ありしがためなり。又維新の王政復古を喚起せしものも國民ならずや。南北朝正閏問題に於ても亦然り、熾《さか》んに皇室の尊嚴神聖を保全せんと主張せしは國民の聲なり。有司の聲にあらず。由之觀之《これによってこれをみるに》、我國に於ける皇室の塀壁は少數の貴族にあらずして却て多數の國民なりと云はざるべからず。然るに、口に『憲政有終の美』を唱へながら、却て秩序正しき立憲政體の發達に逆ひ、責任内閣の發生は我國體に悖るものなりなどと主張するものあるは抑々《そもそも》何故ぞや。

責任内閣と責任内閣ならざるものとの相違は、前者は國民の意思に適ふ主義政綱に由りて國政の方針を決し、後者は一定の主義なく政綱なく臨機應變の彌縫策《びほうさく》を以て國政に當り、前者は連帶責任を帶び、後者は之をなさず、前者は國民を信じ、國民を愛し、國民を基礎とし、國家を中心として國政を行ひ、後者は國民を嫌ひ、國民を隔て、國民を指揮し、國民を屈從せしめ、自己の地位權勢を中心として政務を執り、前者は只國民が信頼する間、其地位に止り、議會の聲に應じて直ちに其進退を決し、後者は國民を威壓し、議會の多數を操縱し買收し、能ふ限り永く其地位に固着し、前者は政務に關する責任を明かにし、全部自ら之を負ふがゆゑに皇室を煩はし、政爭の渦中に皇室を招くことなく、能く皇室の尊嚴と神聖を保存し得べく、後者は其責任を明にせず、時としては皇室を煩はし、其信任を楯とし失策を陰蔽せんとし、皇室の尊嚴神聖を潰《けが》すことあるべく、前者の後繼者は國民の意思に由りて決定せらるべく、後者の後繼者は彼等官僚黨の少數同僚によりて内定せらる。之兩者の異なる點なり。

世人動《やや》もすれば、責任内閣の何物たるかを識らず、責任内閣なるものは、國民が君主の大權を左右するものなりと誤解することあり。立憲國の理想的君主は超然として國民の上に座し、國家の大權を統べ、親しく萬機に當り給ふことなし。我國の聖上陛下は眞に賢明なる立憲君主の好模範とも稱すべく、能く萬機を統べ給ひ、直接政務に當たり給ふことなし。

國政を執るものは時の國務大臣なり。此國務大臣が凡て連帯責任を帯び、皇室を重んじ、皇室を尊び、國民の輿論に基き一定の主義政綱に準じて國政を定むると、彼等自身擅《ほしいまま》に政權を弄び、議會を腐敗せしめ、國民を威壓すると、皇室に對して如何なる相違ありや。吾人は前者が後者より我國體に適合せざる政治組織なりと論ずる理由を發見する能はず。英國に於て純然たる責任内閣の起れるはヴヰクトリア女王の治世なりき。これがため英國君主の大權が内閣大臣等に依りて左右せられ、皇室の地位を降下せしめしことあるを聞かず、否寧ろ之に由りて、君主は政務に關する一切の責任を避け、超然として政務の上に立ち、皇威は倍々《ますます》發揚し、皇室の尊嚴神聖は倍々尊嚴に益々神聖たるを得るに至れり。これ責任内閣と皇室との關係を示す好適例なり。

第五章　形式的代議政體

形式的代議政體とは如何なるものを意味するか、第二章に於て既に略述せり。本章に於ては如何なる場合に形式的代議政體が存在し、如何なる結果を生ずるかを論ぜんとす。

形式的代議政體の存在するは、國政に關して立法部と行政部との間に主義政綱の連鎖を有せざる場合なり。換言すれば、立法部（國民の代表者に由りて組織せらるゝ議會）に於ける多數が主張する主義政綱と均しき政見を有するものが、行政部を統轄することなく、立法部は國民に依りて立ち、行政部は獨り行政部に依りて立ち、立法部なる議會をも壓倒する時なり。

通例一國の統治機關を分ち、立法、行政、司法の三部とす。立法部とは法規法令を制定するところにして、行政部とは法規法令に基き施政の途を圖り、之を行ふところ、司法部とは法令の實施を監督し、之を犯すもの丶刑罰を定むる所なり。然れども、統治機關が歴然たる境界を立て丶三部に分割せらるべきものにあらず。曾て佛國の憲法學者モンテスキューが、英國の憲法を批評し、其運用の良好なるは統治機關が整然として立法、行政、司法に分立せるに由るものなりと論ぜし以來、十九世紀の半頃迄、幾多の憲法學者は立法權、行政權、司法權の三權分立論を主張し、三權分立せざれば完全なる統治機關の組織を見る能はざるもの丶如く論陳せることあり。現今に於てさへも、穗積八束博士は三權分立を以て立憲政體の骨髓となし、三權分立と否とを以て立憲政體と專制政體とを區別しつ丶あり。これ、統治機關の運用に就き、細密なる解剖的研究の足らざるより起る所の謬見にして、統治機關が全然三部に分割せられ、又は統治權が三權に分立せらるべきものにあらず。立法、行政、司法は只統治權の三方面たるのみ。聖徳太子が其憲法第十二條に於て、國に二君無く、民に二主無しと曰へるが如く、一家に二名の家長なく、一商舗に二名の主人あることなし。如何でか一國の統治權なるものが、立法、行政、司法の三權に分れ、各分立するの理由あらんや。

十八世紀の終り頃、多數の政治學者は司法部と行政部とは全然隔離すべきものなりと論じ、司法部が行政部を離れて獨立せざれば、健全なる政治組織を構成する能はざるものと信ぜり。我憲法制定者も稍々《やや》此説に侵されたる形跡なきにあらず。現今、猶我國の或憲法學者及新聞雜誌記者等は、我國の司法部は行政部に獨立しつ丶あるもの丶如く論ずることあり。されど、司法部が行政部に獨立すべきものにあらず、又獨立し能はざるべし。二權對立は絶對的不可能なり。之を立法と行政とに徵するも又然り。二者何れかが主たり、何れかが從たらざるべからず。先づ司法のことは姑《しばら》く擱《お》き、立法と行政との關係を究めん。普通立憲國に於ける立法部は議會にして、行政部は内閣なり。而して何れが主にして何れが従なるか、兩者の關係は責任内閣なると、責任内閣ならざるに由りて甚しき相違あり。責任内閣の存在する所、卽ち純然たる代議政治の行はるゝ所に於ては、立法部が主にして行政部が従なり。之に反して責任内閣の存在せざる所は、立法部が主たる能はず。行政部が主にして立法部が従たるべし。而して形式的代議政體の存在するは此場合なり。

前にも述べたる如く、責任内閣の存在する所に於ては、社會の秩序を保ち庶民の權利を保護し、幸福を增進するために編む所の凡の法規、法令、條約に至る迄、假令《たとえ》行政部なる政府の手に依りてなるにせよ、政府は立法部なる議會の意思を根據として、勅令、議案、條約の原案を草せざるべからず。而して是等を制定するにも亦悉く議會の意思に依るものとす。此場合に於て、政府は議會の意思に依りて動くものにして、議會は政府の命令又は威壓に依りて動くものにあらず。是れ立法部が主にして行政部が従なりと云ふ所以《ゆえん》なり。然れども、責任内閣の存在せざる所に於ては、凡ての勅令、法律、條約等政府の獨斷に由りて編成せられ、議會の意思、國民の輿論等深く顧慮せらるゝことなし。勿論、勅令及び條約は兎まれ角まれ、法律は議會の協贊を經て始めて制定せらるべきものなれば、全然政府の自由たるべからずと雖も、政府は議會を解散して爭鬪に疲れしむる策を講じ得るのみならず、操縱もし、威壓もし、買收もなし能ふが故に、早晩議會を軟化屈従せしむることを得べし。斯くて行政部は容易に立法部を支配し得るものなり。

人若し現今に於ける我憲法の運用狀態を觀察すれば、行政部が主にして立法部が従なる好實例を見るを得ん。我憲法第五條には、「天皇ハ帝國議會ノ協贊ヲ以テ立法權ヲ行フ」と規定す。然れども賢明なる聖上陛下は實際親しく政務に當り給ひしことなし。又憲法制定者も日常の政務をして、畏多くも天皇陛下を煩はし奉るが如きことあるを思はざりしものゝ如し。伊藤公は『憲法義解』(八頁)に於て『立法ハ天皇ノ大權ニ屬シ、而シテ之ヲ行フハ必議會ノ協贊ニ依ル。天皇ハ内閣ヲシテ起草セシメ、或ハ議會ノ提案ニ由リ、兩院ノ同意ヲ經ルノ後之ヲ裁可シテ始メテ法律ヲ成ス』と註釋す。是れ卽ち憲法制定者の意思なり。『立法は天皇の大權に屬す』とは我國體の然らしむる所を明記するのみ。而して、「天皇は内閣をして起草せしめ、或は議會の提案に由り兩院の同意を經る」とは、明かに天皇陛下が大權を統べ給ふも、親しく政務に當り給はざることを示すもの、内閣をして起草せしめ或は議會の提案に由りてとは、議會に提出する議案を内閣及び議會が自由に起草し得ることを意味するものと解釋すべきものと思惟す。蓋し『せしめ』なる他動詞を用ひしは、内閣大臣の任命を陛下親しくなし給ふことと、大權が陛下に屬し居ることを明にするがためならん。過去二十年に於ける憲法史に徵するに、畏多きことながら、至尊が親しく内閣大臣を指揮して、議案又は勅令の起草に干渉せられ給ひしことあるを洩れ聞かず。事實に照して勅令を編むものも、議案を起草するものも、條約を定むるものも、凡て内閣大臣なり。而して議案を議會に提出し、字句、内容を説明するものも、批評、非難に答ふるものも、是が通過を計るものも亦内閣員にして至尊にあらず。未だ曾て陛下が此議案又は其議案を議會に提出し、議會の協贊を經よと、親しく内閣大臣に命じ給ひしことあるを聴かず。天皇陛下が議會に御臨場ましますは、唯開院式の當日のみ。是と異なり、内閣大臣は日々議會に臨み、彼等が重要視する議案は「妥協」「情意投合」提携、操縱、威壓、買收、解散、選擧干渉、黨派間の離間中傷如何なる手段方法を用ゆるとも、之を通過せしめざることなし。此場合、事實上議會が立法權を有すると云ふべからず。議案の起草者も、提出者も、議會を屈服せしめて之を通過せしむるものも内閣大臣なれば、立法權は彼等が左右するものにして議會が有するものは、名義にして、實權にあらずと謂はざるべからず。勿論、議會も自ら法案を起草し、之を提出通過し得べき權能を有せざるにあらざるも議院法第廿六條「議事日程ハ政府ヨリ提出シタル議案ヲ先ニスヘシ、但シ他ノ議事緊急ノ場合ニ於テ政府ノ同意ヲ得タルトキハ此限ニ在ラズ」との規定に由り、政府案は議會提出の議案よりも議事進行上先を制するのみならず、如何に緊急重大の議案なりとも政府の同意を得ざれば、議會提出の議案は政府案多き場合には議事日程に上る能はざるべし。殊に我國に於ては議會の會期を憲法第四十二條の明文に依りて三ヶ月と制定するがゆゑに、重大なる問題も細密、眞摯なる討議をなす能はず。且つ政府案は常に議會に堆積す。されば、議會提出の議案が滿足なる取扱を受くることは到底望むべからず。よし、假りに議院法上の此制定なきとするも、議會（衆議院を意味す）提出の議案は政府の同意なくして法律となり得べからず。我國の貴族院に於ける多數は政府當局者と、均しき境遇、地位、趣味、思想を有する人なり。ゆゑに一議案が政府の意に反し衆議院を通過せば、通例貴族院は之を否決すべし。若し又、兩院が一致して政府に反抗せんとする場合には、政府はあらゆる方法、奸手段をも弄することを辭せず。而して遂に議會を壓倒し得るものなり。其例尠《すくな》からず。

何處《いずこ》の議會に於ても最も重きをなすは財政問題なり。始め憲法政體の生れ出しは財政問題にして、財政問題は議會の背後を支ふる國民に對し、直接利害の關係尠からず。政府に取りても亦恰も一個人に就き衣食の問題の如く、死活に關する重大なる問題なり。而して議會が政府を支配し實際立法權を握るも、全く政府に屈服するも、財政問題に對する兩者の實權に依りて定まるべきものなりと云ふも過言にあらず。然るに我國の議會が財政案に對し有する所の權能は、其他の法律案に對する如く甚だ微弱なり。憲法第六十四條の明文に「國家ノ歳出歳入ハ毎年豫算ヲ以テ帝國議會ノ協贊ヲ經ベシ」と定むるも、豫算案を編成する政府は、議會の意思に由りて進退するものにあらず。否、寧ろ議會を支配しつゝあるものなれば、議會が豫算案に對し有する權能は全く消極的にして政府の權能は積極的なり。換言すれば、議會は政府が隨意に編成せる豫算案を、修正削減し得るの權能を有するのみ。而して實際此修正削減も、只、政府が承諾する範圍に於てなし得べきのみ。全然政府の意に逆ひ强制的實行するの力なし。よし、又、實行し得るとするも、政府は甚しく其痛痒を感ぜざるべし。

責任内閣の存在する國に於ては、議會に於て最も有勢にして、異りたる主義政綱を有する二政黨員が、交代して政府當局者たるべきがゆゑに、時の政府に反對する政黨も、自ら豫算案編成の任に當りたる經驗を有すれば、大藏省の内情に精通し、豫算案に於ける細密の點まで能く審査考究するの力を有するも、我國に於ては内閣更迭するとも、大藏省を國民を代表する議員に明渡すことなく、變わるがわる少數の官僚黨に由りて支配するがため、議會は政府が參考書類を與へ、又は説明する範圍を超へて、豫算案編成の内幕及び詳細の内容を審査し能はざるべし。故に議會は如何なる程度迄、豫算案が實際修正削減を要すべきかを識る能はず。其結果、議會は最も適當なる修正を施さんと欲することなく、單に政府を苦しめんとし不當なる修正をも敢てすることなしとせず。之に對し政府は恰も狡猾なる商人が値切らるゝ事を豫期し、無法の掛値をなすが如く、議會の不當なる削減を豫期し可成多くの歳入歳出を見積り置く傾向あり。

加之《しかのみならず》、政府は憲法六十四條第二項の規定に由り豫算の欵項を超過し支出することを得べし。此場合には後日帝國議會の承諾を受けざるべからずと雖も、是れ只形式の規定のみ。何となれば、後日議會が豫算外の支出を不當と認め承諾を拒絶するとも、既に消費せる國庫の費用なれば、政府當局者をして之を賠償せしむること能はざるのみならず、其罪を天下に謝して辭職せしむることをもなし能はざればなり。猶、政府は第六十九條の明文「避クベカラサル豫算ノ不足ヲ補フ爲ニ又ハ豫算ノ外ニ生ジタル必要ノ費用ニ充ツル爲ニ豫備費ヲ設クベシ」との規定に據り、減債基金の如き年内に消費せざる金額をも備へ置くことを得。又第七十條の明文「公共ノ安全ヲ保持スル爲緊急ノ需用アル場合ニ於テ内外ノ情形ニ因リ政府ハ帝國議會ヲ召集スル事能ハザルトキハ勅令ニ據リ財政上必要ノ處分ヲ爲ス事ヲ得」との條項に依りて、議會を煩はす事なく勅令に由りて臨時の財政々策を行ひ得べし。凡そ政府が行ふ事にして公共の安全に關せざる事なく、如何なる場合にても政府は緊急と主張するを得。朝鮮合邦に關する勅令發布の如きは能々《よくよく》此事實を證明するものなり。而して勅令に由り財政の處分をなしたる時は、次の會期に於ける議會の承諾を求めざるべからずと雖も、是れ又形式的の手續のみ、實際議會の權能を發揮する能はざるべし。

尚又、政府は議會が豫算の不當を唱へ之を議定せざるとも、甚しく痛痒を感ずることなし。憲法第七十一條の明文に依り、政府は豫算案の成立せざる場合には前年度の豫算を施行し得。而して其他尚臨時支出するの方法あり。斯く研究し來れば帝國議會の豫算に對する權利は極めて微々たるものと云はざるべからず。

よし、微弱にして形式的ながら、議會は豫算案及び法律案に關しては議決權を有するも、勅令及び條約制定に關しては直接何等の權をも有することなし。されど、勅令は執行上其他の法律と異なることなし。只法律と勅令と相違する點は、勅令と法律と衝突又は抵觸したる場合に、勅令は法律の規定に遵《したが》はざるべからざること、及び勅令は次の會期に於て議會が承諾を與へざる場合には其效力を失ふことなり。勅令が存在する期間は其效力更に法律と異ならず、ゆゑに勅令を制定する權も正しく立法權なり。而して獨り之を有するものは行政部なりと云はるゝ政府にして、立法機關なりと呼ばるゝ議會に非ず。尤も、政府卽ち内閣が、責任内閣なれば最後に議會に支配せらるゝがゆゑ、政府が有する立法權は事實上議會が有するものなるも、我國の内閣の如く議會の上に立ち、議會を支配するものは勅令に關する立法權を獨占するものなり。

憲法第八條の明文に「天皇ハ公共ノ安全ヲ保持シ又ハ其ノ災厄ヲ避クル爲緊急ノ必要ニ由リ帝國議會閉會ノ場合ニ於テ法律ニ代ルヘキ勅令ヲ發ス」と。此法文を字義に拘泥し、嚴しく解釋すれば、天皇陛下が親しく勅令を制定發布なし給ふものとなさゞるべからず。然れども、事實上勅令を制定發布するものは内閣大臣なり。勿論、内閣大臣は其發布前、陛下の御裁可を仰ぐならんも、陛下が未だ曾て勅令發布を拒絕なし給ひしことあるを聞かざれば、實際陛下の御裁可は儀式的のものなるや疑なし。而して議會開會期は僅々三ヶ月、閉會期は、九ヶ月なれば勅令發布期間は、法律制定期間に比して三倍なり。事實に照すも、世界の立憲國中、恐らく我國の如く勅令の發布多き國はあらざるべし。加之《しかのみならず》、甚しき場合に於ては憲法上與へられたる國民の人權自由をも、勅令に由りて拘束せらるゝことあり。明治三十八年十一月六日の戒嚴令の如きは其一例なり。勅令の外に又行政命令なるものあり。之れ又勅令と均しく政府が隨意制定發布し得るものにして、其效力は法律と更に異なることなし。勿論多くの行政命令は單に議會に於て決議せる法律を執行するために制定する細則にして、憲法第九條の明文に由るも「命令ヲ以テ法律ヲ變更スルコトヲ得ス」と規定せらるゝと雖も、議會が議決する法律は只其概要にして、其執行に關する細則が、議會と主義政綱を異にする政府に由りて制定せらるゝ場合、法律の明文を變更することなく、細則の規定に由り立法者の意思と相違したる法律の實行を見ること稀ならず。猶且つ憲法第九條の條規に由れば「天皇ハ公共ノ安寧秩序ヲ保持シ及臣民ノ幸福ヲ增進スル爲ニ必要ナル命令ヲ發ス」とあり。而して「天皇ハ」との規定は實行上より見れば行政部はと云ふと同一にして「公共ノ安寧秩序ヲ保持シ及臣民ノ幸福ヲ增進スル爲ニ必要ナル」とは、法律の制定せらるべき悉皆《しっかい》の範圍を意味するものなれば、此條規に依り政府は既定の法律を變更せざる限りは何時如何なる行政命令をも發し得べし。是れ又立法部と呼ばるゝ議會が有することなく、却て行政部と呼ばるゝ國務大臣が有する一種の立法權なり。

此外猶《このほかなお》議會が有せざる又立法權あり。外國と締結する條約は純然たる法律と云ひ能はざるも、其實行上國民を拘束し、彼等の自由、權利等を制限する點に於ては法律の執行と異ならざるのみならず、時として法律をも變更することなしとせず。最も近き一例を擧ぐれば、昨年七月十七日より實施せられたる新關税は議會を通過し、天皇陛下の裁可を仰ぎ法律となりたるものにも不拘《かかわらず》、日英及日獨等の新條約の締結に由りて、一旦議會に於て議決したる税率すらも變更するに至れり。之れ能く條約が法律を變更したる實例を示す者なり。斯く條約は實行上法律と異なることなく、否時としては法律以上の效力を有するものなれば、之を締結する權は、國民の見地より論じ立法權に屬するものと云ふべく、而して我國の議會は條約制定に關し何等の權利をも有することなく、條約締結は全く内閣大臣の獨裁なり。勿論、憲法第十三條の明文に由れば「天皇ハ諸般ノ條約ヲ締結ス」と規定す。されど、這《こ》は只大權の存在する所を示すのみ。事實上至尊が親しく條約締結の局に當り給ふことなきは一點の疑問を要せざるもの〻如し。由之觀之《これによってこれをみれば》、我帝國議會が有する立法權は、其範圍甚だ狹隘なるのみならず、其狹隘なる範圍に於て所有する立法權すら實際滿足に運用する能はず。全く主義政綱を異にする行政官の意思に依りて、其運用を餘儀なくせらる〻ものなり。ゆゑに、我國の議會を他の立憲國に於ける議會と均しく立法部なりと稱するものあるも、名實相伴ふことなし。我國の議會が實際なし能ふ所は立法、行政、司法に關する批評にして、實權にあらず。實權の所有者は事實上政府當局者即ち國務大臣なり。故に我國の國務大臣は實際所有する立法權を專ら自由に運用せんと欲し、常に議會の批評を好まず、議會を嫌厭すること夥《おびただ》しく、可成議會の發達を妨げんとするの傾向あり。且つ可成勅令及び行政命令の實行範圍を擴張し、獨裁的に立法權を運用せんとする形跡あるは爭はれざる事實なり。而して彼等は口に「憲政有終の美を濟《なさ》んことを望む」と唱へながら、憲政發達に最も必要なる議會の實權を伸張し、健全なる政黨の組織を圖ることなく、却て議會の權利を侵害縮少し主義政綱に由て立たんとする强健なる政黨は、之を破壞し、軟化せしめんと企つこと稀ならず。然れども是決して彼等の罪にあらず。政治組織の罪なり。彼等は所有する立法權を運用するにつき、最も容易にして險坂障礙《けんはんしようそ》なき道を選擇せんとするは必然なり。强健なる政黨出でて議會の勢力增張せば、彼等は議會に於て彼等の欲する議案を通過せしむるがため益々困難を感ずべし。是れ彼等が議會及び政黨の發達、國民間に政治思想の普及するを希望せざる所以《ゆえん》なり。彼等は頻《しき》りに忠君愛國を皷吹《こすい》しながら、更に政治思想の發達を奬勵せざるを見ても、如何に彼等は國民を只群羊の如く、永久保存せんと欲するを推測するを得ん。

されど、彼等は人なり、より高き階級に上り、より强き權勢を張り、より重き榮譽を一身に擔はんと欲するのみならず、此等を收得したる曉には、永くこれを獨占し、他人をして之を侵さしむるを喜ばざるは必然なり。一身を犧牲に供し、位階、榮譽、權勢を捨てゝ、國家を思ひ國民のために盡す、之れ凡人の善くなし能ふ所にあらず。我國の國務大臣に之を求むるも到底得べからざるなり。

若し、國民が國務大臣の議會に對する壓迫を好まずんば、政治組織の改善を圖らざるべからず。妄りに國務大臣を非難攻擊するは酷なり。彼等も其他の人と同じく境遇の奴隸たるのみ。

若し國務大臣を攻擊せんと欲せば、均しく議會をも攻擊し、又選擧人をも攻擊せざるべからず。我國の議會は主義もなく、定見もなく、政綱もなき烏合の團體なりとの批評を免る能はざるべし。議會に於ける各政黨、各々其主義政綱を發表せざるにあらざるも、漠然として捕捉し能ふものなく、よし、ありとするも之に固着することなし。議會に於ける彼等の討議は恰も無責任なる學生の討論會に於けるが如く、啻《ただ》に奇抜過激の言論を好み、更に實行を顧ざる傾向あり。而して自己自黨の利益に汲々し、國民の利害得失に由りて進退を決するが如きは稀なるものゝ如し。されど、是れ又政治組織の罪にして彼等の罪にあらず。議會は何等の實權をも有せざるがゆゑ、主義政綱に由りて進退する能はず。如何に各政黨が忠實に努むるとも、行はれざる政綱より效績の擧るべき理由なし。彼等が議會に臨み忠實眞摯ならざる所以なり。

國民即ち選擧人が、候補者の主義、政綱、人格に由りて投票せざるも亦均しき理由なり。彼等が主義、政綱を奉じて議員を選出するも、選擧せられたる議員は實權なき議會に臨み何事をもなし得ず。實際法律を定る者は、議會と關係なき國務大臣なれば、如何なる議員を國民が選出する共結果に於て尠しも差異あることなし。實行の望みなき主義政綱に耳を貸すの必要もなく、無力なる地位に望む人の人選に注意するの必要もなからん。彼等が運動費の多寡に由りて、議員の選擧を決する所以なきに非ざるなり。之れ皆形式的代議政體が齎《もたら》す結果なりと謂はざるべからず。

第六章　二　院　制

一國の議會が只一個の議院に依りて成立するものを一院制と稱し、之が上院下院又は貴族院衆議院など云ふ二個の議院に由りて組織せらるゝものを二院制と稱す。現今世界に於ける立憲國中二院制を採用するもの最も多し。然れども、二院制が一院制に比較し、より多く存在するがために、前者は後者に比し良好なる議院制度と云ふ能はず。二院制が數多く存在するは、立憲國の母と呼ばるゝ英國が、其國體に由り歴史的進化の結果、古き時代より二院制を有せしがゆゑ、後進國の之を模造せるもの多かりしに由るのみ。二院制にしても各々一樣ならず。政府にして專ら國民のために存在し、國民に由りてなるものと、國民の上に座し國民に由らず國民を支配するものと、代議政體にして純代議政體と、形式的代議政體なるものと、內閣にして責任內閣と、責任內閣ならざるものとあるが如く、二院制にしても各々相違あり。

我國に於て二院制を採用せし理由として伊藤公は左の如く論述せり。(『憲法義解』六一頁)

「二院ノ制ハ歐洲各國ノ既ニ久シク因襲スル所ニシテ、其效績ヲ史乘ニ徵驗シ、而シテ此ニ反スルノ一院制ヲ取レル者ハ皆其ノ流禍ヲ免レザルコトヲ證明シタリ（佛國千七百九十一年及千八百四十八年、西班牙千八百十二年憲法）。近來二院制ノ祖國（英國を意味するものならんか）ニ於テ論者却テ其ノ社會發達ノ淹滯《えんたい》障碍《しょうげ》タルノ說ヲ爲ス者アリ。抑々《そもそも》二院ノ利ヲ主持スル者既ニ熟套《じゅくとう》ノ論アリテ今茲《ここ》ニ引擧スルヲ必要トセザルベシ。但シ、貴族院ノ設ハ以テ王室ノ屛翰《へいかん》ヲ爲シ、保守ノ分子ヲ貯存スルニ止マルニ非ズ。蓋《けだし》立國ノ機關ニ於テ固ヨリ其ノ必要ヲ見ル者ナリ。何トナレバ、凡ソ高尚ナル有機物ノ組織ハ獨各種ノ元素ヲ包合シテ以テ成體ヲ爲スノミナラズ、又必各種ノ機器ニ倚《よ》テ以テ中心ヲ輔翼セザルハアラズ。兩目各々其ノ位ヲ殊ニセザレバ以テ視力ノ角點ヲ得ベカラズ。兩耳各々其ノ方ヲ異ニセザレバ以テ聽官ノ偏聾《へんろう》ヲ免ルベカラズ。故ニ元首ハ一ナラザルベカラズ。而シテ衆庶ノ意思ヲ集ムルノ機關ハ兩個ノ一ヲ缺クベカラザルコト、宛《あたか》モ兩輪ノ其ノ一ヲ失フベカラザルガ如シ。夫レ代議ノ制ハ以テ公儀ノ結果ヲ收メムトスルナリ。而シテ勢力ヲ一院ニ集メ、一時感情ノ反射ト一方ノ偏向トニ任ジテ互相牽制其ノ平衡ヲ持スル者ナカラシメバ、孰レカ其ノ傾流奔注ノ勢容易ニ範防ヲ踰越シ、一變シテ多數壓制トナリ、再變シテ横議亂政トナラザルコトヲ保證スル者アラム乎。此レ其ノ弊ハ却テ代議ノ制ナキノ日ヨリ猶甚キモノアラムトス。故ニ代議ノ制設ケザレバ已ム。之ヲ設ケテ二院ナラザレバ必偏重ヲ招クコトヲ免レズ。此レ乃《すなわち》物理ノ自然ニ原由スル者ニシテ、一時ノ情況ヲ以テ掩蔽スベキニ非ザルナリ。要スルニ、二院ノ制ノ代議法ニ於ケルハ、之ヲ學理ニ照シ、之ヲ事實ニ徵シテ、其ノ不易ノ機關タルコトヲ結論スルコトヲ得ベキナリ」と。

其要領を摘み之を換言すれば、歐洲諸國の歷史に照し、二院制が一院制に比して善美なる制度なるは更に疑問なく、議院制度に兩院あるは、恰も人に兩目、兩耳あり、車に兩輪あるが如し。而して若し一院制なれば、一方に偏重し、一時の感情に制せられ、多數の壓制横暴を出現し、事實上代議政治の實を擧ぐる能はず。故に二院制は代議政體に關する必須の制度にして、眞理を穿《うが》つものなれば、永久不易なるものなりと云ふにあり。此の理、此の論、果して正確なるか。學理として深遠なる根據を有するか。將又《はたまた》事實に照して眞なるか。

然り、歐洲に於ける多數立憲國が二院制を採用しつゝあるは事實なり。されど、之を以て直に二院制が一院制に優ると立證するは甚だ早計なりと謂はざるべからず。彼等が二院制を採用せしは、恰も我國の憲法制定者がなせしが如く、單に模造せしに由るべし。加之、二院制とて凡て一概に同様のものとして論ずべからず。又千七百九十一年及千八百四十八年に於ける佛國の立憲政體及千八百十二年に於ける西班牙《スペイン》の夫《それ》とが、破壊せられしは一院制なりしがためなりしにあらず。憲法改正の途が杜絶せられ居りたるに由るものなり。之を一院制に歸するが如きは誤謬も甚しきものと謂はざるべからず。次に、議院制度の兩院を人の兩目、兩耳、車の兩輪に譬ふるが如きは、類似的論理の大に過てるものなり。兩目、兩耳、兩輪の作用の整然たるは、之を掌る中心の一なるに由るべし。然るに兩院の議院を活動せしむるものは、決して一ならず。兩院は必ず其組織分子を異にし、凡て均しき方向に進行するものにあらず。如何でか人の兩目、兩耳、車の兩輪の如く動くを得んや。而して二院制度の偏重に流るると流れざるとは、各院の組織と權利の配合とに歸する問題にして、二院制なるが故に偏重に流れず、壓制横暴なしと云ふ能はず。二院制にして兩院間に於ける權利の分配其當を得ざるがため、甚だしく偏重の政治行はれ代議政體の實を擧ぐる能はざるもの其例尠からず。ゆゑに、二院制は代議政體の實を現はす、唯一の制度なりと論じ、永久不易の眞理なりと主張するを得ざるは明白なり。

二院制が稍々良好なる結果を生ずる場合は、兩院の組織及び兩院間に於ける權利の分配宜しきを得、上院又は貴族院、換言すれば、兩院中直接國民を代表せざる一議院が、凡ての議案を議決するに當り最も能く愼重の態度を採り、修正、批評に重きをなし、敢て國民を代表する他の議院卽ち下院又は衆議院と平等に對抗するが如き權利と地位を有せざる時のみ。若し上院又は貴族院が下院又は衆議院と同等の權利を有し、後者に對抗せんか、兩院間に於て甚しき紛擾を釀すのみならず、代議政治の實行を見る能はざるは勿論、立憲政體の破壞をも招くことなしと保證し能はざるべし。

普通、下院又は衆議院なるものは、國民に依りて選擧せられたる代表者を以て組織するものにして、上院又は貴族院なるものは、直接國民の選擧を受けざるものなり。上院と呼ばるゝものは直接國民の選擧を仰がざるも、合衆國及佛國等の上院の如く通例國民の間接なる選擧に依るものにして、貴族院と稱せらるゝものは、一般の國民と直接關係を有せざる貴族を以て其大部分を組織するものとす。而して上院及貴族院議員の任期は下院及衆議院議員の任期より長く、又其地位より强堅なるは通例なり。されば、上下或は貴衆兩院が同等の權利を有する場合には、下院又は衆議院は他の議院のために壓倒せらるゝことなしと謂ふべからず。加之、兩院の議院が思想、理想、境遇を異にするがため、相拮抗せば有用議案の通過成立を見る能はざるべし。十九世紀に於て、最も有名なりし英國の憲法學者バジョット氏は二院制度にして兩院が對等の權利を有する場合に於ける弊害の夥多しきを述べ、其弊の最も大なるものとして兩院相抗し有益なる議案の通過を妨ぐことを指摘せり（バジョット『英國憲法篇』一六六頁）。然るに我國現代の憲法學者中、我國が二院制を採用せしにつき、「兩院制を採り互に對等の權を有せしむるときは各々公平、適當なる議決を爲し以て他院の贊成を博することを求むべし。從って亦保守進歩の兩主義をして互に折中せしめ國政をして中正の進路に在らしむることを得べし」（副島氏『日本帝國憲法論』二三七頁）などと論ずるものあり。性質組織を異にする兩院が對等の權を有し、如何でか公平適當の議決をなすを得んや。之に關し「保守進歩の兩主義をして互に折中せしめ國政をして中正の進路に在らしむことを得べし」と論ずるが如きは、現實を忘れ只抽象的の議論を弄するものと謂はざるべからず。若し、我國の貴衆兩院、諸外國の議會と均しく、個人の利益、感情等に依りて動かされ易き人間を以て組織せらるゝものなる事實を記憶し、貴衆兩院の實況を觀察せば、斯の如く現實を無視する議論をなさざるべし。

二院制度を用ゆる國の議會にして、兩院が法文上對等の權を有するとも、兩院の地位、組織等同じからざるため、實行上必ず相違を來たし、兩院の間に必らず輕重優劣を生ずるものなり。決して對等たる能はず。

之れを實例に徵せんか、合衆國の上、下兩院は法案の議決に關し對等の權を有するも、下院議員の任期は四ケ年なるに、上院議員の任期は六ケ年、特《こと》に上院議員は內閣に接近し、而して上院の地位、組織下院に比し、一層强健なるがゆゑに、事實上各議案に對する上院の議決權は能く下院を壓倒し、獨り上院が立法權を占有使用し、下院は恰も影人形の如く單に上院の赴く所に從ひ、形式的に議案の討議議決をなすが如き現象を演出す。曾て英國のデーレー・テレグラフと稱する新聞の華盛頓《ワシントン》通信員は、合衆國首府に於ける上、下兩院議員の地位を論評して曰く「合衆國の上院議員は華盛頓《ワシントン》の政界又は社交界に於て多大の勢力を有し重要視せられつゝあるに反し、下院議員は議會開催中すらも、政界及び社交界より全く忘却せられたる人の如く、殆んど無名なり」と。之れ能く合衆國の下院が政界に於て實權を有せざる事實を說明せるものなり。斯くて、合衆國の富豪を代表する上院議員は、寡頭政治、金力政治を實現し、資本家の獨占事業、トラスト、保護關稅政策等に重をなし、代議政治の實行を妨げ、益々貧富の懸隔を增加し、政界は倍々《ますます》腐敗し、國民は政治に惰氣を覺へ、志氣振はざるは不完全なる政治組織、卽ち不完全なる二院制度の結果に歸するものと謂はざるべからず。

又、英國は二院制にして、英國の貴族院は多くの世襲華族と、蘇格蘭《スコットランド》及び愛耳蘭《アイルランド》に於ける或階級の華族より互選せられたるものと、英國教會に屬する少數の宗教家とを以て組織せられ、衆議院の如く解散せらるゝことなきがゆゑ、其地位衆議院に比して强固なりと云ひ得べく、而して法文上（慣例を云はず）衆議院と同等の立法權を有するも、久しき過去に於て屢々之を活用し、衆議院に對抗したる結果、政界に波濤を起し、紛擾を醸し、時として國家を危機に投ぜしことある辛《から》き經驗を有するのみならず、漸次慣例に由りて自然に拘束せられ、現今に於ては國民を代表する衆議院に反抗し、對等の權利を主張するが如きことなく、國民も亦貴族院に重きをなさず。英國の政界に於ける貴族院の勢力實權は事實上合衆國に於ける下院の夫等よりも一層微々たるものなり。

英國の貴族院が立法に關し實際干與する所は、議案の批評、修正、時として其通過の一時的延期のみ。敢て國民を代表する衆議院と法文上に於て有する對等の權を爭ふことなし。而して後者は又能く前者を制し得るの實權を有するがゆゑに國民の輿論に由りて事を決し、代議政體の實を擧げ得べし。

我國の貴族院は英國の貴族院に比較し、單に組織上より論ずれば、全く貴族のみならず、勅選議員及び多額納稅議員等を有するがゆゑに、稍々平民的にして優る所なきに非ざるも、實際事實に照し、立憲政體國の政治機關として、果して如何なる眞價を有すべきか。之れ我立憲政體の發達に關し多大なる關係あり、研究せざるべからず。

法文上より論ずれば、我國の貴族院は衆議院と對等の權を有するのみならず、如何なる場合に於ても更に解散の憂なきがゆゑに、其地位も一層强固なりと謂はざるべからず。若し夫れ立憲國に於て、二院制を有し、合衆國に於けるが如く直接國民を代表せざる一議院が、他の國民に由りて組織せらるゝ議院より優勢なりしとせば、健全なる代議政體の發達は期すべからざるべし。僅々二十ケ年に於ける我立憲政治史に照し、貴族院は衆議院が曾てなし能ひしよりより強く内閣を苦しめたる事跡あり。第十五議會に於て、伊藤公が憲政黨と提携し内閣を組織せしや、貴族院に於ける多數は伊藤公が超然主義を棄て政黨と結托したるは立憲政體の主意に悖叛《はいはん》するものとなし、烈しく伊藤内閣を攻撃し、豫算案の通過を妨げ、元老の調停を聴かず、漸く大詔の煥發に由りて威壓せらるゝに至れることあり。事の善惡、策の良否は姑《しばら》く措《お》き、之れ能く貴族院の實力を證明するものなり。此の事實より推測すれば、貴族院は將來に於ても、法文上與へらるゝ權利を主張し内閣を制し、衆議院を壓倒することなしと云ふべからず。

然るに貴族院が過去に於て只此伊藤内閣攻撃の一事あるのみにて、より微力なる衆議院の如く不絶《たえず》能く活動せざりしは、内閣が貴族院の多數と思想、理想、感情、境遇を均しくするものに依りて組織せられつゝありしに由るならん。貴族院の有力なる分子は、殆んど皆勅選議員と新華族なり。而して勅選議員及び新華族なるものは、凡て政府當局の官吏と均しき經歴を有し、同一なる境遇に立ちしものにして、同僚なる官吏の推薦に依りて、華族たり、貴族院議員たりしものなれば、彼等兩者の關係は水魚も啻《ただ》ならずと云ふべく、決して相反目するが如きことのあるべからざるは必然なり。從來内閣と衆議院と論爭、衝突ありし場合、貴族院が必ず政府當局者に應援せしは、同族相助け相救ふと更に異なることなく、官僚内閣が繼續せられ、責任内閣の起らざる間は、貴族院議員の多數は常に内閣の蔭武者又は黒幕となるは一點の疑問を存せざるべし。されど、若し夫れ立憲政體が徐々順路に進み、健全なる發達をなし、衆議院の權勢發展伸張し、官僚内閣斃れ、責任内閣建設せられんとしたる際、又せられし曉には貴衆兩院の關係は如何なる新現象を生ずべき乎。

貴族院の多數が、能く時世の移推を鑑み、立憲政體の何物なるかを了解し、彼等は直接國民を代表せざることを自覺し、衆議院に反抗すべきものならざることを悟り、穩健なる態度を採り、對等の權を主張するが如きことなくんば圓滿なる憲政の發達を期し得べしと雖も、貴衆兩院議員の思想、理想、境遇等に甚しき相違あり、法文上同等の權を有するがゆゑに、貴族院議員の多數が彼等の地位を誇り、威嚴を重んじ、頑迷にも敢て衆議院に反抗する如きことあらんか、健全なる立憲政體の發達を阻碍し、政界に一大波亂を惹起することなしと云ふべからず。曾て我國現時に於ける憲法の發布前、其制定者の一名なりし金子は、其原案を提へて英國に至り、其當時有名なる社會學者スペンサーに就き親しく批評を求めしに、スペンサーは此憲法運用の良否如何は、一に貴衆兩議員の責任にあり（明治四十二年三月發行『太陽』）と述べたりとぞ。此時スペンサーの胸中、既に將來に於ける貴衆兩院の關係容易ならざるを察し、此言を發せられたる者にあらざるなきか。我國の立憲政體建設後僅に二十年、其基礎强固なりと云ふべからず、其根底容易に動搖すべし。若し夫れ其將來をトせんと欲せば、官僚黨の運命を測知すると共に、貴衆兩院の關係が如何に解決せらるべきものなるやをも推測せざるべからず。官僚内閣衰へて責任内閣建造せられ、衆議院の實權伸張し、事實上貴族院が衆議院と對等の權を捨つるに至らずんば立憲政體の基礎健全强固なりと云ひ能はざるべし。

第七章　樞密院

凡ての立憲國に於て議會の存在するは通則なるも、樞密院の存在するは寧ろ稀なりと謂ふべし。而して其存在する所に於て樞密院を稱せらるゝ名義に於ては均しきも、其實權に於ては各々甚しき相違あり、時を同ふして論ずべからず。

古代に於て英國の樞密院は、現今に於ける我國の内閣の如く、立法、行政、司法の權を併有せしことありしも、現今に於ては只其形骸を存するのみにて、樞密院として政治上殆んど何等の實權をも有することなし。時として英國皇帝は樞密院議員を召集し、國政を諮詢せらるゝことあるも、實際樞密院の有力なる分子は内閣大臣なるのみならず、樞密院の審議を求むるも、一に内閣大臣の奏請に基くものなれば、事實上樞密院なるものは内閣を離れて政治的存在をなさゞるものなり。

而して英國の内閣大臣は、我國の内閣大臣の如く、國務大臣として至尊の任命を受くるものにあらず。彼等は新内閣組織の際、樞密院議員として任命を受くるものなり。故に法律上嚴しき意義に於て彼等は大臣の官名を有せず、單に樞密院議員の資格を有するのみ。而して法律上彼等は樞密院の行政委員なり。されど、事實上彼等は内閣大臣にして行政長官なるのみならず、衆議院議員にして立法部をも支配し、又樞密院をも左右す。斯くて樞密院なるものは實際内閣大臣が施政の方針を陛下に奏上するがために用ひらるゝ外、何等の政治的作用をもなすことなし。我國の樞密院は、憲法第五十六條の明文に於て「樞密顧問ハ樞密院官制ノ定ムル所ニ依リ天皇ノ諮詢《しじゅん》ニ應ヘ重要ノ國務ヲ審議ス」と規定せらる。而して伊藤公は『憲法義解』（九二、九三頁）に於て「樞密顧問ハ至尊ノ諮詢アルヲ待テ始メテ審議スルコトヲ得。而シテ其意見ノ採擇ハ亦皆一ニ至尊ノ聖裁ニ由ルノミ」と註釋す。樞密院官制に依り重要なる國務とは、皇室典範に關すること、憲法明文の解釋、勅令及び戒嚴令の草案及び發布、條約締結に關する審議等を意味するものなり。就中《なかんずく》、憲法の解釋、條約に關する審議、勅令及び戒嚴令の發布等は國民の利害、休戚、自由、權利に直接の關係を有し、立法權の範圍に屬すべきものにして立憲國國民に對し頗る重要なることなり。而して勅令及び戒嚴令は只行政上必要の場合に發布するものとするも、條約の締結に於ては然らず。國民を代表する議會が之に付き何等の權能を有することなく、却て樞密院が之を有するは其他の立憲國に比し、我憲法の最も異樣なる點なり。殊に樞密院が憲法明文の疑義に關する解釋權を有するは、立憲國に於ける最高權を有するものと謂はざるべからず。而して我憲法は制定後日尚淺く、其運用未だ確定せず、立憲政體の基礎未だ固からず、且つ成文憲法なれば容易に變更せらるべからず。故に其明文の解釋は立憲政體建設の運命に關し、多大の影響を與ふるものなり。然るに元來我國に於ける幾多の憲法學者は、樞密院は聖上陛下の最高諮問府なりと論じ、單に法文上に於ける樞密院の地位權能を明記するのみ。敢て樞密院が實際如何に活動し、活動し得べきか、如何に運用せられ、せられ得べきかを考究し、我立憲政體に與ふる影響くを論ぜざるものゝ如し。

憲法の明文に依れば、樞密院は獨り天皇の諮詢あるを待て始めて審議することを得うるものなり。然れども我賢明なる聖上陛下は親しく國政を執り給はず。されば、前記の重要なる國務に關し、陛下が獨斷に樞密院に諮詢なし給ふが如きことありと想像すべからず。若し至尊が獨斷に樞密院に諮問し給ふものとすれば、諮詢なし給ふことの條項を規定するの必要なかるべし。蓋し、憲法に此規定あるは統治權の存在する所を示すものにして、實際樞密院の審議を求むる者は、政局に當る内閣大臣なること疑なかるべし。樞密院官制第九條に依り、樞密院會議の時日及び日程を定め、審議の題目を交付するものは、内閣大臣なることの事實に徵すも亦明瞭なり。加之、明治二十四年大隈伯が樞密院顧問官たりし際、自由黨の首領板垣伯と會見せしことあるや、時の松方内閣は大隈伯に迫り諭旨免官を斷行せり。又明治三十七年伊藤公は樞密院議長になりたる理由を以て政友會を退會したることあり。此等の事實は能く樞密院顧問官の推薦及び官權を左右するものは、時の内閣大臣なることを證明するに足るものなり。

又、伊藤公は樞密院の決議に對する採擇は亦皆一に至尊の聖裁に由るのみと論陳するも、是れ又議會通過の議案を陛下の御裁可を仰ぐ規定と同一にして事實上形式的のものなるべし。樞密院の決議にして内閣大臣が之に同意するものを、聖上陛下が御裁可なし給はざるが如きことは斷じてなかるべしと思惟せらる。げに明治二十五年貴衆兩院間に起れる、憲法第六十條の豫算案に關する規定の疑義すら、陛下は樞密院の決議を全然御採納あらせられ給ひし實例あり。立憲國に於て最も重要なる憲法明文中の解釋に就ても猶且つ然り、其他は推して知るべし。

現今に於て、我國の樞密院と内閣とは之を組織する人名に由り、恰も内閣大臣と貴族院の勅選議員との如く、密接にして水魚も啻ならざる關係あり。兩者を組織するものは官吏生活をなしたるものにして更に異分子を含有せず。兩者の地位、權能に於ては甚しき相違あるも、能く同一の歩調を採り得る所以なり。

明治二十一年、樞密院が始めて建設せられたる時、其定員は樞密院議長を合せて二十六名なりき。其後三十九名に增員せられたり。而して此增員は樞密院の審議を一層有效に且つ有力ならしめんがためになせしものなりと云ふべからず。何となれば、諮問府として有力ならんことを望まば、三十九名の多數より寧ろ二十五名の少數が優ればなり。二十五名の顧問官を以てすら、尙少數なりと云ふべからず。然るに敢て之を增加せしは、老朽劇務に堪へざる行政官吏のために多くの地位を造らんとしてなせしものなり。而して之を行はんがために、樞密院官制を改正したるものは、樞密院顧問官と内閣大臣なるや疑なし。

されど、兩者其職責を異にするがゆゑに、或場合に於ては、多少の軋轢を有することなしと云ふべからざるも、現今に於けるが如く、兩者が境遇、思想、經歷の均しきものを以て組織せらるゝ間、只消極的の行動のみなし能ふ樞密院が、直接政務に當る内閣の施政を防ぐるが如きことあらざるべし。否、若し内閣が議會の攻擊に遇ひ追窮せらるゝ場合には、樞密院は必ず前者に同情を表し後援するは勿論なり。議會は内閣に向って質問を發し得るも、樞密院の決議に對しては更に論評するの權利を有せざれば、内閣は樞密院の決議を利用し、議會を威壓し、或は國民の輿論を動かし得ることあり。斯て樞密院も事實上内閣の權威勢力を保持し又は伸張する一機關たるべし。

伊藤公は樞密院を建設するに當り、樞密院顧問官たるべきものは、優裕靜暇思ひを潛め、慮を凝し、譽を求むることなく、聖聽を啓沃し、偏せず黨せず、能く問疑を審議剖解すべきものなることを期待せり（『憲法義解』九一、九二、九三頁參照）。之れ何人も希望する所なり。されど如何せん凡ての樞密院顧問官に聖人君子たることを望むも得べからざることを。否、時として多數の樞密院顧問官中一名の聖人君子をも發見すること能はざることを。

若し、總ての樞密院顧問官にして悉く聖人君子たり、譽を求めず、權勢を弄せず、專ら國事に意を注ぎ、國家を思ひ、國民を愛し、不偏不黨、重要なる國務を審議し、身命を供《さゝ》げて國家に盡さんか、能く樞密院建設の趣旨を全うするを得ん。然れども、事實に徵すれば、樞密院顧問官も聖人君子にあらず、權勢を求め、名譽を重んずる人間なり。故に立憲國の政治機關として樞密院を論ずるに當り、之を聖人君子の結合體と目する能はず、人間の聚合體と見做さゞるを得ざるべし。

されば、憲法制定者が樞密院は斯くあるべし、斯くあるべきものなりと希望せしが如く之をなし能はざるべし。彼等は樞密院なるものは、獨り聖人君子を以て組織せらるゝものと假定せり。然れども這《こ》は事實不可能の事なり。如何《いか》でか之が彼等の希望に沿ひ、建設の主意に基き、永久運用せらるゝの理由あらんや。

勿論、今日迄樞密院の存在と、其所有する所の偉大なる權利とが、我立憲政體の發達に著しき貢獻をなせしこともなく、又甚しき障碍を生ぜしこともなかりき。蓋し、之れ既述の如く、樞密院と内閣とが同分子を以て組織せられつゝありしに由るものならん。若し夫れ將來我國の文運益々進歩し、一般國民の知囊一層啓發せられ、彼等が自己の存在を自覺し、其政治思想更に發達し、單に官吏に隷屬することなく、自治の念を生じ、立憲政體は健全なる發達をなし、內閣が國民の代表者を以て組織せらるゝ場合到來せしとせば、勢ひ樞密院と內閣とを組織する人名、今日の如くなる能はざるべし。其際兩者の間に衝突を釀すが如きことあらざるか。若し軋轢ありとせば、立憲政治の上に如何なる影響を及ぼすべきや。

樞密院は直接議會又は國民と連鎖を有せず、國政を擔當することなく、所有する所の權利は消極的に使用せられ得るのみなるに對し、內閣は議會の多數を制し國政を擔任するのみならず、樞密院の審議に加はり得るも、內閣大臣以外の顧問官が一致して彼等に反抗する場合には、彼等は樞密院の決議を動かす能はず。若し、果して樞密院顧問官が結合して內閣に抗するが如きことありとせば、內閣は執政上甚しき困難に際會すべし。されど、樞密院顧問官は槪して老朽の士多きがゆゑ、或は敢て內閣に拮抗するが如きことなかるべし。然りとせば我立憲政體發達のために、幸福なりと謂つべきも、若し、拮抗することありとせば我立憲政體の健全なる發達を害すること甚しかるべし。

第八章　官僚政治

官僚派又は官僚黨とは、官吏の結合に依りて成立する一種の政治的徒黨を意味するものなり。徒黨なるものは利益を同ふする者に由りて其利益を保護せんがため、或は增進せんがために、一時的又は永久的に聚合せらるゝ團體なり。而して徒黨なるものは、獨り其れ自身存在し得べきものにあらず、必ずや對抗すべきものありて初めて發生し、此刺激に由りて結合を全うし、漸く存在し得べきものとす。明治の初年、我國に於て攘夷黨に對し、開國黨あり、長洲派に對して薩摩派、土佐派、肥前派ありしも、官僚黨なるものあらざりき。官僚黨の起りしは立憲政體建設後にして、議會興り、官吏以外の者が政界に於て稍々勢力を示し、夫れ迄彼等が獨占し來りたる地位、政權を襲ふに至りしに起因す。若し、議會の成立なかりせば、彼等の分裂を見しも彼等の結合を見しが如きことなかるべし。彼等が徒黨を組むに至りしは、議會に對抗して彼等の地位權勢を保護せんためなり。其他の理由あるを發見する能はず。

人或は言はん、我國に官僚黨などゝ稱すべき團體又は徒黨存在することなしと。然り、政友會又は國民黨と稱するものゝ如く、黨員自ら呼んで官僚黨なりと稱すべきものは存在せざるべし。然れども之に組するものが自稱して官僚黨と呼ばざるがゆゑ、官僚黨なしと言ふ能はず。若し境遇を均うし、見解を共にし、利益を同うするものが、互に氣脈を通じ、相圖り相和し、同一の步調を取り、彼等協同の利益を保護し、伸張せんとする者あらば、彼等が其結合を公然天下に發表すると、發表せざると問はず之を一種の團體又は徒黨と認めざるを得ず。而して現今我國の官界に於ける一部のものが共同共謀、陰に陽に、在野黨の團結を粉碎し、議會の勢力を削減し、彼等の地位を强堅ならしめ、政權を獨占し、外界のものをして政務に當らざらしめんと努めつゝあるのみならず、常に官吏と人民との間に檣《しよう》壁《へき》を築かんとするは覆ふべからざる事實なり。彼等は境遇の奴隷となり、或は無意識的に之をなしつゝあるならん。意識的にせよ、無意識的にせよ、事實は事實として認めざるを得ず。之れ官僚黨なるものゝ存在すると云ふ所以也。

官僚政治とは、官僚黨と稱せらるべき官界に於ける少數者に由りて專橫せらるゝ一種の寡頭政治を意味するもの也。

されど少數政治必ずしも惡政なりと謂ふにあらず。若し、天資絕倫の人出でゝ身を官界に投じ、幾多の經驗を積み、該博なる學識を有し、健全なる主義、確乎なる定見を持し、國家千百年の策を畫し、一時的の彌縫策《びほうさく》を排し、虚榮を貪らず、自己を棄てゝ一身を邦家、國民に捧げ、國務に當らんか、能く國民を指導し、國民の意思を満足せしむるに足るべきや明なり。然れども、如何せん此《かく》の如き人は極めて稀にして容易に得べからざることを。

普通天資聰明なりと呼ばるゝ政治家の多くは、屢々境遇の捕虜となり、位階官爵に溺れ、名譽心に驅られ、權勢に弄せられ、金力に魔せられ、時に臨みて國家、國民の利益をも、自己の地位權勢のために犧牲になすことをなしとせず。兎角、人間は境遇に支配せられ勝なり。波止場の人夫は波止場の人夫、大工は大工、左官は左官、呉服屋の番頭は呉服屋の番頭、會社員は會社員、軍人は軍人、官吏は官吏として啻に思想、理想、嗜好のみならず、擧止擧動、外見に於てすらも區別せられ得べし。加之《しかのみならず》、何人《なにびと》も自己の存在を他人に認識せられんことを欲し、且つ既に其獲得したる獨特の地位、權をば、永久保持して他人に侵害蠶食せらるゝことを好まざるものなり。曾て、英國のロースベリー伯が貴族攻擊に對し答へて曰く「貴族は封建時代の遺物なり、彼等は國家の寄生虫なり、彼等が抱く思想は保守的にして國家の進運を阻害するものなりと論ずる者に、試みに爵祿を與へよ、彼等は之を拒絕せざるべし、而して或は彼れ一生中、彼れが從來主張せし自由主義に固着せんも、其子孫は通例彼れの主義を捨て保守主義を唱導するに臻《いた》らん」と、これ能く人情を穿《うが》てる言なり。

我國に於ては現今猶封建時代の餘弊蟠《わだか》まり、官民の懸隔夥多しく、官吏は國家の凡てにして、庶民は只兵役及び納稅の義務を果すがために存在しつゝある奴僕の如く、兩者の關係尙野蠻國に於ける王侯從僕の關係も啻《ただ》ならざるを覺へしむ。

庶民は獨立自尊の念に乏しく、事毎に官吏の指揮命令を待ち、事の良否、善惡を問はず官吏に服從又は隷屬せざれば、忠君愛國に悖《もと》るものなりと思惟し、至尊と官吏、國家と官吏とを混同し、國家は彼等の國家にして官吏の國家にあらず、官吏は彼等が租税を支拂ひ給料を與へ置くの公僕なることを認め、彼等は官吏のために存在するにあらず、官吏は彼等のために存在するものなることを知覺するを得ず。官吏に媚び、官吏に諂ひ、官吏の權柄を借りて事をなさんと欲し、官吏を使用し公平に其任務を果さしめ、以て彼等の利益幸福を增進せしめんと努むることなく、政府及び其施政を批評するは、恰も國事犯に相當する罪惡なるかの如く思惟し、官吏に屈服するを以て德となし、官吏に接近するを以て名譽となすの傾向あり。而して又官吏は尙封建時代の思想を追ひ、意識的又は無意識的に、彼等は先天的主治者なりと心得、公僕なりと自覺することなく、被治者なる庶民も彼等と平等の權利を有し、共に一國家を組織する同胞なることを忘れ、庶民の間に介在するを好まず、庶民を卑下し、庶民を離れて官吏社會なる別天地を築き、彼等の知己、彼等の朋友を以て之を固め、庶民に接近することなく、庶民と和し、庶民と謀り、人格、德望、識見、政策を以て庶民の敬服を求めず、爵位、階級、權勢を以て庶民を威壓せんと欲し、動《やや》もすれば忠君愛國の本義を敎ゆるに、官吏崇拜、官吏萬能主義を以てし、官吏に隷屬せざる者は亂臣賊子なりとの觀念を抱かしめんと企て、獨立自尊の精神を奬勵せず、國家は國民の國家なりとの觀念を拒絕し、極めて偏狹なる國家主義を皷吹し、官吏なる一階級は庶民に比し優等なるものと臆斷し、兩者の間に於ける主治者、被治者の關係を永久維持するを以て理想とし、之に依りて凡ての政策を斷行せんとする傾向あり。

君主國に於て立憲政體建設の主意は、國民に參政權を與ふるにあり。聖上陛下は國家の大權を統《す》べ給ひ、國民をして直接政務に當らしむべき趣旨なりしや一點の疑問なし。我國は其建國の主義に基き、上に萬世一系の皇統より出で皇位を踐《ふ》み給ふ、一點萬乘の君主の有り、下に之に從ふ臣民ありて一國家を組織するものなり。陛下は一視同仁臣下に對し給ひ、臣民は凡て平等にして、上下、貴賤の區別あるべき筈なし。然るに、官僚黨は立憲政體の下、敢て官民、上下、貴賤の區別をなし、超然主義を唱へ、彼等の徒黨のみが至尊の信任を受け國務に當るに適し、其他の國民は殆んど無智無能なる賤民の如く思惟するのみならず、國民間に政治思想の普及するを阻止し、議會の發達を妨げ、永久其地位と權勢とを維持せんとす。之れ明かに我國建國の主義に悖り、立憲政體建設の趣旨に背くものと謂はざるべからず。然るに動《やや》もすれば、官僚黨は我國は英國と國體を異にするがゆゑに、英國に於けるが如く、我國に於て國務大臣は議會に於ける多數に應じて進退を決し、其責任を明にし、又は議會に於て多數を占むる政黨が入って内閣を組織するが如きことあるべからずと主張し、彼等の地位を獨占し、民權の發達を拒絶せんと努むることあり。

我國と英國と稍々建國の歴史及國體を異にすてふ説に就ては更に異議なきも、我國に於て國務大臣が國民を代表する議會の意思に應じて進退すること、或は議會の多數を代表するものが國務大臣となり、國政を執ることを不可なりとし、又は我國體に背くものとなす理由を發見する能はず。我國家は聖上陛下及び國民の國家なり。而して、建國の主義に基き國民は悉く「同胞」にして、平等の權利を有するものなりとす。且又、明治の初年、至尊は、「萬機公論に決すべし」と宣《のたま》ひ、國政は國民の意思に依りて決せらるべきことを明になし給ひしにあらずや。然るに官界に於ける極めて少數者が政權を專横するを以て我國體に適合するものとなし、反って國民を代表する者が、政局に當るを以て我國體に反するものとなさんとす、其不條理なる三歳の童児も能く之を解せん。

而して官吏は庶民を疑ひ、庶民を信ぜず、庶民の自由を拘束し、繁文褥禮《はんぶんじよくれい》を猥りに庶民を煩はし、干渉政治を行ひ、倍々《ますます》官營事業の勃興を圖り、官吏の增加、官權の普及に勉め、遠く國家の前途を思ふの念慮薄く、只管《ひたすら》一時の權勢を示さんとし、敢て收支償はざる大事業をも計營し、專ら多額の利益を獲得して、彼等の地位を强め、其權勢を張るの資とせんと欲し、商工人等の迷惑及國民の利害得失など更に顧慮せざるが通例なり。

然れども、之を以て嚴しく官吏を咎むべからず。彼等は人間なり。而も普通の人間なり。人間以上の事を彼等に望むべからず。普通の人は何人《なにびと》と雖も、先ず第一に自己の地位、自己の利益、自己の權勢に最も注意すべし。而して漸く他人卽ち全國民又は人類の利益、權利等に及ぼすものなり。例へば、商人は商業發達し、商域發展して彼等の利益を增進することとなれば、敢て農工業者の利益をも侵害するを辭せざるべし。只彼等が敢て之をなさゞる場合は、此侵害が直接又は間接に、より大なる損害を彼等自身に與ふることを識る時なり。又農民は地租を全廢して、此負擔を以て商人をして負はしむるとも、彼等は決して不平を唱へざるべし。否之を喜ぶべし。米穀に重き關税を課し米價騰貴して貧民は困窮するも、農民は却って之を迎へつゝあるにあらずや。製造業者に就て檢するも亦然り、彼等は常に製造業保護てふ名義の下に、高率の關税を要求しつゝあるにあらずや。關税なるものは不公平なる課税にして、物價を騰貴せしめ、貧民を苦しむるのみならず、道德の標準をも降下するものなり。然るに製造業者は敢て之を求むるにあらずや。又東京下關間の廣軌鐵道敷設問題に關しては、其線路に當る各都市の市民にして之より直接の利益を獲得し得るもの、又は之に關連して多大の利益を收得し得る御用商人等は、此問題が我國庫の財源と如何なる關係を有し、如何に國民の負擔を重からしめざるべからざるか、又中央線及各支線等の發達に如何なる影響を及ぼすかを深く顧慮することなく、只管《ひたすら》其敷設に贊成しつゝあるにあらずや。何處の國に於ても、陸海軍の擴張を唱ふるものは、主に陸海軍人、御用商人、造船業者なり。御用商人及造船業者は軍備の擴張のみならず、戰爭あれば、自國の勝敗如何に不拘、必ず多大の利益を獲得し得るものなり。これ彼等が戰爭及軍備擴張を好む所以なり。而して一生軍務に身を委ぬる海陸軍人は、自己の實力を發揮し、地位を造り、名譽を得んため、國民の負擔重く、且つ國庫の財源と軍事費と適度の比例を保たざるをも顧みず、專ら軍備擴張を主張するものなり。之と均しく一生官界に身を寄せ、庶民の上に一階級を造り、政權を握り、爵祿授受の權を占有し、命令的に庶民を支配し得る官吏は、自然、其地位、其權勢を永久に獨占せんと欲し、益々官權伸張を圖るは數の然らしむる所なり。彼等は彼等の地位、政權を抛ちて國家及國民のため、敢て政費を節減し、間接稅を廢し、貧富の懸隔を減じ、民業の發達を企つるが如きことなかるべし。

官吏が庶民と隔離し一階級を組織しつゝあるを是認し、偏狹なる官僚政治の起るを非難するは其當を得たるものにあらず。官吏を以て一生の職務とする者が其地盤を固め、其權勢の伸張を謀るを以て主とし、庶民の自由、權利、幸福を第二とするは人情なり。彼等が庶民の利益幸福を增進せんとするは、之に由りて彼等自身の權勢を擴張せんとするに因るもの多し。何人も外界の刺激制裁なかりせば、自己を本意となすものなり。彼等は出來得る限り、意識的又は無意識的に、一方に於て民權の發達を妨げ、他方に於て政府の干涉を增し、官營事業を興し同類の數を加へ、以て其地盤を强固ならしめんと欲するは決して怪むに足らず。是れ政體組織の不完備より起る所の自然の結果なり。純然たる代議政體の下、官僚政治の行はるゝことなし。苟《いやしく》も我國に於て既に立憲代議政體あり。其組織不完全なりと雖も、國民が自己の存在を自覺し、封建時代の遺風に固着せず、官吏に對する王侯に對するが如き態度を持續することなく、官吏は彼等の公僕なりと思惟し、官吏に阿諛し、官吏に屈從隸屬するを以て滿足することなくんば、永く官僚黨の存在、官僚政治の實行を見ることなかるべし。

第九章　政　黨

英語にては「ポリチカル・パーテー」政黨、「ファクション」徒黨、「クリック」又は「コテライ」朋黨、「ヂユント」又は「ケバル」秘密團など譯さるべき文字ありて政治的團體の種類を其性質に從ひ、明瞭且つ正確に區別して記載し得べきも、我國に於ては、立憲政體建設以來、殆んど、凡ての政治的團體を一般に政黨と呼び、其性質に基き一々其種類を區別して適當たる文字を以て之を示すが如きことあらざりき。

エドモンド・バーク氏は、政黨なるものを定義して曰く「政黨とは黨員凡て一致する所の一定の主義に基き、協同一致の力に依り國家の利益を增進するがために結合する政治的團體なり」（バーク・セレクト・ウォルク第一巻頁八六）と。若し此定義を以て政黨の定義とし、政黨と呼ばるゝ政治的團體は此定義に述ぶる要素を含まざるべからざるものとすれば、現今に於て存在する政治的團體にして、恐らくは政黨の名稱を附せらるべきもの一も非ざるべし。我國の政治的團體は黨員一同一致する一定の主義定見に由りて組織せられ結合するものに非ず。又國家の利益を增進するを以て主眼たる目的とすることなし。これ迄我國に於て政治的團體の組織せられしは、多くの場合之に聯結するものゝ意氣感情の投合及び個人的利益問題に由るものにして、國家の政策に就き一定の主義を貫徹せんとするがために起れるものに非ざるなり。故に朝《あした》に結び夕《ゆうべ》に解け、結合離散常ならず、始終一貫する所の主義を固執し、逆境に處して益々奮闘し、順境に臨みて其實行を計るが如きことなく、感情の走る所に馳《は》せ、利のある所に集まり、國家の利害を論じ、國民の幸福を説くは只選擧場裡に望み、投票を獵らんがために用ゆる手段方便のみ。此等の團體は嚴しき意義に於ける政黨なる冠名を用ひらるべきものにあらず、政黨にあらずして「ファクション」卽ち徒黨なり。

英國に於ける政黨なるものは、保守黨（又は統一黨）にまれ、自由黨にまれ、愛耳蘭《アイルランド》國民黨にまれ、勞働黨にまれ、皆一定の主義を有し、其主義を實行せんがために任意的結合協力するものなり。保守黨員は、英國の本土を主腦とし、濠州、南阿、加奈他《カナダ》、印度等の領土屬地を併合して健全鞏固たる英帝國を編成せんと欲し、之を爲すには充分母國の武權を擴張し、權勢に由りて領土屬地を支配し、可成《なるべく》領土屬地に於ける自治權を拘束し、永く母國と領土屬地の間に主從に等しき關係を持續することに依りて成就せらるべきことを信ずるものなり。而して彼等が主張する政策は、凡て此根本的理想に到達せんがための手段政策なり、彼等が其他の政黨に比較して陸海軍備の擴張により重きをなすも、又關稅改革を主張し、關稅の板壁《はんぺき》を築き母國と領土屬地の關係を一層密接ならしめんとするも、彼等の確信する主義より起る所の自然の政策なり。其他彼等の主張する政策にして一として彼等の主義の添はざるものなし。以て、如何に彼等の團結が主義のために鞏固なるか、又彼等の政策が如何に國家國民を中心とし、彼等自身の感情、利益問題等に由りて更に動搖せらるゝことなきかを推測するを得ん。

之を自由黨に就て檢するも亦然り、自由黨員は英帝國の健全なる組織は武權の威壓に由りて完成せられ得べきものにあらず、健全たる國家の發達は一時的軍備の擴張に由るよりは、寧ろ健全たる國民を養成することに由りてなし得らるべきものなることを確信するものなり。

彼等が保守黨の侵略的政策に反抗し内治に重きをなし、又武斷政策を以て帝國の統一を企てたる羅馬《ローマ》帝國の覆轍を踐むを避けんと欲し、領土屬地に於ける自治權擴張に躊躇せず、社會政策を實施し、貧富の懸隔を和らげ、實權を重んずるなど、皆彼等の抱く所の一定の主義より來るものなり。而して、又愛耳蘭《アイルランド》國民黨は、愛耳蘭島に於ける自治制の擴張を標榜するも、彼等のみにては議會に於て多數を占むる能はざるがため、常に自由黨と提携して其實行を計り、勞働黨は富の分配を一層公平ならしめ、貧富の懸隔を減ずるを以て急務となし、國威國權の伸張よりは社會改善の政策の必要なるを主張し、自由黨を助け其政策を實行するに努力す。斯くの如く各政黨一定の主義に由り、結合一致、各其信ずる處を實行して國家國民の公益を計るを以て目的とす。之れ眞に政黨の冠名を帶び得らるべき所以なり。此等を我國に於ける主義なく定見なく、聚合離散常ならざる政治的團體に比し豈《あに》誰か霄壤《しょうじょう》の差なしと謂はんや。

合衆國に於ては憲法組織甚だ不完全なるのみならず、其憲法成文法にして修正の規定嚴に過ぎて、容易に修正せられ得べからざるがため、十八世紀に於て規定せられたる以來、立法、行政、司法權の配合に就き修正を加へられたることなく、又其運用久しく富者の手に落ちしがため、立法部と行政部の關係、英國の憲法組織の如く密接ならず、從って健全なる政黨の發達を阻害せしこと甚しかりしと雖も、尚能く一定の主義を奉じ、之に基き確乎たる政綱政策を定め、其實行を計らんがために結合する所の共和黨、民主黨、勞働黨あり。我國の所謂政黨なるものと同日の比にあらざる也。

又、佛國は英國の如く責任内閣の組織を有し、佛國に於ける政黨は國民の輿論を代表し、議會に於て多數を占むるに至れば、行政々務官を定め又は廢し能ふのみならず、其主張する主義政策は故障なく停滯なく實行し得べきがゆゑに、何れの政黨も主義に依りて結び、政綱政策に依りて立ち、王黨、共和黨、社會黨各々其信ずる所の理想に基き、國民の現狀を研究調査し、國家の將來を慮《おもんぱか》り、確乎たる方針を立て、議會に於ても又議會の外選擧場裡に於ても公然之を發表し、正々堂々、始終一貫して之を固執し、期熟するを待ちて之を實行すべく、只時に觸れ機に臨み、國民を瞞着して一時の彌縫策《びほうさく》を施すが如きことなく、又あり得べからざるなり。

獨逸に於ては立憲政體の組織我國に於けるが如く未だ不備なるがため、政黨は屢々政府の高壓手段に遭ひ壓迫せらるゝも、保守黨、自由黨、社會黨各々皆一定の主義に由りて聯結を保ち、定見なき烏合の團體にあらず、政黨と稱へられべきもの也。此等に比較し我國に於ける政黨なるものは政黨と呼ばるべき資格もなく又價値もなきものなり。這《こ》は政黨と呼ばんよりは寧ろ徒黨と稱するを以て至當と認むるも、我國に於ては一般に政黨と呼ばれつゝあるがゆゑに、遽《にわか》に之を變じて徒黨と稱さんか却って誤解を招くの虞あれば、姑《しばら》く政黨なる語を使用して之を論ぜん。されど、ポリチカル・パーテー卽ち政黨として名實相伴はざるものと識らるべし。

我國の二大政黨と稱へらるゝ政友會及び國民黨の黨員中、恐らくは十人中八九は主義のため或は政綱のため政黨に加はりたるものに非ざるべし。勿論、政綱其ものが確乎たる主義政綱を有せざるものなれば、之に結ぶ黨員が一定の主義政見を有せざるは更に怪しむに足らずと雖も、決して喜ぶべき現象なりと謂ふを得ず。假令《たとえ》多數の政黨員が、遠く國家の經綸を慮《おもんぱか》り、確乎たる主義を抱き、嚴然たる政綱を案出編成すべき識見を有せざるも、其政綱に加入する主意が多數のものと協同して國家國民のために盡さんと欲するの意に出ずるものなりせば豫め主義政綱を定め公然之を發表し能はざるとも、其採る處の態度稍々政黨の政黨たる眞價を表白するを得べき筈なり。然るに事實に照して、政黨員の多數が、政黨員として果して國家に對する觀念に重きをなすの意あるやを疑はざるを得ず。

當時、議會に於て絕對的多數を占むる政友會さへも、一定の政綱を天下に示すことなく、黨員各々黨の勢力を借りて私利を貪り、又は虛勢を張るの具となし、虛榮心を滿足せしむるを以て足れりとなし、深く國家國民に關し意を勞せざるものの如し、而して主領等は虛榮心に驅られ、只虛勢を張るを以て滿足する群羊の如き多數を利用し、國民の利益をも犧牲となし、專心自己の勢力を增し、地盤を堅むるに努め、表面官僚政治の弊害、武斷政治の害毒を論じ、裏面に於ては官僚黨に接近して最も彼等自身に利益多き取引をなすがためあらゆる權謀術策を用ひ、同黨の投票を可成《なるべく》官僚黨に高價にて讓渡するを以て政黨唯一の政策となし、又多數の黨員は深く立憲政治の何物なるかを解せず、猶官吏に對する封建時代に於て百姓町人が王侯士族に對せし如き觀念を抱き、自己の屬する政黨が官僚黨と提携し、又は「情意投合」するを以て、百姓町人が帯刀御免となりしが如く心得、大臣邸の晩餐會を最も重要視して之を選擧區へ齎《もたら》し歸る土産話しとなすを以て満足す。而して彼等が政黨に入るにも主義政綱に由るにあらず、其政黨が一時多數を制し官僚黨に接近し得るの望を有するに由り、又は其主領が平民ならず、華族或は官界に關係ある人なるに由ること多しと云ふも過言にあらざるべし。

曾て國民黨に屬する一代議士予に語って曰く「國民黨が政友會の如く勢力を得んには、華族中の有力なるもの又は官界に密接の關係あるものを以て總裁となさゞるべからず」と。此の言能く政黨員の心理的狀態を表白するものなり。之に依りて考ふるも我國に於ける政黨の勢力を增し團結統一を強むる原動力は、主義政綱にあらずして官僚黨に接近し結託し得る力と、威嚴（實力にあらず）を有する總裁の力なりと識るを得べし。

勿論、英國及び米國等に於ける政黨と雖も、全然主領又は總裁なるものに就き重きをなさゞるにあらず。何れの國に於ても政黨勢力の消長は主領の力に預る所尠からず。然れども、我國の政黨に於けるが如く、總裁又は主領の位階官爵が其黨勢の伸張に關し何等影響する處なかるべし。否、却て妨害たるの虞れあり。政黨は庶民を代表するものなり。庶民を代表するものは庶民なるべき筈なり。英國の世襲華族が衆議員たり、政黨の主領たる能はざるも畢竟之がためなり。若し英國に於て政黨の主領が位階官爵を有するとせば、是がため却て庶民の信任を害することなしと保し能はざるべし。英國及び米國等に於ける政黨が主領に重きを置くは主領の威嚴を恃むにあらず、實力を持ち國民の輿論を喚起し、其政綱を實行せんがためなり。主義は純然たる立憲政體國に於ける政黨の生命にして政綱の實行は之が食物なり。主義なく政綱なき政黨は存在する能はず。敏腕なる主領、總裁を求め黨員の多數を得んと欲するも、此生命を保ち此食物を得んとする外他あることなし。

而して主義に由りて團結する政黨の組織は强固なり、其生命は健全にして永續す。確乎たる主義は風波に際會し容易《たやす》く屈折すべきものにあらず。順境に立つとも逆境に處するとも始終一貫して變せざるものなり。主義を奉ずる政黨は順境に際し、其主張する政綱を忠實に實行し、其主義の社會及び國家の向上的進歩に適合するものなることを證明し、而して其政策が能く國利民福を增進することを國民をして認識せしめんことに盡瘁《じんすい》す。而して逆境に處しては更に奮闘し、其主義の普及傳播に努め、國民の輿論を飜して再び順境に乘じ、其信ずる所の政策を實施實行せんとするに怠らざるものなり。英國及び米國等に於ける政黨は時として數年或は十數年不遇の境に立ち、黨員能く結合して一致協力黨勢の挽回を圖り、更に屈することなし。

然るに我國の政黨は、現時に於ける政友會の如く、顯位榮爵の人を以て總裁に戴き、議會に絶對の多數を有し、官僚黨と氣脈を通じ、政權を授けられたる場合、又は政府當局者と出入往來するが如き好地位を有する場合には、其黨勢益々伸張し、入黨するもの日に多く黨員益々增加し、破竹の勢を有するも、一朝事ありて顯位榮爵の主領を失ひ、官僚黨と絶緣し、政府當局者に疎んぜらるゝに至らんか、黨勢忽ち一變、黨員は減少し、黨勢は衰頽し、動《やや》もすれば黨内に暗闘を生じ、四分五裂、朝《あした》に天下第一と誇りし大政黨も、夕《ゆうべ》に其片影をだに見る能はざるに至るべし。是れ主義なき政治的徒黨、只個人的の利益、情實、又は虛勢のために聚合するものゝ常なり。決して怪むには足らず。斯の如き政黨を有し、健全なる立憲政體の建設を望み、純然たる代議政治の實行を希《こいねが》ふも豈《あに》得べけんや。

されど、我國の政黨が確乎たる主義なく政綱なきは、强《あなが》ち政黨の罪なりと言ふ能はず。現今に於ける我國の政治組織に依りては、政黨が一定の主義政綱を有し、國民の多數を代表し、議會に於て多數を占むるとも、上に官僚黨あり、屢々陛下の御信任なる語を借りて、思ふが儘に彼等を抑壓し得るがゆゑに、彼等は官僚黨の意思に逆ひ、自由に彼等の政綱を實行するを得ざれば、一定の政綱を發表するも其價値極めて尠く、深く國民の注意を促さざるべし。是れ卽ち我國の政黨が主義政綱に重きを置かざる根本の理由なり。此他我國の政黨が主義政綱に由りて立ち、健全なる發達をなし能はざる幾多の理由なきにあらざるも、此根本的の原因なる不完全たる政治組織の改革を圖るは、政黨發達を圖るにつき先決問題なり。

第十章　選擧と投票

選擧は立憲政體の何物なるかを解せず、投票の眞價を認識せざるもの、又は之を識るも餘りに利己的にして、社會公共の事に意を用ひず、國政を顧ざるものには騷はがしき、五月蠅《うるさ》き時間潰しのことなるべく、又選擧のため、選擧人と被選擧人の間に立ち、甘き汁を吸はんとするプロフェッショナル政治家にとりては善き收穫の時季なるべく、又實力なくして衆議院議員の肩書を得んとするものには、散財の機會なるべし。

されど、立憲政體の組織全く成り、純然たる代議政體の行はるゝ國に於ては、選擧は一般の選擧人が彼等の生命、財産を安全に保護し、可能丈其負擔を輕くし、實力を養成し、事業を發達せしめ、倍々向上的進歩を圖り、幸福を增進するため彼等の意思を能く代表するものを選出し、彼等の欲する所の政策を定めしむる途を開くべき期日なり、略言すれば、選擧は一般の選擧人が彼等と均しき政見を有し、能く其意思を代表するものを選出し、新政府を組織する方針を定むる日なり。勿論代議政體なるものは多數政治の實行を意味するものなれば、選擧の結果、新政府を組織するものは、選擧人の過半數を代表し、議會の過半數を占むる代議士等なるべし。斯くて選擧は如何なる政府を組織し、如何なる政策を實行すべきかを決定すべきものなれば、國民にとりては最も重視すべきことなり。賄賂の使行或は情實感情等に由りて輕々しく行はるべきものに非ざるべし。時としては一票の投票が一國の國政を東より西、右より左と全く相反する方向に轉ぜしむることなしと謂ふべからず。而して一選擧に對する選擧人の冷淡と不注意とは、或場合に於て一戰爭に敗北したるよりも猶多くの損害を國民に與ふることあり。只誤れる選擧の禍害は敗れたる戰爭の損失の如く直接觀測し能はざるがゆゑに、普通深く注意せられざるも、實際前者の禍害は後者の損失よりも一層多大なること稀ならざるべし。然るに我國民は常に忠君、愛國の思情に富むを以て誇り、亦能く戰時に麗しき死を遂ぐるに躊躇せざるも、選擧に對しては概して極めて冷淡なるのみならず、神聖なりと云ふ投票を賣買して更に恥づる氣色なく、亦時あり機ある毎に忠君愛國を鼓吹しつゝある官吏等が、直接或は間接に選擧に干渉し選擧人被選擧人等を苦しめ、さなきだに選擧の眞價を解せざる國民をして、一層選擧を蔑視するの觀念を抱かしめ、更に怪しむ所なし、矛盾も亦甚しと云はざるべからず。

蓋し選擧の尊重すべき理由は、選擧が實際國民の參政權を運用する唯一の途なればなり。若し選擧が正しく此用をなさゞれば、只無益に國民の時と金とを消費する無用の長物なり、如何でか之を尊重し眞摯に忠實に且つ熱心に之を行ふを得んや。我國の國民が選擧に對して極めて冷淡なるのみならず、官吏をして直接或は間接に之に干渉せしめ深く咎むることなきは、畢竟選擧が選擧の眞價を有せざるに由るべし。

選擧が眞に選擧の價値を有する場合、換言すれば、選擧が國民の參政權を運用するがために行はるゝ場合には、選擧人は其代表者を選出するに、最も信頼するに足るべき人にして自己と均しき主義政見を有するものを以てすべく、如何に名望あるものなりとて、自己と政事上の見解を異にするものを選出するが如きことなかるべし。參政權とは國政に干與し、國政を分擔する權利を意味するものなり。然れども悉く多數の選擧人を聚めて、國政を審議決定せしめ能はざるがゆゑに、彼等をして選擧に由り適當なる代表者を選出せしめて、彼等に代り彼等の意思を承けて政治を行はしめんがため、選擧なるものが設けらるゝに至りたるなり。されば、選擧人が選擧の實を擧ぐるには、主義政綱に由りて其代表者を定めざるべからず。然らざれば選出せられたるものを事實上代表者と云ひ能はざるべく、又選擧人が正しく參政權を有すると云ひ能はざるべし。何人《なにびと》と雖も代人を立てゝ事を爲さしめんとする時は、必ず其委託すべき範圍と權限を定めて之を囑託すべく、猥りに無制限に無意味に委託するが如きことなかるべし。選擧人が被選擧人に對するにも之と同じく、代表すべき範圍と權限に於て一定の制限を爲さゞるべからず。而して之を實行するには人物又は情實に由りて選擧を行ふことなく、主義政綱に依りて選擧を行ふものとす。

而して被選擧人は平素は勿論、選擧に臨みても、其抱く所の主義政綱を明かに發表し、當選せられたる曉には必ず之を實行することを選擧人に對し誓言すべきものとす。斯くて當選せられたるものは其宣言したる主義政綱を實踐せざるべからず。若し萬一或事情のため其主義を變更したる場合ありとせば、直に辭職し、選擧人の意に背かざるものを選出代表せしむべきものとす。若し假りに、被選擧人が當選せられたる後、代議士として其任期中主義政綱に由りて更に拘束せらるゝことなく、自由に行動し得べきものとせば、或は全く選擧人の意思に背き、其希望に反する政策を行ふことなしと謂ふ能はず。若し果してこれありとせば代表者の名に背くものなり。故に代議士は其任期中、如何なる事情ありとも選擧人の承諾を得るに非ずんば、選擧に臨み其誓ひたる主義政綱の範圍を越へて、自由に行動し能はざるものとす。斯くて代議士は眞に國民を代表するの實を擧げ、又國民は代議士を經て參政權を運用し國政を掌ることを得、代議政治の實行を見るに至るべし。

若し選擧が現今我國に於けるが如く、主義政綱に依りて行はるゝことなく、當選せられたるものは代議士として其任期中、主義なく定見なく、自由の行動を採り、又選擧人は主義政綱に由りて、更に其當選したるものゝ行動を左右し拘束すること能はず、全く自己の意思に反する政策を實行せらるゝとも、猶之を忍ばざるべからざるものとすれば、選擧は實に無意味のものなり。只時と金とを消費し、一時の混雜を來たすのみ。

我國に於ける幾多の憲法學者、國家學者、法律學者、新聞雜誌記者等頻りに投票は神聖なるものなりと論じ、國民に之を濫用せざることを教へんとす。其志や賛すべし。吾人は此等の諸士と均しく一般の國民が投票の尊重すべきものなることを認識し、其神聖を瀆《けが》すことなく、之を濫用せざることを望むや切なり。然れども、如何せん無意味なる選擧を行ふ投票を尊重せよと告げらるゝとも、之を尊重すべき理由を意識し能はざることを。

人間は利益問題を打算するに敏捷なる動物なり。投票が實際甚だ有力なるものにして、之に由り有權者は自己の意思に叶ふが如く、國政の方針を定め得べくんば、尊重せよと教へられずとも必ず之を尊重せん、如何に投票を尊重せよ、其神聖を汚すべからずと告げらるゝとも、無意識に之を尊重することは不可能なり。古來より幾多の哲學者、宗教家は金錢の尊重すべからざることを説き、物質的の快樂は一時的にして永久的のものにあらずと論じ、物質的富の餘り尊むべからざることを教ふるも、俗界を脱却し能はざる人間は、實際金錢の有力なることを識るが故に、金錢を愛して止まず、又爵位、殊に官界に於けるものが勝手に製造し得べき爵位は、虚飾に過ぎず、眞價を有せざるものなりと説くも、我國に於けるが如く、階級制度に由りて心理的に麻痺せられたる、又せられつゝある國民の尊敬と人望を得るには爵位が人格よりも實力よりも一層有力なるがゆゑに、一般に爵位を尊重すること夥《おびただ》多し。之と均しく投票が實際有力なるものなれば、其神聖を説き、尊重すべきことを教へざるとも必ず之を尊重し、濫用するが如きことあらざるべし。

英國に於ては一塊の麵包《パン》を購ふに困難なる勞働者と雖も、一時の金錢に溺れ投票を濫用するが如きことあるを聽かず。之れ、彼等が投票を神聖なりと思ふがゆゑに斯くこれを尊重するにあらず、彼等は投票の有力なるを識り、若し之を濫用せば却て多大の損害を其身に及ぼすことを意識するがゆゑなり。委《くわ》しく言へば、彼等は彼等の投票に依り彼等の意に準じ國政を支配し得ることを了知す。而して若し彼等が一時の利益を貪り、彼等と政見を均しくせざる保守黨員を選出すれば、勢ひ富豪資本家等に比較的便利なる政策を行ひ、關税及其他の間接税を增加し、間接に彼等の負擔を重くし勞働者に有益なる政策を遲延し、結局彼等自身の不利を招くものなることを知悉するがゆゑに、一塊の麵包に苦しむも投票を抛《なげう》たざるなり。彼等は彼等の投票に由りて能く金力權勢に抗し、彼等の生命財產自由を保護し、位階に屈服し金力權柄に隸屬することなく、能く人間としての地位を維持し、獨立するを得ることを意識す。これ彼等が投票を重んずる所以也。

我國に於ける普通の選擧人は未だ投票の尊ぶべきを知らず、一回の饗應、少許の金錢に由りて彼等は直に其投票の運命を決定すべし。彼等の多數は英國の勞働者の如く生活の困難を感ぜず、彼等は一回の饗應に舌打鳴らし、知覺を失ふものにあらず、又少許の金錢を貪りて敢て投票を無視するものにもあらざるべし。只彼等の有する投票が彼等に價値なきものなるがゆゑに、彼等は之を使用するにつき深く注意せざるに由るなり。

既述の如く、我國の候補者は主義政綱に依りて選擧を求め、選擧人の意思を代表し國政を定むるにあらず。故に選擧人は政友會の候補者を選ぶも、國民黨員を推すも、中央倶樂部員を擧ぐるも無所屬者を出すも、彼等自身に關し何等の差異をも發見し能はざるべし。各政黨間感情に於て又其理想とする所に於て多少の相違なきにあらざるも、上に官僚派ありて政權を握るが故に、何れの政黨が議會に多數を占むるとも、官僚黨の意思に逆ひ其政綱を實行することは不可能なり。されば何れの候補者は選定せらるゝとも、如何なる政黨が多數を議會に有するとも、選擧人の見地より考ふれば直接利害得失の之れに伴ふことなし、如何でか投票を尊重するを得んや。

尤も野心ある選擧人にして、勢力ある政黨と結托し、政府に接近し、或種の利益を獲得せんと欲するものには、投票は相當の價値を有すると雖も、これ一般の選擧人に適合せざることなるのみならず、斯る場合に有る投票の價値は政治的價値にあらざるなり。

又我國に於て投票は選擧人に重んぜられざるも、被選擧人には大切なるものなり。被選擧人は一票の投票に由りて衆議院議員なる肩書を得ると、得ざるとの差あるを意識す、故に彼等は選擧に臨み、必死となり投票の聚蒐に奔走す、其樣西洋に於ける立憲國の選擧に異ることなし。然れども兩者の間に甚しき相違あり。前者の多くは衆議院議員なる肩書を獲得するに熱し、後者は其信ずる所の政策を實行せんことに焦心す。兩者が投票を蒐《あつ》めんとする心の切なることは一なりと雖も、彼等の收得せる投票が結ぶ所の實に就ては甚しき相違あり。又選擧人の心事より察するも、前者に投票する者は其投票が何を意味するや殆んど無意識なるも、後者に投票するものは其投票が自己を代表し一定の政綱を意味することを認識す。

世の政治學者如何に投票の神聖を說き、其尊重すべきを教へんとするも、投票が眞に選擧人を代表する記號となり、一定の主義政綱を意味することを實現するにあらずんば、其神聖を保つ能はざるべし。

第十一章　立憲國民の自由

既に述べたる如く、立憲政體とは國民の意思を汲み又は國民の意思に依り組織せらるゝ政體を意味するものなり。而して立憲國の國民は憲法に由りて保障せられたる一定の自由を有するを通例とす。是れ立憲國の特長にして專制獨裁國と異なる最要點なり。

專制國に於ては、國民の自由は行政長官の意思に由りて左右せらるべきものなり。故に若し賢明なる行政長官を得んか、其國民は生命財産の安全を期し得べきも、不幸にして强慾非道の爲政者を得ば、獨り、生命財産の安全を保障し能はざるのみならず、政刑情實に成り、賞罰愛憎に基き、褒貶黜陟《ほうへんちゅっちょく》其度を失ひ、阿諛《あゆ》は實力に克ち、世の進歩を害すること甚しかるべし。然れども立憲國に於ては如何に其政體組織不完全なるとも爲政者の全く獨裁を許さず、如何なる場合に於ても爲政者は憲法の定規を脱し又は全然國民の意思に反する能はざるべし。

立憲國と專制國との根本的政治思想の相違は、立憲國に於ては凡ての人間は人間となし、假令《たとえ》位階勳爵の別、貧富の差、腦力の相違を認むるとも法律上及び政治上各人平等の權利自由を有するものとなし、更に等級差別を附せざることとなり。而して專制國に於ては治者被治者の區別を明にし、治者は人間なれば、被治者は人間ならざるものゝ如く、又國家は治者の國家にして被治者の國家にあらざるものゝ如く、被治者は治者のために存在し、治者に盲從隷屬すべきものとなし、法律上及び政治上に於ても兩者に對し嚴然たる區別を附し、被治者の權利自由は治者の意思に由りて左右せらるべきものとす。故に專制國に於ける國民の權利自由は治者の賜なれとも、立憲國に於ける國民の權利自由は通例憲法の規定に由り保障せらるゝものとす。

而して立憲國々民の自由即ちシヴヰル・リヴァテーに關する問題を檢せんと欲せば、憲法上與へられたる其保障の基礎が如何に安全に、如何に强固なるかを研究せざるべからず。我國古來の政治思想に於ては、國民の權利、自由なるものあらざりき。古來我國に於ては萬世一系の皇位を踐み給ふ天皇は國家の主權を有し、官吏は天皇の名義に於て實際絕對的に統治權を運用し、庶民は生命財產を捧げて全く官吏（名義上は天皇）の保護に委ね、官吏に服從するを以て其義務を果せるものとなし、論理上彼等自身の存在を認めず、彼等は天皇及び官吏のために存在する財產又は器物の如きものなりき。而して庶民の權利自由の基礎は名義上天皇なりしも、事實上官吏の意思に由りて左右せられしものなり。

然れども嘉永の開國以來、西洋の文物に伴ひ、泰西の政治思想輸入せられ、漸く庶民の權利自由に關する問題起り、遂に立憲政體なるものゝ建設せらるゝに臻《いた》れり。而して我憲法（明治廿二年に發布せられたるもの）制定者の國民の個人的自由（インデヴヰヂュアル・リバテー）に對する見解は歐米に於て十八世紀時代に稱へられたる自由なるものゝ哲學的理解に基きし者なりき。換言せば彼等の「自由」に對する觀念は消極的にして現代に於ける理解の如く積極的のものならざりき。彼等は國民の個人的自由なるものは、單に國民に責任を有せざる、詳く言へば、國民の輿論に應じて進退せざる政府の不當なる干涉を防ぐことに依りて完全に保障せられ得べきものと了解せり。彼等は國民の個人的自由なるものは、現今吾人が了解する如く國民自身の綜合意思に基く權勢に由りて保障せらるゝに非ずんば、全く安全なりと云ひ能はざるものなりと理解し能はざりしなり。故に彼等が個人的自由に就き憲法上設けたる保障は單に國民の輿論に應じざる政府の不正を防禦するの一策のみなりき。されば、我國民の自由の保障は事實上專制獨裁政體時代の夫《それ》に比して甚しく進歩し、又一層安全なるものなりと謂ひ能はざるべし。

立憲國に於て通例憲法上保障せらるゝ所の庶民の自由は、二種に大別するを得るものなり。人に對する自由と、財產に關する自由又は權利。

人に對する自由に就き、我憲法の主なる規定は左の如し。

日本臣民ハ法律ノ範圍内ニ於テ居住及移轉ノ自由ヲ有ス。（憲法第二十二條）

日本臣民ハ法律ニ依ルニ非ズシテ逮捕、監禁、審問、處罰ヲ受クルコトナシ。（第二十三條）

日本臣民ハ法律ニ定メタル裁判官ノ裁判ヲ受クルノ權ヲ奪ハルゝコトナシ。（第二十四條）

日本臣民ハ安寧秩序ヲ妨ゲス、及臣民タルノ義務ニ背カザル限ニ於テ信教ノ自由ヲ有ス。（第二十八條）

日本臣民ハ法律ノ範圍内ニ於テ言論、著作、印行、集會、及ビ結社ノ自由ヲ有ス（第二十九條）

而して財產に關する權利又は自由、卽ちイムユニテーに就き、憲法は左の如く規定す。

日本臣民ハ其所有權ヲ侵サルゝコトナシ公益ノ爲必要ナル處分ハ法律ノ定ムル所ニ依ル（第二十七條）

日本臣民ハ法律ニ定メタル場合ヲ除ク外、其ノ許諾ナクシテ住所ニ侵入セラレ及ビ搜索セラルゝコトナシ（第二十五條）

日本臣民ハ法律ニ定メタル場合ヲ除ク外信書ノ秘密ヲ侵サルゝコトナシ（第二十六條）

これ等は我憲法が人及び財産に就き與ふる所の保障なり。されど各項の規定を檢閲せば殆んど皆「法律ノ範圍内ニ於テ」「法律ニ定メタル場合ヲ除ク外」「法律ノ定ムル所ニ由リ」又は「法律ニ依ルニ非スシテ」との制限あり。故に此等は名義上憲法が與ふる所の保障なれども、事實上法律が與ふる保障と異なることなし。何となれば、此等の規定に由り保障せらるゝ所の人權、財産に關する權利及び自由は、法律の變更に由り伸縮し得べければなり。假令《たとえ》ば、憲法第二十三條に於て「日本臣民ハ法律ニ依ルニ非ズシテ逮捕監禁審問處罰ヲ受クルコトナシ」と規定せらると雖も、若し勅令の發布又は新法令の制定に依り「政府の行動を公然批評せしことを官吏又は警察官に嫌疑せられたるものは、逮捕状なくして捕縛せられ一生禁錮せらるべきものとす」との規定を設けしとせば、斯かる捕縛及び禁錮の實行をも違憲なりと云ひ能はざるべし。

實際、明治二十二年、我國現今の憲法發布せられしも、言論、著作、印行、集會、及び結社等に關する自由に就き、憲法發布後と其前と何等の相違をも生ぜざりき。明治十五年に發布せられたる嚴酷なる集會條例、十六年の新聞條例、廿年の過酷なる保安條例は憲法發布後と雖も、更に變ることなく三十一年迄實行せられたり。此間、此等の過酷なる條例廢止につき、政府と議會との衝突幾回なりしかを識らず。加之《しかのみならず》、明治二十七年の日清戰役中、勅令百三十四號を發布し、嚴しく言論、印行の自由を拘束したることあり。又三十八年の日露戰役に際し、二十年の保安條例にも比すべき苛酷なる戒嚴令（勅令二百〇五號）なるものを發布し、國民の自由を侵害せり。而して政府は激烈なる非難と輿論の反抗に遭ひ、發布後僅々三ヶ月にして同勅令を廢止するの止むを得ざるに至りしも、誰一人政府の此所爲を違憲なりと唱ふるものあらざりき。加之、議會は政府が斯く不當なる制限を國民の權利、自由に與へしに就き、其責任さへも問ふの權力を有せざりしなり。これ畢竟、我國の憲法が國民の市民權及び自由を單に法律の範圍に於て保障するのみにして、絕對的の保障を與へざるがためなり。換言すれば、我國の憲法は國民の此等の特權及び自由に關し、政府及び議會の權勢を制限する規定を有せざるに依るなり。

合衆國の憲法は人權に重きをなし、之に對し絕對的の保障を與へ、議會すらも之を拘束し又は制限して妄《みだ》りに蹂躪し能はざる規定を有す（合衆國憲法第一條第九項、修正第四條）。英國の憲法は成文憲法ならざるがゆゑ、國民の市民權及び自由に關し之を保障する條項を備へざるも、既述の如く、英國の政府なるものは我國の政府なるものと全然相違し、少數官吏に依りて組織せらるゝものに非ず、國民の多數の意思を代表して議會に多數を占むる代議士中より自然淘汰の結果、選拔せられたる代議士に依りて組織せらるゝものなれば、英國に於ては、政府は卽ち國民、國民は卽ち政府なり。ゆゑに、議會を經て政府の定むる所の法律に依り、人權及び自由が制限せらるゝが如きことありとすれば、これ國民の自由意思に依りて、彼等自身其自由及び權利を拘束するものにして、任意的の制限を意味するものなれば、少數官吏に依りて管轄せらるゝ我國の政府が國民の自由及權利を勅令又は法律を以て制限すると甚しき相違あり。恐らくは常識を備ふる人にして自己の自由及權利を侵害するものはなかるべし。國民の自由及權利なるものゝ保障の必要は、之が他人に侵害せらるゝの虞あるに由るなり。英國に於ては、國民は卽ち政府、政府は卽ち國民なれば、國民の自由及權利は之より安全なる能はず。敢て憲法上の保障を要せざるべし。若し我國の政府が英國に於けるが如く、國民を代表する代議士に依りて組織せらるゝものなれば、我國の憲法に依る國民の自由及權利の保障も極めて安全なるものなるべし。然れども、現今に於けるが如く、政府が全く少數の官吏に由りて支配せらるゝ間は、我憲法の此保障は全く有名無實のものなり。尤も憲法制定者は、市民權又は國民の自由とは眞に如何なるものを意味するかを全く了解せず、憲法文面に於て國民の權利、自由なるものが記述認識せられ、成文法律に依りて保障せらるゝに至りしを以て、甚しく人權の發達せるものなりと思惟せり。彼等は封建時代に於ける大名士族と庶民との關係を識り、庶民が全く此奴隷的境遇より、立憲政體の組織に由り公民として認められ、少數の官吏に由りて編成せらるゝ法律なりとも、法律に依り國民の權利、自由が保障せらるゝに至りしを以て滿足せしものゝ如し。伊藤公は公の『憲法義解』中に述べて曰く、

「中古武門ノ政士人ト平民トノ間ニ等族ヲ分チ、甲者公權ヲ專有シテ乙者預ラザルノミナラズ其ノ私權ヲ併セテ乙者其ノ享有ヲ全クスルコト能ハズ、公民ノ義、是ニ於テ滅絶シテ伸ビザルニ近シ、維新ノ後屢々大令ヲ發シ士族ノ殊權ヲ廢シ日本臣民タル者始メテ平等ニ其ノ權利ヲ有シ其ノ義務ヲ盡スコトヲ得セシメタリ。本章（憲法第二章臣民權利義務）ノ載スル所ハ實ニ中興ノ美果ヲ培殖シ、之ヲ永久ニ保明スル者ナリ」と。

之に就て考ふるも、我國の憲法制定者は國民の權利及自由に關し、如何に漠然たる觀念と、如何に淺薄なる知識を有せしかを識るべし。

啻《ただ》に憲法制定者のみならず、我國民は久しく封建制度に馴れ、國民の權利及び自由の何者なるかを了解せざるものゝ如し。封建制度は一面に權勢を意味し、他方に於て服從を意味するものなり。而して洋の東西を問はず、封建制度の行はるゝ所に於ては、必ず義務を以て其社會の道德の本義とするを以て通例とす。之れ其社會の秩序が庶民の服從に依りて保全せられざるべからざればなり。

然れども、立憲國に於ては、權勢と服從とが階級に由りて定めらるべきものに非ず。國民として萬民同等の權利と自由とを有すべきものとす。故に立憲國の國民は服從的義務に努むるよりは寧ろ國民として、又社會の一員として、充分自己の存在を自覺することに重きを置かざるべからず。國家の一員として自己

の存在を自覺し、自己の權利と自由とを尊重し能はざるものは立憲國の國民たる資格を備へざるものなり。

曾て聞けることあり、一英人は壹片《一ペンス》（凡そ我通貨の四錢）の所有權を爭ふがため一百哩《マイル》を旅行せりと。只壹片に對する權利を決するがため、時と金とを費やして一百哩を旅せしとは、沒常識の行爲の如く思惟せらるべきも、如何に英國人が權利を尊重するの念を有するかを識るに足るべきものなり。而して自己の權利を主んずる人は、他人の權利をも均しく尊重する人なり。之を我國民の權利、自由の觀念に比較せば如何、恐らくは我國民の十中八九は未だ公民權の何物なるかすらをも理解し能はざるべし。彼等は猶封建時代の思想に支配せられ、國民の綜合的意思に依り始めて權勢を有し得べきものなる立憲國の政府に對して、猶昔時庶民が王侯士族に對せし如き態度を維持し、彼等の政府及び官吏に對する恰も無知なる基督教信者の神に對するが如く、又羅馬教の教徒が羅馬法王に對するが如し。彼等は單に政府を畏れ、政府を敬し、無意味に政府及び官吏に服從するを以て忠良なる國民のなすべきことと思慮し、努めて政府及び其政策を批評することを避け、若し、敢て之をなすものあれば恰も犯罪人の如く之を嫌厭する傾向あり。如何でか立憲國々民の權利自由を主張するを得ん。立憲政體は自治の精神に基くものなり。自己の權利を重んじ自由を尊ばざる國民は自治の精神を有せざるもの、到底健全なる立憲政體を組織し能はざるべし。英國人が世界に於ける立憲政體の母なりと誇り、能く摸範的代議政治を實行し得るは、蓋し彼等の權利、自由を尊重する精神と、獨立を愛し、干渉を嫌ふの性格に歸するものならん。

十三世紀以後に於ける英國の歷史は、國民が權利と自由のために戰ひたる歷史なり。而して貴族官吏の歷史にあらず、國民の歷史なり。故に英國に於ける政治家の傳記を叙する者は、決して彼等が得たる位階官爵に重きをなさず、彼等が抱ける人權と自由に關する觀念と、此理想の實行に由りて其人爲性格を評價するが通例なり。然るに我國の歴史は封建時代より尚現今に至るまで大名、士族、官吏の歴史にして、國民の歴史にあらず。其記する所、主に大名間に於ける領土の爭奪と、官吏間に於ける政權の横領と、位勲官爵の獲得なり。國民の幸福、國民の苦痛、國民の權利、國民の自由に關して記述する所極めて尠なし。一見、我國の歴史は個人の歴史にして國民の歴史に非ざるを思はしむ。國家は國民の國家ならずや。國民の國家にして國民の歴史を有せざるは奇觀ならずや。

曾て泰西人、特にアングロサクソン及びチュートニック人種は、立憲政體は自由を尊び、權利を重んじ、獨立を愛する泰西人の特有物なりと誇張し、專制獨裁政治に馴るゝ東洋人に採用せらるべきものならずと論ぜり。而して明治二十三年我國に於て立憲政體を建設せんとするや、彼等は深く其前途を悲觀し、其經過を氣遣へり。幸にして建設以來二十ケ年間無事に經過するを得たるも、未だ以て强堅なる地盤を築きしと云ひ能はざるべし。何となれば、我國の立憲政體は形體は具ふるも、未だ實質を存せざればなり。もの形質兩ながら相俟って始めて全きを致すべし。形體あるも實質なきものは價値甚だ尠なし。而して價値なきものは消滅し易きものなり。我國の立憲政體が永久に建設せられたりと云ふ時は、其實質を備へたる時ならざるべからず。而して其實質を備ふる時は國民が各自の存在を意識し、權利を重んじ、自由を愛し、獨立を尊ぶの時なり。

第十二章　地方自治制度

立憲代議政體と地方自治制度との關係は恰も正貨の補助貨に於けるが如く、又大河の其支流に於けるが如し。立憲代議政體は概ね地方自治制度より起り、又は其助けを借りて發達するものなり、而して立憲政體の發達を圖らんと欲せば、先ず地方自治制度の健全なる組織に由り、國民の自治的精神と自治的思想を養生せざるべからず。

本章に於て地方自治制度と稱し論評せんとする所のものは、府縣會及び市町村會等を意味するものにして、我國の場合には勿論郡會をも含有す。

普通英國の立憲代議政體は、大憲章に依りて創設せられしものゝ如く論述せらるゝも、遠く其進化の歴史を探れば、英國の古代に於て「ハンドレッド」と呼ばれし一小部落の自治體に遡るを得べく、猶更に之を辿らばチュートニック民族會議に達するを得べし。而して英國の立憲代議政體の健全なる發達は、固《もと》より英國人の獨立と自由を尊ぶ精神と、感情に制せられず冷靜に、理に由って動く健全なる性質とに負ふ所尠なからずと雖も、地方自治制度の助けに依る所も亦決して尠なからざるべし。英國の憲法學者が屢々英國の立憲政體の基礎は、地方自治制度なりと云ふを見ても、如何に地方自治制度と立憲代議政體と密接の關係を有するかを識るに難からず。

英國の都市に於ける自治制度は實に能く發達せるものにして、市長、市會議員及び其他重なる市吏等皆民選ならざるなく、市會議員の選擧も我國の都市に於けるが如く、財産に由り、一級、二級、三級の選擧又は候補者などゝ區別せられたるものに由りて行はるゝことなく、市民皆同等の權利を有し、衆議院議員選擧に於けるが如く、全く主義政綱に依りて行はれ、而して選出せられたる議員は能く市民の意思に從ひ市政の方針を定む。又行政の範圍も極めて廣く、中央政府の干渉を受くること尠なく、普通教育は勿論中等教育すらも市の管轄に屬するのみならず、倫敦《ロンドン》の中心なる「倫敦市」と呼ばるゝ區域内に於ては、警察權及び輕罪に關する裁判權をも市の所有とす。げに、倫敦市會議員の一ケ年間に審議決行する財政問題、社會問題、教育問題等は、英國議會に於ける議員の處決するものより、一層複雜にして細密なる調査と、研究とを要すべきものなり。而して倫敦に於て、實際事をなさんとせば、國會議員たるよりは寧ろロンドン・カウンテー・コンシルの議員たるに若かずと云はるゝのみならず、倫敦市會議員の社會上及び政治上の地位は、衆議院議員の地位と著しき相違なく、或場合に於ては衆議院議員の地位よりも重視せらるゝことあり。

而して英國には我國に於けるが如く、縣廳もなく、又郡役所もなく、從て知事又は郡長と呼ばるゝ官吏なきは勿論、一地方のことが其地方に緣故遠き官吏に由りて干渉せらるゝことなく、一地方のことは其地方に於ける庶民に依りて支配せられつゝあり。以て英國に於ける地方自治制度の發達を推測するに足るべし。

英國に於けると均しく合衆國に於ても、立憲政體の柱石たるものは地方自治制度なり。曾て合衆國が未だ英國の羈絆《きはん》を脫せず殖民時代たりし時は、殆んど各州英國政府より派遣せられたる地方長官に依りて統轄せられしも、英國政府の認可を經たる憲法（チャーター）に由り自治體を組織し、本國政府へは一定の納稅をなせし外、殖民地に關する政治は殆んど殖民に由りて決行せられたり。殊に北部地方なるニュー・イングランドに移住せし淸教徒等は、自尊の念強く、獨立を尊び、自由を愛し、平等の權利を主張し、各部落、我國に於ける耕地寄合、又は村會の如き、タウンミーチングと名づけられし會合に由りて、各々其村落に於ける政治、宗教、社會、教育問題等を解決せり。此等の自治體が今日に於ける合衆國の立憲政體の基礎を築きしものなりと云ふも過言ならざるべし。

而して其獨立後は各州聯結して合衆國憲法なるものを編成し、之に由り中央政府を創設せしも、各州能く自治制度を維持し、各々州の憲法を編し、合衆國の憲法と衝突及抵觸せざる範圍に於て州內に於ける立法、行政、司法の權を運用し、合衆國全般に亘る問題の外、中央政府の干渉を受くる事極めて尠し。且つ各州の行政長官なる州知事は、我縣知事の如き地位を占むるも、其權能の範圍に於ては我府縣知事の如く中央政府の命令、威壓、干渉を受けざるがため、其政權は一層大なり。而して州知事は永久的官吏ならず、州民の投票に由り選拔せられ、通例二年乃至四年の任期間就職するものなり。

都市に於ける自治制度も亦能く發達し、市長、市會議員及び其他重要なる地位を占むる吏員は悉く皆民選なり。而して各都市其管轄區内に於ける行政、立法、司法、警察權等を占有し、警察署をも直轄す。英米に於ける地方自治制度の狀態斯の如し。我國に於ても立憲政體を建設せんとするに當り、先ず地方自治制度を設け、自治に關する國民の鍛練と修養とを積み、漸々立憲代議政體の基礎を築かんとし、明治七年五月第五十八號太政官布告を以て、始めて地方官會議を起せり。此地方官會議たる純然たる官吏即ち府縣權令《ごんれい》を以て組織せられしものなれば、固《もと》より自治體の形式をも具備せしものと云ひ能はざるも、其建設の趣旨は代議政體組織の前段に供せんとせしものなりき。

我國に於て泰西の自治制度に倣ひ、始めて自治制を設けたるは明治二十一年なり。これ即ち府縣會及び市町村會の創設にして、政府當局者は之に依り將來建設せんとする代議政體の基礎を造らんとせり。而して其組織の不完全なりしと、國民の自治制に關する知識の缺亡とに由り、自治制度の實を擧ぐる能はざりしと雖も、立憲代議政體建設の豫備として貢獻せし所決して尠からざりしは疑ふべからず。

然れども這《こ》は過去の事實なり。立憲政體建設後既に二十ケ年餘を經過せし今日、現在存在する所の地方自治制度が、果して國民の自治の精神を養生し、自治的思想を發達せしめ、立憲政體の基礎を固め得るに適當なるや否や。これ、立憲政體の前途の發達を圖らんとするに就き考究すべき問題なり。

府縣會の制度は明治十一年の太政官布告第十五號に依りて制定せられ、郡市町村會の制度は同年の太政官布告無號達に由りて制定せられし以來、數回修正せられたりしも、我國の立憲代議政體の如く其具備する所は形體のみにして未だ純然たる自治制度を稱する能はず。只、稍々自治制度の本質を有するものは町村制度なり。

町村制度は府、縣、郡、市制度に比して遙かに進歩せる者なり。府、縣、郡、市は各其管轄區域に在住する一定の公民に依りて選出せられたる代表者を以て組織せらるゝ代議院を有し、此代議院は各其管轄官廳の歳入出豫算を審議し、其用途徴收に關すること及び其他諸般の事件を議決するの權能を有するがため、一見自治制度の實質をば備へつゝあるかの如く了解せらるゝも、實際府、縣、郡、市制度を解剖的に研究すれば、府、縣、郡、市會は單に府縣知事郡市長等の殆んど諮問機關に均しきものなり。

尤も市制は府縣郡制に比して稍々自治の本質を備へ、市會議員の權能は府縣、郡會議員の權能の如く甚しく拘束せられず、又議決する問題の範圍も稍々廣く、市會招集及び閉會とも議長及び議員多數の意思に依りて決定せらるべく（市制第四十條）、開會期限の制限なしと雖も、市の行政權を支配し且つ市會及び參事會に於て直接又は間接に多大の權勢を有する市長は、市民の選擧に依りて決するにあらず、内務大臣が市會をして推薦せしむるものなり。勿論、市制第五十條の明文に據れば「内務大臣ハ市會ヲシテ候補者三名ヲ推薦セシメ上奏裁可ヲ請フ可シ」と規定す。されど上奏裁可とは形式のみ。至尊は内務大臣が推薦上奏したる市長候補者の裁可を拒絶し給ふが如きことありとは想像するを得ず。實際市長を定むる者は内務大臣なり。此場合、只内務大臣が受くる所の制限は、市會が推薦する候補者中より適任者を選拔せざるべからざることとなり。併し、内務大臣は其意思に叶ふ候補者を得るまで市會をして再三候補者の推薦をなさしむを得べし。加之、適任者を得るまで臨時代理者を選任し、又は市費を以て官吏を派遣し、市長の職務を管掌せしむ可き權能を有す（市制第五十條）。故に市會が候補者を推薦する權を有するも、自然内務大臣の意に満つべきものを選擇すべし。されば市長は嚴しき意味に於て市民を代表するものにあらず、内務大臣に附屬する一官吏なりと謂はざるべからず。只普通の官吏と異なる點は其任期が一定の制限を有することなり。

假《よ》し、市長が内務大臣の選定に依ると雖も、内務大臣が眞實立憲代議政體國の大臣にして官僚黨に屬するものならず、國民の代表者ならんか、市長選定の權を之に與ふるも甚しく自治の精神に悖るものなりと云ふを得ざるも、現今に於ける我國の大臣の如く、全く國民を代表せざる者に之を委ぬるは自治の主義に反するものなり。

市制に比して府、縣、郡制は更に一層自治主義に隔離するものなり。市會は假令《たとえ》名義上なりとも、其管轄區に於ける行政長官を推薦するの權利を有すると雖も、府縣及び郡會はこれに類する權能を有することなし。府縣知事及び郡長は純然たる官吏にして其管轄する地方に何等の緣故を有せざるもの多く、其任期も一定の制限なく、且つ府縣知事郡長なるものゝ多數は、專ら官吏としての生活に染み、能く官吏としての經驗を有するも、庶民の間に介在せざるがゆゑ能く彼等の心情心理を解せず、其職務に熱心にして庶民のために盡さんと欲せざるにあらざるも、其境遇と經驗とが自然に官吏的行動をなさしめ、庶民の意に添はず、其志望と事實と相反することを實現すること屢々なり。而して府縣會を招集し、閉會する者は府縣知事にして、郡會の招集閉會を掌る者は郡長なり（府縣制第五十一條、郡制第三十九條）。加之、之等の官吏は各其支配する所の府縣會及び郡會の傍聽を禁止するの權能を有するものなり（府縣制第五十六條、郡制第四十四條）。

府縣會及び郡會は此等の官吏の招集に由りて開會せられ、重《おも》に此等の官吏が提出する所の豫算案及び其他の諸件を審査議決するものなり。而して府縣會及び郡會が議決せしことと雖も、此等の官吏の承認を經ざれば實行せられざるべし。近來各地に於て府縣會と府縣知事、郡會と郡長との衝突を耳にすること頻々なり、而して多くの場合、前者は後者に屈服せしめらるゝものゝ如し。後者は前者が納むる所の租税に由りて公僕として公職にあるもの、前者のために存在すべきものなり。然るに前者が却って餘儀なく後者に屈服せしめらるゝことあり。斯る現象は專制獨裁政體の下に現はるべき現象なりと云はざるべからず。

而して府縣制第五十條に依り府縣會開會期は三十日と制限せられ、郡制三十八條に由り郡會の會期は十四日以内と定めらる。假令、府縣會及び郡會が如何なる權能を有するとも、此短時日間に於て、如何でか其管轄内に於ける複雜なる事件を調査討議決定するを得んや。會期の此制限は明かに自治制の發達を拘束禁止するものなり。

我國の地方自治制度と稱へらるゝものゝ中《うち》、幾分自治の素質を備へ居るものは町村制なり。町村の行政長官なる町村長は、町村民が直接に選擧するものにあらざるも、彼等を代表する町村曾議員が選擧するものなれば間接に彼等が選擧するものなり（町村制第五十三條）。而して其任期も四年と制限せられ（町村制第五十四條）、其候補者たるものは其管轄區内に住居するものとす（町村制五十一條）。

又町村會の會期に制限なく、必要ある每に町村會の議長之を招集するものとす（町村制四十二條）。斯くて町村内の事件は知事、郡長らの干渉を除く外、町村民の代表者に依りて決定せらるべく、猶不完全なる點尠なきにあらざるも、町村制は稍々自治制度の實を示すものなり。

我國に於て府縣郡制に町村制と均しき制度を採用せざるは抑々《そもそも》何故ぞや。既述の如く立憲政體の基礎は地方自治制度の完成に由りて築かるべきものなり。地方自治制度の健全なる發達を見るにあらずんば、如何に立憲代議政體の健全なる發達を希望するも豈《あに》得べけんや。

（昨年十一月一日より、改正新市町村制實行せられしも、地方自治に關し新舊兩市町村制の根本に於て相違

なきがゆゑに、本章は是迄實行せられつゝありし舊市町村制に由りて草せしものなるも、變更せざることとなしぬ)

第十三章　地方官會議

爰《ここ》に地方官會議と稱するは、各府縣の行政長官卽ち各府縣知事を以て組織せらるゝものなり。而して現今に於ては貴衆兩院閉會後、殆んど毎年一回招集開會せられ、地方長官に政府當局者が訓令を與ふる機關として使用せられつゝあり。地方官會議なるものは、他の立憲國に於て均しき類例を見ざる一種異樣の政治機關なり。而して一見立憲代議政體と何等の緣故を有せざるものゝ如くなるも、我立憲政體の發達に關し密接なる關係あり。前章に說けるが如く、地方官會議が始めて建設せられたるは明治七年五月なりき。其建設の趣旨は、之を以て將來築かんとせし立憲代議政體の序幕たらしめんとなせしものなり。其當時の詔勅に曰く「朕踐祚ノ初神明ニ誓ヒシ旨意ニ基キ漸次ニ之ヲ擴充シ全國民ノ代議人ヲ召集シ公議輿論ヲ以テ律法ヲ定メ上下協和民情暢達ノ路ヲ開キ全國人民ヲシテ各々其業ニ安ンジ以テ國家ノ重ヲ擔任スベキ義務アルヲ知ラシメンコトヲ希望ス故ニ先ヅ地方ノ長官ヲ召集シ人民ニ代リテ協同公議セシム云々」と。これ明かに地方官會議設立の主意を發表せるものにして、疑もなく其當時政府當局者は、之を以て漸次代議政體の建設に資せんと企てしものなり。げに、其第一回會議に臨み、議長たりし木戸孝允は、民選議院設立の贊否を議員に諮りし事實あり。然れども各議員殆んど皆、民選議院設立尙早論を唱へ之に應ぜしものなく、木戸孝允をして稍々失望せしめしと云ふ。

以來久しく地方官會議は、地方行政に關する政府當局者の諮問機關として、又地方官各自の行政事務に關する思想交換の機關として存在し、更に積極的の權能を有せざりしも、消極的に議院制度に關する知識を國民間に傳播せし功决して尠からざりしなり。

されど、國會開設後、地方官會議は偶然其設立の主意に反する一種異様の政治機關と變化し、立憲代議政體の發達を助長するよりは、寧ろ之を阻害するの傾向あり。然れども之を運用する政府當局者は其有害に就き無意識なるものゝ如し。而して政府當局者が假令其有害を知覺して之を運用するとも、知覺せざるとも、有害は有害なり。地方官會議の現今に於ける性質と、運用狀態より論究すれば、有害にして殆んど無益なる政治機關なりと謂はざるべからず。

地方官會議なるものは、其建設の趣旨に由れば、國會開設と共に全然消滅するか、又は廢止せらるべき性質を有せしものなりき。其始めて建設せられし當時の詔勅にも見ゆるが如く、地方官會議なるものは、人民の代表者を以て組織せらるゝ議院制度を設くるに先ち、其準備とし地方長官をして「人民に代りて協同公議」せしむるため設けられたるものなり。されば人民の代表者を以て組織せらるゝ國會成り、國事を「協同公議」せらるゝに至りし上は、地方官會議なるものは、立法部と稱せられたる元老院が議會開設と共に消滅せしが如く、必然廢止せらるべき筈のものなりしなり。然るに地方官會議が猶今日其餘命を保ち存在する理由は、地方官會議が其建設の主意に反するものと、全く異りたる性質を有するものと變化したるに外ならず。

人民に代りて人民のために協同公議するために造られたる地方官會議は、今や專ら地方長官が政府當局者の訓示を受け、官吏の勢力を各地に附植するがために用ひらるゝ政治機構と變化せり。國會開設後數年間は、所謂藩閥黨として知られ明治初年以來中央の政權を占有せし人士は、甚しく議會の攻擊追窮に遇ひしかば、議會及び政黨の勢力を剝《は》がさんと欲し、選擧の干渉、言論の束縛、警察權の濫用等に由りて、政黨、議員、議員候補者等を壓迫したる例枚擧に遑《いとま》あらず。而して政府當局者は地方官會議を開き、施政の方針を示すてふ口實のもとに、直接又は間接に地方長官等に種々なる訓示を與へ、陰に陽に選擧に干渉せしめ、政黨の組織又は發展を害し、政治思想の發達を妨げたること稀ならず。加之彼等は地方官會議に由り、其權勢と威嚴とを表示せんと企てしことなきにあらざるもの丶如し。

若し夫れ、地方官會議は各大臣が交代して地方長官等に單に訓示を與ふるためのものなりとせば、各府縣知事の貴重なる時間を消費し、彼等を東京に會合せしめ尠なからざる經費を費やして國民の負擔を重からしめ、態々《わざわざ》地方官會議を召集するの必要を認むる能はず。地方官に訓令を與ふるには、印刷物の配付にて足るべし、何ぞ地方官會議を開くの必要あらんや。

一地方に於ける、農民、漁夫、樵夫、商工人等の眼に映ずる最高地位の人は縣知事なり。而して此最高地位の人が東京に招集せられ、態々大臣の訓示演説を聞かしめらる丶てふ一事は、其訓示が何事に關するにせよ、自然に地方人士をして大臣の權威の偉大なるを感ぜしむるに至るべし。彼等は固より大臣の訓示演説の内容に由りて其學識を探知し、又は大臣の日常の行動に依りて其人物を識るの腦力を有せず、只其外面に表はれたる示威的行動に由りて、大臣其人の價値を定むるのみ。鳥無き里の蝙蝠《こうもり》の如く、地方庶民の多大の尊敬と畏縮とを受けつ丶ある縣知事が、東京に招集せられ、大臣の訓令を受くるてふ一事は、これが庶民に與ふる心理的作用より論ずれば、決して一瑣事ならざるべし。

近來我國の大臣等が實業又は民情視察のために、一地方に出張するや、庶民は擧《こぞ》って多額の金錢を投じ、華美なる宴會、行列等を催ふして之を歡迎し、恰も封建時代に於ける庶民の王侯に對するが如し。我國は名義上なりとも立憲國なり。立憲國の大臣が實業又は民情視察のため一地方へ出張するは、其職務上の出張なり。如何でか宴會、行列を催ふして之を歡迎するの必要あらん。然るに立憲國たる我國の庶民は競ふて之をなし、又大臣等も喜んで之を受けつゝあるは決して偶然ならざるなり。我國の官吏なるものは、上大臣より下百官に至るまで偉大なる權勢を有し、殆んど專制國の官吏と異なることなし。而して彼等は口に「憲政有終の美を濟す」と稱ふるも事理に依りて治世の途を講ずることなく、威嚴に依りて國民を支配せんと欲し、立憲國の政治機關として全く無益なるのみならず、建設の聖旨にさへも悖りて運用せられつゝある地方官會議を利用し、其權勢を伸張し、間接に我立憲政體の發達を阻害しつゝあり。矛盾も亦甚しと謂はざるべからず。

されど、人或いは云はん、地方官會議も强《あなが》ち無益に非ず、地方長官が一年一回一堂に會し、知識の交換をなせば得る處尠かざるべしと。然り、若し府縣知事が一地方に十數年も滯在しつゝあるものとせば、此必要もあらん。然れども實際一地方に於ける府縣知事の任期は二三年乃至四五年なり。彼等が漸く任地の事情に精通せんとする頃は、轉任を命ぜらる。斯く轉々、一地方の事情にも精通せざるものが、會合して知識の交換をなさんとするも得る處、其支拂ふ時日と經費を償はざるべし。而して事實上現今に於ける地方官會議招集の主意は、地方長官相互知識交換のためにあらずして、大臣が彼等に訓令を與ふるがためなり。

且つ大臣の地方長官に與ふる訓示なるものは、概《おおむ》ね形式一片のものに非ずんば、政府及び官吏萬能主義の皷吹なりと云ふも過言にあらざるべし。左に二三の例を擧げて之を證さん。

昨年四月十七日開かれたる地方官會議に於て、諸大臣は各其管轄する主務省の行政範圍に於て種々の訓示を與へたり。而して地方官は直接に内務省の管轄に屬するもの、就中《なかんずく》内務大臣の訓示は其重なるものなりき。其訓示の第一項「健全思想の涵養」に就て曰く「顧《おも》ふに國運の發展に伴ひ海外列國との接觸日に密にして、世態人心の趨向亦漸く革《あらたま》らんとするに方《あた》り立國根本の精神をして益々鞏固《きようこ》を加へしむるは尤も意を致すべき處たり。蓋《けだし》地方庶政の振興を促し地方一般の發達を圖るは國民の健全なる思想と特有の美風とを涵養するより先なるは莫《な》し。（中略）故に此點に向ては絶へず其の力を致さんことを望むや切なり」と。

物質的文明の進化に伴ひ思想の變遷するは數の免れざる處なり。若し夫れ新思想の興るを厭はば日本を鎖國たらしめざるべからず。されど平田内相は鎖國主義を採らんとは謂はざるものゝ如し。只立國根本の精神をして益々鞏固《きようこ》ならしめんことを望むと。立國根本の精神とは萬世一系の皇室を惟ふの精神を意味するものなるか。我國の歴史を繙《ひもと》き皇室に累を及ぼせしものを検せんか、是れ皆專斷政治を行ひたる補弼の臣と稱せしものなり。若し專制政治を行ふ爲政者出づるに非ずんば、我國の庶民が皇室を煩はすが如きことは斷じてこれあらざるべし。而して地方庶政の振興を促し、一般地方の發達を圖るは、庶民に自治、自尊、獨立の念を養生せしめ、健全なる人物を造るにあらざるか。干渉政治の下に健全なる人物を造るは不可能なり。之れ恰も溫室に於て强堅なる植物を發育せしめんとするが如し。又國民の健全なる思想を涵養するを望むと云ふと雖も、思想の傾向は思想界を支配するものに依りて定めらるべきものなり。官吏をして敢て思想界を支配せしめんとする、將に官吏萬能主義を表白せるもの、其結果は言論の自由拘束、印刷物の禁止、高等係巡査の使用となり、却って思想界に不隱を醸すの虞あり。

訓示第二項「神社崇敬」に就て曰く、「我邦建國極めて古くして夙《つと》に神社を尊み崇敬を致すの美風をなすこと久し。（中略）益々意を神社の施設神職の養成に致されんことを期せらるべし」と。米國の有名なる政治學者バーヂェス氏は、政治組織の最も古きものは神政制度なりと論ぜり（『政治學及憲法論』第一巻六〇頁）。最も野蠻時代の人民は事理に依りて服從せしむること能はず、故に神の名義を借りて、彼等を畏縮せしむること必要なり。古代に於て祭祀と政治と混同せられたるは蓋し之がためなり。立憲國の國民に敢て神社の崇拜を勸め、屈從隷屬的精神を養生するの必要なかるべし。而して内務省は數年前より頻りに神社の合併を奬勵し、數年前まで縣郡村社及び其合格社十三萬七千百九十六を以て算せられたるもの、今や減じて五萬三千六十八となれりと。神を崇拜するは蓋し神なるものが人間以上のものなることを思へばなり。内務省の官吏が命令して合併廢止、又は破壞し得らるべき玩具的の神を崇拜せよと訓示せられしとて、何の效果もあらざるべし。敢て之を崇拜せよと訓令するは、何事にせよ官吏の命令に盲從せよと謂ふと異ならざるべし。

第三項「宗教活動の要」に就きて曰く、「國民道德の涵養は更に一層宗教家の努力に俟つべきものあるは、各位の俱に認むる所（中略）一般人士が信奉する宗教の各機關をして益々其力を此に致さしめ以て教化輔道の實を完うせしめんことを期せらるべし」と。一般人士が信奉する宗教とは何宗教を意味するか、頗る曖昧なる文句なり。道德の涵養には有力なる宗教の必要を說く者多し。故に内務大臣は不得要領のことを述べて、形式的に宗教を奬勵するてふことを表示せんと欲し、斯る訓示を與へしものにあらざるか。

第四項「地方開發と郷邑《きょうゆう》人士」に就き「地方改良の事業は其郷邑人士の力に俟つもの尤も多し（中略）。然れども始あり又終あり一貫して能く其美を濟《な》さしめんことは專ら各位の誘掖《ゆうえき》を待たざるを得ず之れ特に一層の留意を望む所以なり」と訓示す。されど事實上多くの場合、地方官吏の誘掖よりは寧ろ無益の干涉に依りて地方開發を妨げらるゝことあり。實際地方開發は、官吏の干涉を增すよりは、之を減ずることに依りてより能く其實を擧ぐるを得べし。地方の事情にも精通せざる官吏の「誘掖」などゝ稱するものは、官吏の權勢を示すには有力ならんも、地方開發には益する所尠かるべし。

第五項「青年團體の指導」に就き、「近來地方青年團體の設立せらるゝもの益々多きを加へ殊に各位の指導監督に依りて漸次其成績良好に赴きつゝあるは喜ぶべき事に屬す。然るに多數の團體中に在ては時々常軌を逸して各種の選擧に奔走し或は徒らに多衆を恃み良民を凌侮し累を郷邑に及ぼす者亦之れなきに非ざるは深く遺憾とする所なり。今後一層此點に注意し指導監督に力《つと》められんことを望む云々」と。是れ全く事實に添はざる言辭なるのみならず、凡ての青年團體に干渉せよとの訓令ならずや。數多き地方青年團體の設立發達につき地方長官の力に依りて成績良好なるに至りしもの果して幾何《いくばく》かある、全國を通じて其數極めて尠かるべし。言論の自由を束縛せられ、又は無益なる官吏の干渉に由りて、其發達を害せられしものは決して其數尠からざるべし。然るに「各位（府縣知事）の指導監督に依りて青年團體漸次其成績良好に赴きつゝあるは喜ぶべきことなり」とは奇怪なる文字なり。是れ又官吏萬能主義の皷吹たるに外ならず。

而して青年團體の各種の選擧に奔走するを不可とし、地方長官の監督を促せるなど、まさしく立憲政治の發達を阻害せんとしつゝあるものなり。歐米諸國の立憲政體國に於ては、可成《なるべく》青年團體をして選擧に奔走せしむることを奬勵しつゝあり。殊に英國に於ては、各大學內に政治的組織の青年團體ありて、直接又は間接に選擧又は其他の政治運動に就き不絶《たえず》奔走しつゝあり。斯くて國民の政治思想は養生せられ、國家に對する責任の重きを感じ、自治の念を涵養し、健全なる立憲政體の基礎を築き得るなり。然るに青年團體の選擧に奔走するを以て常軌を逸するものとなし、之を監督せよと地方長官に訓令を與ふるとは、立憲國々務大臣としてあり得べからざることならずや。立憲政體の前途を思はゞ青年團體の選擧に奔走するもの漸く多きに至れるは、稍々國民間に於ける政治思想の發達せる兆候として喜ばざるべからず。活氣に滿々たる青年が政治的運動をなさば、多少の弊害もあらん。されど之を禁止し、彼等の政治思想と政治的經驗の發達を侵害すると、其一時存在する所の弊害と立憲政體の前途に就き何れが害多く益尠なきか、理に依りて考ふれば、多く説明を附せずとも自ら明白なるべし。

されど、專斷を好む爲政者、威嚴を貴ぶ官吏、官僚黨には、靑年團體の政治的運動、國民の政治的思想の發達は正しく大敵なり。國民の政治思想發達せば、專制的政治の實行、官僚黨の拔扈《ばっこ》を許さざるべし。内務大臣が意識的又は無意識的に地方官會議を利用し、斯くの如き訓示を發するも亦所以《ゆえん》なきに非ざるべし。

猶内務大臣の訓示を逐次批評するも以上記する所と大差なし。其根底に横はる思想は、官吏萬能主義、干渉政治の皷吹のみ。其他文部大臣、陸軍大臣等の訓示も均しき主義を皷吹せしものにあらざれば、害もなく益もなき形式一片の訓示なりき。依是觀之《これによってこれをみるに》、現今に於ける地方官會議なるものゝ眞象を識るを得ん。

立憲代議政體の建設と發達との資せんとする聖旨を以て設けられたる地方官會議は、今や立憲政體の發達を阻止する政治機關として運用せられつゝあるは奇觀なりと謂はざるべからず。

第十四章　我立憲代議政體の前途

我國の立憲代議政體を論點の中心とし、立憲政體の大要は既に論述せり。最後に臨み、我立憲代議政體の前途に就いて聊《いささ》か論評を試みんとす。されど、吾人は我國の立憲代議政體の將來は斯くあるならん、又は斯くあるべしと其前途を豫言せんとするよりは、寧ろ我國の歷史、國民の性情、及び現今に於ける文物を科學的に研究し、事實に由り立憲代議政體の發達に適不適を論ぜんとするのみ。

立憲代議政體は、如何なる社會の人にも、如何なる國民にも最良の政治組織なりと謂ふべからず。太陽を眺め、月を見、星を望みて、神なりと信じ、險峻なる山嶽、異狀なる岩石、谷間の流、狐、狸を以て神なりと惑ふ如き未開の人民には、立憲代議政體なるものは不適當なり。立憲政體にして純然たる代議政體は、自由を尊び、權利を重んじ、隷屬を嫌ひ、自己の存立を自覺し、感情よりは寧ろ理に依りて事を處決し得る人民に由りてのみ完成せられ得べきものなり。物の形（アッピアランス）のみを見る人は、其實（リアリテー）を識る能はざるものなるべし。之と均しく、外見、虛飾、虛勢、威嚴のみに支配せられて滿足すべき人民は、立憲代議政體の妙味を味ふ資格なきものなり。神政制度、專制獨裁政體は「感情」に基きて組織せられ、立憲代議政體は「會得《えとく》」に由りて起るものなり。而して立憲國民は前にも述べたる如く、國家は國民の國家なり、彼等自ら之を支配するの權利、義務を有するものなることを自覺し、專制國の國民の如く、單に政府當局者に隷屬すべきものにあらざることを自認せざるべからず。且つ其社會の社會組織及び富の分配、文化の進步狀態等も立憲政體の發達に付き尠からざる關係あることを知らざるべからず。

我國は建國以來、萬世一系の皇統より出でゝ皇位を繼承し給へる天皇を戴き、文武官に由りて釀されたる政治的變遷、異動、波亂、爭鬪、革命ありしにも係はらず、皇統は常に泰山の安きに座し、皇室は我國の存在と共に萬古不易、永久不變なるべしとの建國の主義は、深く、强く、堅く我國の歷史に刻まれたり。而して建國の精神に基き、我國は陛下の國家なると共に國民の國家なり。陛下の臣民に於ける、親の其子、祖先の其子孫に於けるが如く、一視同仁、階級の上下、貧富の區別あることなく悉く平等なり。我國民自ら呼んで同胞と云ふ、蓋し建國の此精神を表するものならんか。

各人の能力、智力、性情の差別を認むると共に、人は人として平等の權利を有するものなりと認むるは、立憲代議政體國の根本的精神なり、又ならざるべからざるものなり。我國建國の主義に基く國民平等の精神は立憲代議政體の精神に符合するもの、中古以來、武門政治の勃興に由り、鞏《きよう》固《こ》なる階級制度を設けられ、稍々建國の精神を麻痺せられたるも、之を復活せしめば、立憲政體の發達に最も有力なる要素たるべし。

又我國の歴史に徵すれば、陛下は統治權を有し、之を統べ給ふも、藤原氏が政權を握りし以來、實際政局に當り親しく陛下が統治權を運用し給ひしことなし。皇位を踐《ふ》み給ふ至尊が如何に賢明にましますとも、人間なり、神ならぬものにして過失なき能はず。若し至尊が直接親しく政《まつりごと》を行ひ給ひ、萬一過失ありとせば、皇室の威信を害することなしと謂ふべからず。而して古今を通じ、洋の東西至る處、金錢と名譽とが多くの人に依りて競はるゝが如く、政權の爭奪は絶へざるものなり。政權を握るものは常に政權を望むものゝ非難攻擊に遭ひ、一朝過失を生じ、又は其勢力衰退せんか、忽ち其覇權を占領せらるゝことなきを保すべからず。我皇室の恒に泰山の安きにありしは、固《もと》より建國の基礎强固なりしと、其主義能く四海に普及せしと、世々賢明なる陛下の讀出せしと、國民の忠良なりしとに由ると雖も、最も冷靜に科學的に歴史を研究せば、聖上陛下が親しく政權を運用なし給はざりしに依る所亦多かりしを發見するなるべし。近世の英國に於けるが如く、君主制純然たる立憲代議政體國の皇室の最も安泰なるは、蓋し之がためなるべし。我國の天皇陛下が古來より親しく政權を執り給はざる慣例を造りしは、君主制立憲代議政體の基礎として最も良好なるものなり。

第三に、立憲代議政體の發達に適合し、之に資すべしと思惟せらるべきは、我國の社會組織が比較的自治制的なりしことなり。封建時代に於て、各大名は互に堅固なる板壁《はんぺき》を築き、人民の住居の自由を奪ひ、一藩より他藩へ旅行するさへ容易に許さず、租税は事情の許す範圍に於て最高額を徴收し、時として横暴なる奉行、代官、下級武士等が庶民を苦しめしことなきに非ず。又一地方に於ては鄕士あり、庄屋あり、彼等の無法稀には庶民を惱ましめたることなきに非ざりしも、概して言へば此時代に於て、一地方の事、凡て其地方の慣例に由りて庄屋及び村民協議の上決定せられ、今日の如く一々中央政府、縣廳、郡役所等の干渉を受け、繁文縟禮《はんぶんじよくれい》を以て苦められ、規則を以て煩はさるゝことあらざりき。

曾て米人ドクトル・シモンス維新前我國に來り、十數年間滯在して、我地方制度を研究し述べて曰く、「封建時代に於ける日本の社會は、社會其れ自身法律なりき。其法律法規は上より人民に與へられたるものにあらず、其始め人民より起り漸次凝結して慣例的法律となりしものなり。而して數世紀間に於ける習慣が經驗と發達とを重ね、成文法律と均しき效力を有するものとなれり。只成文的法令の存せしものは不完全なる刑法のみにして、裁判所もなく、判事もなく、辯護士もなく、多くの場合訴訟事件は相互間の仲裁に依りて決定せられたり。而して何れの地方も能く社會的の組織を有し、廣き範圍に於て其地方に於ける政治は各々獨立にして、頗《すこぶ》る民主的なりき」と（亞細亞協會報告第十九巻頁四十九）。されど近年、我國の官僚黨は、獨逸と我國と國家の組織に於て根本的相違あるも識らずして、猥《みだ》りに獨逸の干涉政治、武斷政治等を輸入し、我國古來より存在する良好なる此地方自治の制度を害せしも、久しく傳はりしものなれば、適宜に之を進化せしめなば、立憲代議政體の發達に獻貢する所尠からざるべし。

第四に、立憲代議政體の發達を助くべき因子は、我國民の愛國心に富むことなり。代議政治なるものは、國民を代表する少數の人に由りて行はるゝ政治なり。之を行ふ爲政者も、此等の代表者を選擧する國民も、我利益と共に社會的、國家的觀念と義務とを忘るべからざるの必要あり。我國民は比較的愛國心に富むがゆゑに、此の點に於ては立憲政體に適するものなりと謂ふべし。只時として熱情的なる我國民の愛國心が淺薄なる思慮のために動かされて、チョヴヰニズムと化し、武斷政策又は戰爭熱と變じ、我立憲政體の健全なる發達を害することなきにあらざるも、教育の發達と知識の進歩に依りて、此等の弊害は漸次減少せらるゝに至るならん。

第五に、我立憲政體の發達を助くる要素は教育の普及なり。

明治の代に於ける爲政者の最も大なる勲功を擧ぐるとせば、日清及び日露戰爭の戰捷《せんしょう》にあらず。朝鮮合邦にあらず、廢藩置縣にあらず、憲法制定にあらず、教育の普及、人智の發達に盡力せる功勞なるべし。教育の普及、人智の發達は國家進運の基礎なり、根源なり。諸般の文物、工藝は只其結果なるのみ。人若し我國明治の驚くべき發達を科學的に研究せば、其原因多々あることを發見すると雖も、就中《なかんずく》、其根本的の原因は有名なる五條の誓勅に含まるゝ處の精神なりと斷言するに躊躇せざるべし。

誓勅第一項に「上下心ヲ一ニシテ盛ニ經綸ヲ行フベシ」と、第五項に「智識ヲ世界ニ求メ大ニ皇基ヲ振起スベシ」と宣し給へり。

此精神に依り、封建時代の陋習を破り、弊風を碎き、階級制度を廢し、廢藩置縣を行ひ、遍《あまね》く教育を進め、智識を世界に求め、階級檣壁を設けず、門戸を開放して廣く人材を登庸し、適所に適材を用ゆることに專ら意を注げり。是れ明治の驚くべき發達をなせる最大理由なり。

明治七八年以後征韓論と代議政體設立論に對する、藩閥黨と名づけられし分子の反動的思想に由り、言論の自由は漸く拘束せられ、人材登庸の門戸は制限せられ、封建時代の階級制度に代ふるに、獨逸式階級制度は輸入せられ、大に我國の發達を阻害せられしも、幸《さいわい》にして教育の普及に就きては此等の藩閥黨と雖も、敢て故障を與へざりき。否其普及を奬勵せり。偶々現今の官僚黨中には、世界文明發達史の一頁をも理解する能はず、一面に於て教育を奬勵普及せんことを望むと稱へ、他面に於て武士道を鼓吹し、封建時代に大名が儒者を抱へて忠君の義を説かしめ、臣下庶民の服從隷屬を求めし如く、武士道に由り、我國の中心なる至尊に忠なれと敎へんとするはよけれど、尙立憲國の大臣なり官吏なりと云ふ自分等にも服從隷屬して忠なれと敎へんとし、又は觀音樣や地藏樣や鎭守樣に對する敬神崇拜論を說いて、庶民を可成《なるべく》從順ならしめんとす。されど、敎育進み、人智啓《ひら》くるに從ひ、漸次迷信的の信仰は破れ、又自己の存在をも自認自覺するに至るものなり。若し我國の官僚黨爲政家が彼等に對する國民の從來の隷屬的態度を永く繼續せしめんと欲せば、敎育の發達を阻止するを良策とす。羅馬《ローマ》法王が其信徒の迷信を破らんことを恐れ、一定の宗敎的敎育以外は其信徒の敎育の發達を喜ばざるも、蓋し此の理なり。

近來國技館の力士連すらも相撲協會役員の專斷政治を喜ばざるに至れり。是れ力士連の敎育進み、人智發達し、昔日の如くならざる所以也。我國民の敎育未だ進まず、國民等未だ自己の存在を自覺するに至らざるも、敎育更に普及し、人智更に發達せば、今日の如く官僚黨の專橫を許さず、健全なる立憲政體の發達を促すに至るべし。

又、國會開設以來、過去二十二ケ年間に於ける歷史に徵すれば、一般政治思想の幼稚なると、國民の政治に冷淡なると、形式的代議政體なる組織のために議會の權力甚だ微弱なると、藩閥黨、官僚黨及極端なる保守主義者等の妨害と壓迫とに依り苦しめられたるにも係はらず、議會の有益なる事實を證明せしのみならず、能く幾多の妨害及壓迫を排して、明に進步の傾向を表白しつゝあり。之れ又確かに我立憲代議政體の前途に望ある光明を與ふる最も有力なるものの一なり。第一議會に於て山縣內閣は、議會に向ひ經常及び臨時歲出總計八千三百萬圓餘を要求せしが、多數の民黨（自由黨及び改進黨）は民力休養と政費節減を主張し、甚だしく內閣の壓迫に遭ひ、敢て議會の解散をも行はんと威嚇せられたりしも、頑として動かず、六百三十萬圓、卽ち政府提出の豫算に對し約八分を削減せり、實に多額の削減と謂はざるべからず。

而して此削減ありしがために行政機關の運轉に故障ありしことを聞かず。只政府は六百三十萬圓の濫費をなす能はず、又國民は之がため其負擔を甚だしく增加せらるゝことなくして終りしのみ。此事實は微力なる議會と雖も、尙能く國民を益すること尠からざるを證明するに足るものなり。又第四議會に於ても、伊藤内閣提出の歲出豫算八千三百萬圓に對し二百六十萬圓餘を削減せり。之れ議會の力に由りて國民が二百六十萬圓の無益なる負擔を免れしものなりと云ふを得べし。加之《しかのみならず》、伊藤内閣は議會の要求に遭ひ、不得止《やむをえず》、行政機關の整理を行ひ、勅任、奏任、判任官等三千二百七十二人の冗員を淘汰し、一百七十萬圓の經費を節約するに至れり、而して是がため行政事務の停滯ありしことなし。若し議會なかりせば、我國民は年々此一百七十萬圓の無益なる俸給を冗員官吏に支拂ひつゝあるべき筈なりき。這《こ》は、議會の力に由りて藩閥又は官僚政府の濫費又は不當の支出を削減せし單に一例に過ぎず。然れども、これ能く一面に於て、國民に責任を有せざる官吏が、國庫の金を使用するに當り、國民の負擔につき不注意なることあるを證明し、他面に於て微力なる議會と雖も、國民のために有益なるものなることを證明して餘ありと云ふべし。

この外、財政問題以外に、議會が橫暴なる政府の干涉及び權威の濫用を、直接又は間接に妨げて、國民の權利、自由を伸張せし例は實に枚擧に遑《いとま》あらざるなり。多年議會が政府と軋轢を生じたりしにも係はらず、奮鬪止むなく遂に保安條例を廢止せしめ、新聞條例及び集會條例を改正せしめたる、亦戒嚴令を發布後數週間にして廢除せしめたる等其例なり。其他政府の專斷的行動を制止し、又は内治外交に關する失策を指摘し反省を促せしこと屢々なり。

近年、我政府當局者は曾て山縣及び松方内閣に由りて開かれたる、議員買收又は操縱法を用ひて議員を軟化し、又議員中には多年政界の逆境に處し、官僚黨の壓迫に遇ひ、漸く志氣を失ひ、軟化腐敗せるもの多く、議員の勇氣活動十數年以前の如くならざるも、政界全般の狀態より觀察せば、我形式的代議政體も甚だしき向上的進步をなせりと謂ひ能ふべし。

明治廿三年始めて憲法發布せられたるや、內閣總理大臣黑田清隆子は地方官會議を召集し、官僚の政黨に對すべき方針を訓示して曰く、「政黨ナルモノハ社會ニ存立スルハ情勢ノ已ムベカラザル所ナリト雖モ政府ハ常ニ一定ノ方向ヲ取リ超然トシテ政黨ノ外ニ立チ至公至正ノ道ニ居ラザルベカラズ」と。樞密院議長伊藤博文も亦府縣會議長を集めて憲法の規定を解説し、黨派政府の危險を論じたり。又翌年始めて國會開會の際、山縣首相は地方官に訓令を發し、官吏の政黨、政論に對すべき方針を示せり。其文中に曰く「行政權ハ至尊ノ大權ナリ其執行ノ任ニ當ルモノハ宜シク各種政黨ノ外ニ立チ引援附比ノ習ヲ去リ專ラ公正ノ方向ヲ採リ以テ職任ノ重キニ對《むか》フベキナリ」と。

之に由り、此當時に於ける伊藤、山縣、黑田等の議會及び政黨に對する觀念を推測するに足るべく、彼等の訓示訓令は卽ち超然主義なる者の鼓吹なりき。彼等は議會を開會し諸般の政務を審議せしむるとも超然として政黨の外に立ち引援附比することなく從前の如く獨り至尊の名に依り、專斷的に政權を左右し得らるべきものと思惟せるものの如し。然るに、山縣は劈頭第一議會に於いて議員結合の力及び輿論の勢力の侮《あなど》るべからざるを經驗するに至れり。而して山縣內閣は議會の追窮に堪ゆる力なく、第一議會閉會後數旬を經ずして瓦解し、次で松方內閣出で、表面專ら超然主義を口にし、裏面に於いては蠻勇を奮ひ「政黨ノ外ニ立チ引援附比ノ習ヲ去ル」にあらず、却って奸策を用ひて議員の操縱を謀り、政黨の破滅を企て、又は解散を斷行して議員の軟化を求めたりき。其後、松方內閣斃《たお》れ、伊藤出で、黑田立ち、山縣替りしも、彼等は彼等自らが地方官に與へし訓令「官僚ハ超然トシテ政黨ノ外ニ立チ至公至正ノ道ニ居ラザルベカラズ」との言を實行し能はざりしなり。而して藩閥元老中、學識を有し、遠大の思望を抱き、先見の明あり、主義に由りて支配せられ、常に私心よりは寧ろ國家を先にして事を處決し、我明治の爲政者中、獨り「ステーツマン」卽ち「政事家」なる冠を負はしめらるべき伊藤公は、第三次伊藤内閣の將《まさ》に瓦解せんとするに臨み、議會開設後の經驗より時世の趨勢を洞察し、所謂《いわゆる》超然主義なるものを拋棄し、自ら進んで政黨組織の必要を論じ、元老會議に於てこの説をなせしに山縣は之を不可とし、政府を政黨の上に置くは國體に悖り、憲法の精神に背くものなりと極論し（工藤氏の『帝國議會史』第一編六六六頁）、敢て憲法中止說をすら唱へたりと。然れども第三次伊藤内閣の後繼者として現はれしものは、當時憲政黨の主領なりし大隈板垣なりき。之れ固より伊藤が内閣を去るに當り、兩者を後繼として奏薦したるに由ると雖も、政黨員が内閣を組織するに至りしは、我立憲代議政體の一大發達をなせる現象、第一階梯なりと謂はざるべからず。

されど、隈板内閣を以て政黨内閣なりと稱するは甚だしき謬見なり。隈板内閣なるものは、藩閥政府の專横と議會解散の續出に依り、憤慨して藩閥政府に激抗せんとせし一時的の感情に由りて結合せし徒黨が、偶然機會を得て組織するに至りしものなり。全然政黨内閣の資格を有するものに非ず。政黨内閣「パーテー・ガヴァーメント」又は「パーテー・キャビネット」と稱するものは、單に徒黨、朋黨、又は政黨が政府を組織せるを以て與へらるべき名稱にあらず。政黨内閣とは、一定の主義政綱を有する純然たる政黨が、其主義政綱を提げて選擧場裡に臨み、國民の輿論と合し國民の贊同を得、其主義に從ひ其政綱を實行せんがため、國民の代表者として當選せられ、議會に多數を制し、入って行政部を組織するに至り、始めて成立すべきものなり。而して政黨内閣の根據は國民の輿論、國民の多數なり。一時の感情に支配せられて集りたる烏合の群集に均しき憲政黨が組織せる内閣など、全然政黨内閣と呼ばれ能はざるものなり。偶々《たまたま》、隈板内閣を政黨内閣と呼び、我國に政黨内閣組織せられたることありと說くものあるは、蓋し政黨内閣の何物なるかを識らざるに因るものなり。

然れども、隈板内閣は、これ迄狹量偏執なる藩閥黨が、官吏にあらざれば國務大臣なることを得べからざるものゝ如く主張せしが、此主張此板壁は之に由りて全く破壞するを得たれば、隈板内閣は内閣として殆んど何事もなす所なく、極めて短命にして瓦解せしが、我立憲代議政體發達史の上より論ずれば、一革命なりしと謂ふべきものなり。

隈板内閣の後を襲ひしものは、第二次山縣内閣なり。山縣は政黨を嫌厭し、憲法の中止を唱へてすら、伊藤の政黨組織に反抗せしと稱へらるゝ人なり。然るに自ら内閣を組織するや、議會に於ける多數議員の後援なくして内閣を保持し能はざるを知り、自ら進んで自由黨と提携を求めたり、矛盾も亦甚しと謂はざるべからず。されど主義なく、定見なき「ポリテシアン」が臨機應變、矛盾の言論、矛盾の行動をなすは決して怪しむに足らず。而して山縣内閣が自由黨と提携したるは固より政見を同ふしたるにあらず、山縣は豫算案の通過を計らんがため、一時自由黨を操縱したるのみ。又過去十ケ年間藩閥と戰ひ、個人として何の得る所もなく疲勞せる自由黨員は、山縣内閣と提携し、疲勞を癒すに足るべき報酬を得んとせしに出でたるものなり。

山縣内閣は自由黨の後援に依り第十三十四議會は容易に操縱するを得たりしも、自由黨を滿足せしむる報酬を與ふる能はざりしがゆゑ、自由黨との提携は久しからずして斷絶せり。

折しも、伊藤は猶政黨組織の念を捨つる能はず。山縣と絶縁せる自由黨を集め、自ら野に下り立憲政友會なるものを組織し、之が主領となり旗色を明にせり。而して山縣内閣辭職せしも、其後繼に適任者なく遂に伊藤政友會を率ひて内閣を組織するに至れり。然るに、山縣一派は、伊藤の政黨を組織せしを見て快とせず、加之、曾て貴族院の怨を買ひし星亨の閣員に列するありしかば、伊藤内閣は成立當初より四面楚歌の聲を聞き、辛ふじて第十五議會を終へしのみにして瓦解せり。

伊藤内閣の後を受け、山縣系の後援に依り、桂内閣組織せられたり。桂は山縣に傚ひ、口に超然主義を唱へ、操縦主義に由り疲れたる議會を支配せんとなせり。偶々《たまたま》日露戰爭のあるあり、議會亦深く内治を論ずるの暇《いとま》なく、桂内閣は比較的永き生命を保てり。

ポーツマウス條約の非難に遭ひ、桂内閣斃れ、伊藤に代り政友會の主領たりし西園寺、桂と私約を結びて其後を受け、政友會の原、松田を率ひ、官僚の援助を得て内閣を組織せり。斯の如き内閣固《もと》より統一を缺くは數の免れざる所、成立數ヶ月后、犬死《いぬじに》同様に瓦解をなせり。

ポーツマウス條約に對する攻擊を避けんがため、一時政權を西園寺に托せる桂は、早くも國民の怒漸く解くるを見、再び政權を奪ひて内閣を組織し、專ら操縦策を使用して、議會を籠絡するに努めしが、遂に其爲すべき策盡き、「情意投合」なる名義を以て、政友會と提携するに至れり。而して山縣も今や之を是認し、反抗せざるものゝ如し。之を議會開設當時の政府當局者と政黨及び議會の關係に比さば如何。尙口に超然主義を說く憲法學者及官僚黨なきにあらざるも、事實に於て超然主義なるものは根底より破壞せられたり。

斯く檢し來れば、過去二十二ヶ年に於ける我議會史の政黨なるものは、藩閥及び官僚黨が豫想せし如く、有害にもあらず、又、嫌厭すべき者にもあらざること、否寧ろ代議政體に政黨なるものゝ必要なること、行政の任務に當る國務大臣なる者は、假令微力なる議會と雖も全然之を無視壓迫し能はざること、否國務大臣は議會に於ける多數議員の外に立ち、議員と離れて行政の任務を全うし能はざること、而して國務大臣が强ひて政黨又は議員多數の外にあることを粧はんとせば、裏面に於いて買收又は操縦等の陋策を用ひ彼等を腐敗屈服軟化せしめざるべからざること、然らざれば公然政黨に接近し、提携、妥協又は「情意投合」を爲さざるべからざることを示せり。而して此進化の傾向は、或豫想外の出來事に由り議院制度が根底より破壞せらるゝにあらずんば、早晩行政部なる内閣は全然立法部なる議會の多數に依りて立つべき時代の到來することを示しつゝあるものなりと謂ふべし。

以上論述せる所は、健全なる代議政體の發達に獻貢すべき文物及び史實の重なるものなり。是より其發達を妨ぐる主なるものを陳述せん。

第一、我國民は戰爭好なること。プロフェサー・マスターマン曰く「外患ある時は國民の自由發展すべき時にあらず」と。宜《むべ》なり、日清、日露兩戰爭は、甚だしく我立憲代議政體の進歩を停滯せしめたり。日清戰役中に於ける伊藤内閣及び日露戰役中に於ける桂内閣は、國民の自由を侵害し、甚だしく言論の自由を拘束し、敢て專斷政治を行ひたるにも係はらず、國民は外患ありしがため強《しい》て之を忍び、最も永き生命を此等の内閣に與へたり。而して此兩戰役は、さなきだに戰爭好なる我國民をして、一層戰爭熱に冒さるゝに至らしめたり。其結果、國民の陸海軍崇拜となり、女學生の理想は軍服及び勳賞となり、軍人の跋扈《ばつこ》甚しく、内閣部内に於ても陸海軍の經費を批評し得るものすらなき程なりと。而して日清日露兩戰役のため國民の負擔甚だしく增加し、我國富の基礎なる農村民の著しく衰微せる今日、國家の財政問題も顧みず、猶師團增設を唱ふるもの尠からざるにあらずや。軍制なるものは一方に於て專斷を意味し、他方に於て絕對的服從を要求するものなり。戰爭熱は軍人の跋扈《ばつこ》となり、軍人の跋扈は武斷政治の實現となるべし。而して武斷政治は個人の獨立と自由とを基礎となす、立憲代議政治の敵なり。決して兩立相容るべきものにあらず。

第二、我國民の陰險なること。我國に久しく存在せし封建時代に於ける群雄割據の制度は、一般に疑心、猜忌の念を抱かしめ、無意識に陰險なる性情を養成せり。歐米人は概して快活にして、家庭に於ても、友人と交るにも、社會に處するにも、其信ずる所は公言するに憚らず。歐米人と談ぜんか、氣置なく腹心を吐露して語るを得べきも、本邦人の談話は掛引多く、奥歯に物の挾まり居る如き話し工合なり。本邦人は動《やや》もすれば其主義其所信を人に語るを以て威嚴威信を失墜するの虞《おそ》れありとなすもの丶如し。これ一部其實力に由らず「威嚴」てふ粧飾に由りて人を制さんとする心情に依ると雖も、又陰險なる性情に依る所尠からず、我國に於いては、一家をなす親子の間柄に於いてすらも、形式的の禮節、儀式のみを先にし、胸襟を開ひて語ること稀なり。

立憲代議政治は、公明正大の議論に由りて定まる處の政治なり、疑心、猜忌、嫉妬、陰險は代議政體には禁物なり。

第三、本邦人は餘り感情的なること。我國民は激し易く、怒り易く、熱し易く、又醒め易し。一大事ある毎に、或は狂喜し、或は狂嘆し、或は驚倒す。而して事に當り冷靜に論理的に研究するよりは、寧《むし》ろ直覺的に判定すること多し。屢々《しばしば》本邦人は英國人に接し、英人は察しの惡きものなりと云ふことあり。概して英人は直覺的の知覺我國民の如く鋭敏ならず。彼等の察しの惡きと云はる丶は蓋し之に起因するものならん。されど、彼等の頭腦は冷靜にして論理的なり。代議政體に適する所以なり。

代議政治は多數のもの丶討議に由りて決するもの、感情を避けざるべからず。佛國に於いて政治組織の整頓するに比し、英國に於ける如く實際代議政治の美果を奏せざるも、佛人が餘り感情的なるに由るべし。我國民の感情的なる佛人よりも更に甚だしからん。代議政體の發達に付き一大故障なりと云ふべし。

第四、我國民は言責を重んぜざること。是れ固《もと》より比較の問題なり。概して言はば我國民は能く嘘を言ふ國民なり。而して言ふ人も之を愧《は》ぢず、世人も深く之を咎むることなし。又約束に背き、言責を重んぜず、時間を過ち平氣なるものなり。

立憲代議政體國の政治家の最も必要なる一は、言責を重んずることなり。之と均しく國民も亦言責を重んずる必要あり。我國民は此の點に付き大に修養せざるべからず。

第五、研究心に乏しきこと。比較的論理的なる歐米人は、研究心に富み、何事をも根本を糺さざれば止まざるの風あり。之に反し概して本邦人は皮想の觀察、淺薄なる研究を以て甘んずるの傾あり。歐米人が日本を研究するには、先ず地理、歴史を究め、古代よりの文學、哲學、宗教、傳說、俗謠をも探り、而して現代の文物を學ぶを通例とす。然るに普通本邦人は、其國の古代よりの文學、哲學、宗教を研究せず、國體、人情、風俗、習慣を糺さず、只現代の法書、法文を讀み、獨逸には斯る法律あり、英國には斯る條令ありなど唱へ、直に之を本邦に移さんとす。獨逸に或る法律あるは、其存在すべき理由ありて存在するものなり。只其法文を摸倣して、何處に於ても同等の結果を得んとするも能はざるべし。現時我國に於ける獨逸派の或學者は獨逸に流行せし國家學を主張し、國家と政府、國家の主權と政府の權勢とを混同し、動《やや》もすれば我國に於て武斷政治をも皷吹せんとす。これ、單に彼等は獨逸派の國家學を學び、何故獨逸殊に普露亞《プロシャ》に於て斯る國家學が稱讃せられしかを竅究《きようきゆう》せざるがためなり。獨逸帝國と稱ふるものは幾多の聯邦を以て約四十年前漸く建設せられたるもの、其帝國の基礎極めて薄弱なり。故に獨逸帝國は聯邦の統一を全うし、其基礎を鞏固ならしめんがため、凡てを犧牲に供せざるを得ず。これ獨逸聯邦を中心とする普露亞に、斯る一種の國家學なるもの興《おこ》り、頻《しき》りに珍重稱讃せられし所以なり。然るに我國は建國の歷史極めて遠く、其基礎甚だ強く、統一又頗《すこぶ》る固し。而して國家の統一强堅に過ぎ、國民の個人性の發達を妨げ、個人的存在を沒却し、外國との戰爭には優勢なるも、外人と平時の競爭に於て屢々敗北し、戰爭の利益をも空うすることあり。これ、只我國民の研究心乏しき一例のみ。其例枚擧に遑《いとま》あらず。

代議政治は審議、討論に依りて決する政治なり。研究は審議及討論の本《もと》なり。研究心に乏しければ、健全なる代議政治を見る能はざるべし。

第六、我國民は餘り服從的なること。「民をして依らしむべし、知らしむべからず」とは、孔子に依って傳へられたる東洋の政治思想なり。專制政治又は貴族政治には最も適當なる主義なり。民をして政治の何物なるかを了解せしめず、法律の如何なるかを知らしめざれば、專斷政治を行ふも、苛酷の法令を發するも、民は奴隷的屈從をなすの外なかるべく、而して、世は泰平ならん。されど其民の文化は退歩せずとも、進歩は極めて遲々なるべし。若し夫れ、世界各國間の交通未だ開けず、一國が鎖國的存在をなし得べき時代に於いては專ら國民を服從的ならしめ、國内の平安を保つは、爲政者は勿論、國民のためにも或は得策ならん。蓋し封建時代に於て此思想が尊重せられたるはこれがためなり。而して久しく此思想に養成せられたる我國民は未だ之を脱却するを得ず、隷屬を以て徳義となし、獨立自尊の念乏し、これ自治的立憲代議政治の形備はりて其實を擧ぐる能はざる一大原因なり。

第七、批評を好まざること。「不言實行」主義を唱ふるも、亦之を唱へしむるも畢竟批評を好まざるがためなり。實力なくして只威嚴を以て人を制さんとするもの、研究心に乏しきもの、虛僞あるものは固《もと》より批評を好まず。批評は眞實を發見する利器なり。而して代議政體の生命なり。批評を好まざる國民は代議政體に適せざるものなり。

第八、「人」卽ち「パーソン」を重んぜざること。我國に於ては爵位、階級、金錢を人より、重んずる傾あり。我國民は同胞なり、至尊を主とし臣民皆一家族の如しとは、吾人が屢々聞く所の言辭なり。而して之を事實に徵すれば、此言辭の全く虛無なるを思はしむ。概して我上流社會の人々、又は、より高き地位の人々が其下級のものに對する言葉使ひ、擧止擧動、恰も奴隷奴僕に對するが如し。賢きも愚なるも、貴きも賤しきも、上級なるも下級なるも、人は人なり。人に對する等差あるべからず。余、一日電車に於て大尉の制服を着せる一軍人が、車掌に對し英國人なれば牛馬に向っても言ふまじと思はるゝが如き言辭を用ひて接するを目擊せり。又、美髯《びせん》を蓄へたる紳士風の人、車掌が乗換切符は御入用ですかと問ひたるに、之を聞きつゝ應答をせざるを見たり。人が物を問ふたるに之に答へざるとは何事ぞ、人を蔑視するの甚だしきものなり。此等は稀なる出來事にあらず。日々我首府東京の街頭に於て見聞する所のものなり。又、一般の本邦人が、家僕雇人等に對する言語は概して粗暴なり。家僕雇人と雖も均しく我同胞、帝國の臣民ならずや。家僕雇人に嚴しく業務の任を果さんことを要求するはよけれども、雇主、家僕雇人と境遇の異なるは現世に於ける偶然の出來事のみ。これを以て人馬の如き懸隔を立てゝ下級のものを取扱ふは、人のなすべからざる道ならずや。英人など家僕に一事を辨ぜしめしとて、必ず之に對し、サンク・ユー（有難ふ）なる言を用ひざることなく、如何なる地位、如何なる職業に從事する人とて、人は人として遇するを常とす。

代議政治は國民の政治なり。地位、階級、貴賤、貧富の別あるとも、人は人として各人相互相敬し、相尊ぶ國民にあらざれば、代議政治の全きを見る能はざるべし。

第九、理想の低きこと。プラトーは國政を掌るものは哲學者ならざるべからずと主張せり。蓋《けだ》し、政事家なるものは啻《ただ》に其當時の國政を臨機應變に處理し、以て國民を滿足せしめて足れりとせず、權勢に耽《ふけ》らず、地位に溺れず、過去を鑑み、將來を慮《おもんぱかり》り、一國民の文化の進歩は勿論、人類一般の文化の進歩をも考へ、深遠なる宇宙の問題をも了解し、鞏固《きょうこ》たる信念と理想とを有し、主義に基き一定の方針政綱に依り國政を執らざるべからざるものなればなり。然るに概して我國の爲政者は、地位權勢を貪り權威を以て國民を服従せしめ、只臨機應變の彌縫策《びほうさく》のみを講じ、一時《ひととき》も永く政權を握るを以て無上の手柄となすの風あり。彼等は國家千百年の將來を考慮し、一定の主義方針に基き政綱を編み、着々其實行を計るが如きことなし。これ强《あなが》ち彼等のみの罪にあらず、一般の國民は主義政綱を明かにし隱健なる政治を行はんとするものよりも、寧ろ蠻勇を振ひ、國民の意思、輿論をも顧みず、國民を威壓屈服せしめ、武斷獨裁的に事を卽決する政事家を稱讃し、謳歌するの傾あり。爲政者の主義なく、定見なきは必然なり、我國民は主義あり定見ある爲政家を要求せず。只彼等が導くまゝに隨從する、「オポチュニスト」臨機應變主義者なり。

本邦人は修養の未だ足らざる故か、公德の未だ能く進まざる故か、將又《はたまた》宗教感化の尠なき故か、社會又は人類に對する觀念は甚だ淺薄にして、皇室と我一家に盡すの念切なるも、更に進んで社會及び人類に思を致すもの稀なり。

泰西人は一面に於いて物質的の富、物質的の快樂を求むるに熱心なるも、其半面に於ては、社會公共及び人類一般の利益を忘却することとなし。彼等が說く所の宗教倫理及び學說は島國的ならず、社會的及び世界的なり。過日吉原大火後、其再興に就き反對し、英國の經濟學者として又婦人選擧權獲得運動者の一主領として有名なるフォーセット夫人は、抗議の一書を尾崎市長に送り來れりと。又先年西班牙《スペイン》に於けるバセロナ大學の教授フェラー氏の處刑に對し、英佛等の社會黨は一大反抗をなして西班牙政府に迫れり。事の是非は姑《しばら》く擱《お》き、此等の事實は泰西人が人類一般の幸福につき一定の鞏固なる理想を有することを證明するに足るべし。

立憲代議政治は專制獨裁政治の如く、一個人の利益のため、又は貴族政治、金力政治、官僚政治等の如く少數の人の利益のために行はる政治にあらず、多數の人の代表者に依りて多數の人の利益のため、幸福のために行はるゝ政治なり。ゆゑに之を行ふ人も、行はしむる人も、個人の利益以外に社會、公共、人類の最も善良なる進歩を圖るにつき、より高き主義と理想を有せざれば、代議政治の美を實現せしむること頗《すこぶ》る困難なり。

第十、虚榮虚飾を好むこと。恐らくは我國民ほど虚榮虚飾を好むものはあらざるべし。彼等は物の「リアリテー」實體よりは寧ろ「アッピアランス」を愛する傾あり。我國の讀書界の人を迎へんとするに於てすら、書籍の内容よりは寧ろ序文、題字を以て之を飾らんとする風あり。書籍發賣の廣告を見るに、何々公爵、何々男爵、何々大臣、何々博士の序文又は題字と大書するもの多し。近頃二男爵十博士共著と記する書籍の廣告を見しことあり。これ我國の讀書界に於ける多數の人が、猶書籍の内容よりは何々公爵、何々大臣、何々博士の號を珍重しつゝある事を證するものなり。

若し夫れ爵位、勳等が國技舘に於ける力士等の等級の如く、年々實力の試驗に由り與へられ、又沒收せらるゝものなれば、爵位、勳等は之を有する者の實力を正確に表示するがゆゑに貴重する價あらん。然れども情實系統に由りて大臣たりし者が天皇の大權を妄りに發動せしめて製造し得する爵位、勳等は、之を與へらるゝ人の實力に適合するものと謂ふべからず。我國に於て、爵位、勳等を得る者は殆んど皆官吏と軍人にして、其以外の人甚だ稀なり。されど實際社會のため、國家のため、忠實に盡瘁するものは官吏、軍人以外に尠からず、若し夫れ、各人が社會及び國家のため獻貢する功績を的確に登錄する機械ありて、之を識るを得ば、今日の爵位勳等なるものは、甚しく之を有するものゝ實力及び功績に添はざるものなることを發見せん。されど、我國民は爵位を尊重すること實力以上なり。而して爵位勳等を有する人は、實力、人格の如何に不係《かかわらず》、比較的より多くの威信を保つを得べし。我國の政權を掌る官僚派の人々が機會ある每に、之を徒黨の人々に分與する理なきにあらざるなり。

英國に於ては首相が如何なる偉勳功績あるにせよ、爵位を受くることなし。英國に於いても我國に於けるが如く、法文上爵位勳功を定め之を授け得るものは皇帝陛下なり、爵祿位勳の授與は陛下の大權に屬するものなり。然れども陛下は直接政務に當り國民と接し給ふことなければ陛下が親しく臣下の爵位勳功を定め給ふものにあらず。之を定め、而して大權を發動せしめて之を授くるものは、事實上英國に於いても亦我國に於いても首相の權限なり。故に若し首相が或功績のため公爵を得しとせば、首相は自ら自身を公爵になしたると更に異なることなし。是れ英國の首相が南阿統一の功績あるとも、よしや、朝鮮併合の功あるとも、爵位を受けざる所以なり。而して外見よりも形式よりも事實を重んずる英國人は、アスクヰスの首相たりし時、爵祿勳位を得しものは、名義上陛下の大權に由りて授けられしとするも、國民はアスクヰスが造りし華族、アスクヰスが與へし位勳と稱するが普通なり。我國に於いても事實は之と更に異なることなし。然れども我國民は桂首相が公爵を授かりしを以て、桂首相は自ら自身を公爵となせりと云ふものなし。之れ我國民と英國民と異なる點なり。我國民は外見體裁を重んじて事實を事實として述ぶることを好まざる傾あり。

　我國民の虛勢を好む一例は、東京に於ける紳士の門に貼付する電話札を見ても明なり。町名札も番地札も判明せざる所にても電話番號札は歷然たるものなり。何の必要ありて電話札を門戶に附するか。町名札及び番地札の必要は今更說くを要せざるべし。されど、電話番號を戶外にて人に識らしむるの必要なからん。敢て之を爲すは虛勢を張るに外ならず。米國の都市に於いては如何なる人も容易《たやす》く電話を架設し得るも、我首府東京に於ては、住宅に電話を用ふるものは少數なり。而して居宅に電話を有するは、稍々其人の社會上に於ける地位を表白するものゝ如く、紳士錄の人名も電話の有無に依りて定めらるゝ程なり。電話札を門扉に付するの意、察するに足るべし。人或は言はん、電話札は電話局にて附するものなりと。然り、之をなす電話局は能く我國民の弱點を識り商略上其意に投ずるものなりと謂はざるべからず。

　立憲代議政體は平民的制度にして、虛榮虛飾を好む國民には適せざるものなり。虛榮虛飾は哲學的知識を有せず、科學的事實の重んずべきことを識らざるものゝ羨望するものなり。而して既に述べたる如く、立憲代議政治は「感情」の政治にあらず「會《え》得《とく》」の政治なり。事實を尊ばず、虚榮虚飾を好むもの〻實行し能ふものに非ざるなり。

第十一、我國民は歴史を重んぜざること。 立憲代議政治なるものは、國民に由りて、國民のために行はる〻政治なれば、國民の意思に依り時々變更せらるべきものならざるべからず。而して其政體も不絶《たえず》變化しつ〻ある國民の進化に伴ひ、適宜に變遷せざるべからず。不成文憲法國に於ては憲法の此進化變更容易なるも、成文憲法國に於ては困難なる場合あり。而して不成文憲法國に於ては、立憲政體の組織に就き纏まりたる法律なきがゆゑ、其組織の基礎を歴史上の慣例に求むるを通例とすゆゑに、不成文憲法國の國民は史實を尊重せざるべからず。史實を重んぜざる國民は鞏《きょう》固《こ》なる不成文憲法に基き代議政體を建設し、健全なる發達をなさしむる能はず。成文憲法國に於いては、代議政體の組織法文に由ると雖も、一瞬間も停滯なく進化しつ〻ある國民の進化に應じ、不絶《たえず》法文を改正する能はざれば、之に伴ふ變更は歴史に於ける慣例に求めざるべからず。されば、不成文憲法を以ても、成文憲法を以ても、健全なる代議政體を築き得る國民は、史實を重んじ、慣例を尊び、經驗を輕んぜざる隱健着實なる國民なりと云ふも過言にあらざるべし。

恐らくは我國民程歴史を侮り、史實を無視する國民はあらざるべしと思惟せらる。歴史の尊ぶべき所以は、過去に於ける出來事の原因結果が、其國民の將來を導くために、最も有力なる參考となり、教訓となり、導火線となるがためなり。これ恰も個人に就き、其過去に於ける經驗の如し。個人の經驗に於て、最も尊重すべき經驗は失敗の經驗なり。若し吾人が吾人の過去に於ける失敗過失を一々自認せば、再び之を繰返さざるべし。一國の歴史も亦均し、若し歴史が支那式の歴史、又は今日迄我國に存在しつ〻ある多くの歴史の如くに、唯何年何月に如何なる出來事が發生せりと記録する年代記にあらず、哲學的に研究せられ、其社會に發生せる幾多の現象を年月の順序によりて列記せらるゝにあらず、遠く其發生せる現象の根底を探り、其裏面に横はる思想界の狀態を明かにし、一現象より他現象に渉り、他現象より一現象に連なる連鎖を求め、各現象の發顯せる原因結果を科學的に明確に知らしめ、吾人が吾人の成功過失の原因を自覺自認する如く正確に、史實を國民が了解するを得て、始めて歷史の眞價を呈するに至るべし。然るに若し一國の歷史が事實に依らず、時代時代の爲政者又は曲學阿世の徒に由りて、自由に作成編成せらるべきものとすれば、歷史と云はんよりは寧ろ小說と稱すべきもの、歷史として有益なるよりは寧ろ有害無益なるものなるべし。

人あり、老後に極めて冷靜に自己の一生を回顧するとせば、如何に『所謂成功』せし人と雖も、一生の出來事中、恐くは十中八九迄は失敗の經驗ならん。一國の經驗、一國の政策に就ても亦これと大差なかるべし。過去を冷靜に竅究《きようきゆう》せば、過失、失敗の跡多きが通例なり。而して此過失、失敗の史實は一國民の歷史中最も有益なる敎訓を與ふべきものなること、恰も個人の經驗中の失敗の經驗に於ける如し。我國の歷史に道鏡あり、將門あり、南北朝あり、尊氏ありし事實を明記するは、此等の事を再び繰返さしめざる最も有力なる史料なり。英國に於いて健全なる代議政體の發達を希望するものは、必ずやチウダー及びスチュワートの專斷政治、チャレース一世の死、千六百八十八年及び千八百三十二年の革命の原因結果を說き、殖民政策を憂ふるものはジョージ三世及びロード・ノオースの政策を論ず。これ、蓋《けだ》しこれが再びこれ等の出來事を反覆せしめざる好材料たればなり。

然るに、近來文部省敎科書委員會に於て穗積博士の一派の人々が南北朝の問題に關し、北朝及び尊氏に關する史實を抹殺せんと主張せりと。若し史實が勝手に抹殺せられ、過失、失敗の痕跡が自由に隱蔽せられて歷史が編成せらるべきものなりとせば、歷史は歷史てふ名義を有するも歷史にあらず、何等の價値をも有せざる小説なり。

吾人は、吾國に於て有力なる學者として認識せられ、高位を占むる人に由りて、斯の如き説を吐露せらるゝを見て、我國民の歴史を尊び、歴史を重んぜざるに驚かざるを得ず。これ能く我國民の史實を蔑視することを證明するに足るものなり。若し現今泰西諸國に於て如何なる理由があるにせよ、史實を抹殺せよと論ずる人ありとせば、無學の徒と認めらるゝにあらずんば、狂人と看做さるゝや明なり。學者の職分は眞理を求むるにあり、學者たるものは、眞理を楯とし、權勢に屈せず、金力に服せず、地位を顧みず、眼中眞理ありて他物あるべからず。然るに我國には、事實を無視せよ、史實を抹殺せよと叫ぶ學者あるは奇怪千萬ならずや。穗積博士は名望あり、地位あり、權勢ある人なり、而して又國家を思ひ、國民を愛する名士なりと思惟せらる。氏が北朝の史實を抹殺せよと論ぜられし理由は、蓋し偽作の歴史てふべきものを我將來の國民に教へなば、我國家の前途、我國文化の進運に益ありと思考し、學者として信ずる所を忌憚なく陳述せられしならん。而してこれに贊同する人尠からざるは、我國民が比較的形式、虚飾を好み、事實に重きをなさず、歴史なるものを尊重せざるが故なり。これ或は學術の未だ能く進歩せざるに由るならんも、歴史を重んぜざる國民は代議政體に適せざる者也。

第十二、常識の發達せざること。經驗を重んじ、事實を尊び、冷靜にして空理空論に耽《ふけ》らず、科學的頭腦を有する國民は、空想的ならず、實行的なり。ポエチックならず、プロザイックなり。知的にして直覺的ならず、主觀的知覺よりは客觀的知覺に於て鋭敏なり。而して事に當って容易に騒がず、驚かず、憤せず、激せず、常に一定の繩墨《じょうぼく》に由りて進退し、常規を脱し沒常識の擧止擧動あること極めて稀なり。然るに我國の國民は感情のために激動し、沒常識の擧止あること稀ならず。

去る議會に於て、而も一國の國務大臣たる寺内陸相が藏原氏を藏原《ぞうはら》と呼び、藏原氏が忿怒陸相を追窮せる等、何れも場所柄を顧みざる沒常識の擧動なりしと謂はざるべからず。又我國の學生が動《やや》もすれば粗暴の動作を以て東洋の豪傑を氣取るなど沒常識なり。

又、先頃東京市電車買収問題に關し、市民日比谷公園に於て反對演説會を開くや、政府は數千の巡査及び軍人を派遣して、これを警衛せしめたることあり。市民が公共問題につき、屋内亦は屋外に於て、演説會を開き輿論を喚起するは、立憲國の市民として將になすべきの義務、なさゞるべからざることなり。人若し國家及び社會を思はゞ、重大なる問題起こる毎に國民に促がし之を注目研究せしめざるべからず。而して其議論が政府の政策に反すると否とを問はず、我國民の政治思想の斯く進歩せるを見れば大に喜ばざるべからず。然るに政府は巡査軍人を派して、之を守衛せりと、これ、立憲國の政府として沒常識も亦甚しきと謂ふべし。概して我國の官吏は、繁文縟禮《はんぶんじよくれい》を好み規則にのみ拘泥し、人民の便利を思ひ、人民に同情し、常識に由りて事を處決すること甚だ稀なり。獨り官吏のみならず我國民は常識の發達せざる國民なり。

立憲代議政體なるものは、上下を通じ國民多數の意思に由りて決せらるゝものにして、常識をもととする平凡なる政治なり。而して代議政治は平凡なれども、隱健なり。世界各國の歴史に徴して最も危險なる、最も弊害多き政治の行はれたるは、自ら智者なり賢者なりと信じ、權勢を弄するを好む、專制的政治家亦は爲政家の誤想謬見に由りて定められし政治なり。彼等は其政策不當なるも、權勢に溺れ容易に其過失を悟らず、国民は其政策を訴ふるも容易に耳を傾けらるゝことなく、容易に改正の望みなく、遂に千古拭ふべからざる害毒を史面に留むるに至るべし。されど代議政體に於ては、斯る弊害あることなし。何となれば代議政體の下に於ては、過てる政策、國民に適さざる政治を改むるは甚だ容易なればなり。

代議政治は常識政治なり、國民の望む所、國民の欲する所、國民の好む所に由りて行はるべきもの、國民の了解する範圍、國民の進み能ふ範圍を超へて進む能はず。平凡の如くなれども、平凡の中に調和あり、活氣あり、爭鬪の間に平和あり、協同あり、常識に由るがゆゑに、隱健なるも因循姑息ならず。而して代議政治は國民一般の常識を越へて進む能はず、一見甚だ平凡にして進歩的ならざるが如きも、賢者の指導的專制政治よりは、寧ろ進歩的なり。之が國民一般に要求する、研究、調査、審議、討論、批評は著しく世の進歩發達を促すべし。されど、常識に富まざる國民は代議政體の妙味を知る能はざるべし。

［完］

II

日本民權發達史

政教社刊　大正五年十一月

序

凡そ一個人の生活狀態を支配するものは、其人の生活する所の社會制度である。勿論、社會なるものは初め人間によりて造らるゝもの、社會が人間を造るのではない。けれども、一度、一定の社會制度なるものが造らるれば、一個人が之れを支配し得るよりは、寧ろ之れに支配さるゝことが多い。而して、社會制度なるものは、主として其國家の政治組織によりて定まるものである。されば、國家と云ふ一團體中に生存する人間の生活は、主として其政體或は政治組織によりて支配さるゝものであると云ふも強《あなが》ち過言ではない。凡そ國家に於いて政治組織の重要なるは、單にそれが權力の中心たる爲めのみではない。蓋し、之れに依り各人の生活狀態が自ら定まる爲めである。故に、古來賢哲は、如何なる政體或は政治組織が或國家に最も適應する比較的最善、最美のものなるか（*τίς πολιτεία τίσι χαὶ ποία ποίοις συμφέρει*）を研究考察しつゝあるのである。曾つて、希臘の哲人プラトーは才能によりて區劃する嚴密なる階級制度を基とする貴族政治を、最善、最美の政治組織と思惟し、アリストートルは、賢者に依る貴族政治を理想としたのである。又、君主獨裁或は專制政治に反對して、民の聲は卽ち神の聲なり（vox populi vox dei）と絶叫し、群衆政治を謳歌したるシセロ、若くは國家は卽ち朕、朕は卽ち國家なり（L'Etat C'est moi）と主張せしルイ十四世の如き人もある。蓋し、是等の思想或は主張は、凡て皆主に境遇によりて生ぜしものである。人は凡て、其獨特の權力或は地位を固守せんと欲するもの、成るべく自己の自由の範圍、卽ち活動の範圍を擴張せんと欲するものである。されば、獨特の地位或は權力を有する人、卽ち特權階級に屬する人は、永久其特權を持續し、且つ之れを存續せしむる政治組織或は社會制度の存在を希望し、又特權階級の存在により其活動範圍を制限せらるゝ人は、自然特權階級の撤廢を欲求するものである。而して、現今に於いても寡頭政治、貴族政治、賢人政治、或は特權階級政治を賞揚するものと、多數政治、群衆政治、或は民主政治を希望するものゝ存在するは、蓋し之れが爲めである。

若し、國家なるものが一個人、或は少數の特權階級者によりて成立するものにあらず、又其政治が彼等の爲めにのみ行はるべきものにあらずして、それを構成する凡てのものにより、凡ての爲めに行はるべきものとすれば、少くとも國民多數の意思が、政治上に實現せらるべき政體或は政治組織を作らねばならぬ。而して、各人が政治上及び社會上、平等の機會を得らるべき政治組織及び社會制度が最善、最美のものと云はねばならぬ。若し、國家が、之れを組織する國民《ピープル》（君主國に於ては君主を含む）全體のものとすれば、國家を愛する人は何人も、斯かる政體組織に付き異議あるべき筈はない。されど、人は一度其實力或は境遇によりて獲得したる特殊の地位、或は權力を抛擲することを欲せざるのみならず、自己に最も接近するものに之れを繼承せしめ、永久持續せんと欲するものである。這は所謂人情、卽ち人間の本能である。個人に就いても、將又、國民に徵しても、此の事實は明瞭である。現今、世界に於いて獨特の地位と權勢とを有しつゝあるアングロサクソン人は、彼等のみが獨特の政治的才能を有するものと思惟し、將來、永久彼等が世界に於ける優勝權を繼承すべきものと主張して居る。而して、他の國民は啻に之れを喜ばざるのみならず、之れを一種の壓迫と考へて居る。特にアングロサクソンに緣故の遠き我國民は、決して之れを快しとして居らぬ。而して、之れを不條理なる臆斷なりと主張しつゝある我國民の或者にして、而かも、其國内に於ては自己が已に特權階級に屬するが故に、自己の特權階級を永久に持續せんとするが爲めに寡頭政治或は貴族政治の存續を希望し、更らに自己の行動の不條理なることを怪しまぬのである。蓋し、這は人間の人間たる所以であらう。何處に於いても特權階級者は、其地位を保存せんとするが爲めに、之れを持續するに有力なる政治組織或は社會制度の變革を希望せざるものである。彼等と雖も自己の改善改良、卽ち向上を欲せざるものではない。彼等は、只其特殊の地位を存續せんとするが爲めに、其地位を不安ならしむべき制度の採用を好まざるのである。而して、斯の如き人は凡て保守に偏し、一般國民の進歩を阻止する傾向を有して居る。何處に於いても、世の進歩發達を遲滯せしむるものは、特權階級者にして、進歩發達を促進せしむるものは、其壓迫を脫し、自己の自由の範圍、卽ち活動の範圍を擴張せんとするものゝ努力に因由するのである。蓋し、政治上に於ける民權の發達なるものは、凡て其國家或は社會に於ける特權階級を打破し、各人に機會の均等を求めんとするものゝ努力の結果に外ならぬ。我國の民權の發達も亦其努力の產物である。

されど、我國に於ける幾多の歷史家又は憲法學者は、我立憲政體の建設、卽ち民權發達の基礎は、國民によりて求められたるものにあらず、與へられたるものなりと主張して居る。而して、我國民中にも斯く臆斷して居るものが少くない。這は畢竟、忠實に史實を究めざると、人間其ものゝ本質を深刻に理解せざるに基く謬想である。之れを史實に徵すれば、我國に於ける立憲政體の建設は、決して與へられたるものに非ず、國民或は國民の一部が之れを獲得せしものなることは明かである。

抑《そもそも》ゝ、我國の立憲政體又は民權思想の起源は、我國民が歐米諸國の壓迫を解脫し、彼等と平等なる地位を得て、其獨立を保全せんとせし國民の欲求に基くものである。我國の立憲政體は、一個人或は少數者によりて建設せられたるものではない。我國民は外部より歐米諸國の壓迫に遇ひ、畢生の力を致し、彼等と對等の地位に進み、其獨立を保全し、其活動の範圍を擴張せんと努力し、之れに因って自然に國內に民權思想を胚胎せしめ、立憲政體の基礎を建設するに至らしめたのである。而して、其建設を促進せしめたるものは、國內に於いて特權階級を破り、四民平等の制度を築かんとせし、民權運動者の努力である。若し、明治の初年より明治二十三年、即ち國會開設の期に至るまでの史實を嚴正に調査せば、何人と雖も、我國の立憲政體が與へられたるものにあらずして、國民自らの獲得したるものなることを明確に了解するであらう。我國の立憲政體が國民の努力に由らずして生じたるものなりと臆斷するは、嚴密に史實を探究考察せざるに由るものである。我國に於いても、立憲政體建設の爲めに、幾多の志士論客、即ち憂國の士は、產を破り、身を滅し、家を失ひ、妻子眷族を路頭に迷はしめ、或は獄舍に呻吟し、或は鮮血を流して居るのである。而して、特權階級者が常に政體、制度の變革を喜ばざりし事實も、亦史實に依りて明確である。且つ、議會開設後と雖も特權階級者は、常に其獨特の地位と權勢とを持續せんとし、又多數の國民は、其自由の範圍を擴張せんとし、之れが爲めに兩者の軋轢の絕へしことはない。斯くて憲政を發達せしめたるものは、特權階級を打破し、自己の自由と權利とを進展せしめんとする多數國民の努力の結果である。

固より我國の憲政は、未だ健全なる發達を爲しつゝありと云ふことは出來ぬ。乍併《しかしながら》、史實に徵し、過去二十七箇年に於いて、我國の憲政が著しく發達し、一般國民の自由と權利の範圍が著しく擴大せられたることは爭ふべからざる事實である。然るに動《やや》もすれば、我憲政の前途を悲觀し、寡頭政治或は賢人政治を主張するものがある。されど、我憲政の前途は決して悲觀すべきものでない。一度、多數國民の獲得したる自由及び權利は、決して放棄せしめ得らるべきものではない。而已《のみ》ならず、人智の發達に伴ひ、人は必ず其活動の範圍を擴張せんと一層努力するものである。人智の退步を前提とするに非ざれば、憲政の前途を悲觀することは出來ぬ。我憲政の進步尙ほ遲々たりと雖も、年と共に著しく發達しつゝあることは爭ふべからざる事實である。想ふに、我憲政の發達未だ尙ほ不健全なるは、主として、我國民が、我國に於ける立憲政體建設の起源及び其沿革を明確に了解せざるのみならず、立憲政體に關し徹底的の觀念を有せざるに由るのである。著者茲《ここ》に見る處あり、聊《いささ》か憲政の發達に貢獻する處あらんとし、敢へて本書をものせしのである。

固より本書は、我立憲政體建設の起源及び其發達を嚴密正確に語るに足るべき完全なるものではない。著者自身も本書の不完全なることを意識して居る。乍併《しかしながら》、我憲政の由來と其發達の徑路とを明瞭にせる著書の未だ世に公にせられたるものあらざるを遺憾とし、未だ其完成を期せずして、敢へて本書を公にするに至ったのである。されば、若し何人と雖も、本書の缺點を忌憚なく指摘し、我憲政の由來及び其發達を一層正確に國民一般に會得せしむるものあれば、獨り其人自身の喜びよりは、更らに一層本書の著者を喜ばしむるものである。著者の唯一の希望は、我國の憲政を健全に發達せしめ、國民の自由及び權利の範圍を一層擴大し、彼等をして平等の機會を取得せしめ、各自の才能を最も完全に發揮せしめ得べき制度を建設せしめんとするに在るのである。世の識者、著者の微意を察し、我大和民族の利福を增進する爲めに、共に此理想の實現に努力せられなば、著者の感謝に堪へざる處である。

終りに臨み、著者は本書の材料集收に關し、弓家七郎君が著者に多大の援助を與へられたることを錄して、聊か感謝の意を表したいと思ふ。

大正五年十一月上浣

著　者　誌

目　次

II　日本民權發達史

第十三章　藩閥政府の再興

第十四章　伊藤博文の政黨組織と其失敗

第十五章　妥協政治の時代

第十六章　桂、西内閣時代

第十七章　桂、西妥協政治の破綻

附録

寺内内閣成立の理由

山縣公と立憲政治

英王の神聖不可侵

第八章　憲法の制定

一　憲法制定者

明治維新の新政府組織者中の最有力者は、新進氣鋭の少壯者であった。而かも、彼等の多數は、極めて下級なる武士階級に屬せしもの、寧ろ最初は特權階級に反對したる者であつた。乍併《しかしながら》、彼等が久しく政權を握り、自ら特權階級者となりたる場合、進んで其特權を拋棄する計畫を立てたかどうかは疑問である。而已《のみ》ならず、明治初年の五箇條の誓文が、立憲政體の建設を豫期して宣明せられたるものであると云ふことは、史實に依って證明せられぬのである。前にも述べたる如く、我國に於ける民選議院設立の運動は、明治六年の征韓論に對する參議の分裂により、初めて發芽するに至ったものである。若し、明治七年、板垣、副島及び江藤等により、民選議院設立の運動が開始せられなかったならば、明治二十二年に憲法の發布を見るが如きことはなかったらう。蓋し、我國も世界の大勢に支配され、其潮流と共に進歩するものとすれば、早晩、立憲政體の建設を見るに至ったであらう。けれども、板垣、江藤、副島等の民選議院設立の建白書と、其後の自由民權主義者の激烈なる運動とがなかったとすれば、國會開設は甚しく延期されたであらう。勿論、明治維新の新政府建設以來、明治十一年に至るまで、常に、政府部內の中心勢力にして、國會開設の反對者と目されて居った大久保利通ですら、全然立憲政體の建設に反對して居らなかったことは、當時の史實が證明して居る。明治七年、地方長官會議の建設されたるは、主として彼の意思及び計畫に出でたるものである。而して、伊藤は其述懐に於いて、大久保が立憲政體の建設に絶對的に反對しなかったことを語って居る。當時、大久保が國會開設に反對するの思想を有して居るものと、一般から誤解されたるは、彼が急激なる民權運動者に對して、頗る嚴格なる態度を示したからである。けれども、大久保等の意思に委ねて置いたものとすれば、立憲政體の建設は甚しく延期されたに相違なからう。明治七年の地方長官會議の建設は、主として大久保の成案に依るものだけれども、これとても決して自動的に生じたものではない。民選議院設立の建白書が提出された爲めに止むを得ず、彼は地方長官會議を建設する計畫を樹つるに至った。此一事に徴しても、民選議院建設は、民權運動者の熱烈なる運動に因りて促進されたと云ふ事は疑ひない。一體、地方官會議なるものは、全く各府縣の權令のみによりて組織せられたるもの、純然たる諮問機關に過ぎなかった。而して、其組織から云へば、明治初年の公議所と大差なかったのである。故に、之れを以て代議政體の基礎が築かれたるものと云ふ事は出來ぬ。

地方長官會議の建設に次ぎ、元老院及び大審院が創設された。此兩者の建設は行政と、立法と司法とを區劃せんとする計畫に出でたるもの、謂はゞ、立憲政體建設の準備であった。乍併、是等も矢張り自由民權運動者の主張に基ひて作られたるものである。大阪會議の結果、板垣の參議としての入閣の條件として、政府は此兩者の建設を約したのである。而して、是等も代議政體の性質を帶びたるものとは云はれぬ。而已ならず、元老院は立法機關として建設せられたけれども、事實上、其效果を顯はすことが出來なかつたのである。

我國に於いて、代議政體の性質を帶ぶる機關の初めて建設せられたるは、明治十一年にして、這は府、縣會の創設である。府、縣會は一定の人民によりて選擧されたる代表者によりて組織されたるもの、代議政體的の一機關と云ひ得られる。而して、此府、縣會によりて初めて、我國に於ける立憲政體の基礎が作られしものと云ふべく、府、縣會建設後十二年を經過し、國會の開設を見るに至ったのである。

前にも述べたる如く、實際憲法の制定に取り掛りしは、明治十五年三月である。明治十四年に於ける北海道開拓使官有物拂下事件の紛擾に基き、政府は其部内に内訌を生じ、且つ猛烈なる外部の批難攻撃に接して甚しく困憊し、局面展開の一策として、明治二十三年國會開設の詔勅を奏請するに至ったのである。其結果、十五年三月、伊藤は歐米諸國の代議制度調査の爲に、歐米に派遣さるゝことになった。之れが憲法制定に關する着手の初めである。當時、伊藤に隨行したる者は、山崎直胤、伊東巳代治、河島醇、平田東助、吉田正春、三好退藏、西園寺公望、岩倉具定、廣橋賢光等であった。故に、彼等も、直接又は間接に、憲法制定に關係したものと云はねばならぬ。

斯くて、伊藤博文は約一年四五箇月を費やし、憲法調査の任を終へて明治十六年歸朝した。歸朝後、彼の制定したる華族令及び内閣制度は、憲法制度調査の副産物であった。勿論、此等の制度も、立憲政體建設の基礎となるべきものとして創設されたるに違ひない。而して、憲法の立案に着手したるは、明治十七年である。此年、制度取調局なるものが設置され、秩序正しく憲法の立稿に着手された。而して、制度取調局は宮内省部内に設置されたのである。一體、憲法の立案が法典の編成であるとすれば、制度取調局は元老院に附隨せらるべきか、又は司法省部内に設置さるべき筋のものであったと思ふ。當時、元老院は唯一の立法機關であった。又、當時編成せられつゝありし處の民法や、刑法は、凡て司法省に於いて立案されて居ったのである。故に、憲法の編成も此等の内で爲さるべきものであったやうに思はれる。然るに、制度取調局が宮内省部内に設置せられたるは、外部の批評を避くるが爲であったではなからうか。實際、憲法制定に直接關係したる金子堅太郎は、憲法草案の編成につき、人民の干渉や、輿論の闖入を避くる爲に、出來得る限りの注意をなしたと語って居る。當時、國民は、熱心に憲法の編成に關する事情を知らんと欲し、又、自由民權運動者は、獨逸に於けるビスマークの感化の下に憲法制度を調査したる伊藤の政治思想につき、疑惑を有して居ったのである。故に、政府は制度取調局を宮内省内に設置し、宮内大臣徳大寺實則をして、間接に其事務を監督せしむることにしたのである。而して、憲法の編成に直接從事したるものは、井上毅、金子堅太郎、伊東巳代治等であった。勿論、伊藤博文は凡てを指揮統轄したのである。井上毅は、曾つて自由及び改進黨に反對し、九州に於いて組織されたる紫溟會の一首領であった。彼は漢學者にして且つ日本の古文學にも精通せしもの。彼は主として憲法の起草に從事したと云ふことである。又、金子は泰西の教育を受け、其文物に通曉して居った人である。而して、彼は主として議院法の編成に努めたと云ふことである。又、伊東巳代治は官僚の典型と認められて居った人。此等の人により、我國の憲法の草案は編成された。而して、其事務は主に相州夏島の伊藤の別墅に於いて遂行せられたのである。

斯の如く、我國の憲法の草案は、自由民權の思想に對する反動の空氣の中に、最も祕密に、世論を離れ、輿論の接觸を避けて編成されたのである。而して、憲法の草案成るや、之れが樞密院の審議に附せられた。當時、伊藤は樞密院議長であった。而して、樞密院に於ける憲法の審議に列席したるものは皇族、各大臣、樞密顧問官等にして、其主なるものは、三條實美、勝安房、大木喬任、東久世通禧、鳥尾小彌太、副島種臣、川村純義、佐々木高行、寺島宗則、榎本武揚、品川彌二郎、野村靖、佐野常民、福岡孝悌等であつた。而して、明治天皇は憲法草案の審議中、數〻御臨席ましましたと云ふことである。

伊藤博文は、樞密院に於ける憲法草案の討議につき、其『憲法制定の由來』に於いて左の如く云ふて居る。

「樞密院の討議に於いては、陛下親しく之を統理し給ひしかば、陛下は院内に起れる種々の意見を聴き、之に叡慮を煩はし給ふの機會を得させ給へり。随って、當時院内に唱道せらるゝ保守自由の諸説に接して、適宜の商量を加へ給ふの機會を得させ給へり。而して、當時、院の内外に於いて極端なる保守主義の暗流存せしにも拘はらず、陛下の聖斷は殆んど常に自由進歩の思想に傾き給ひしを以て、我國民は遂に現在の憲法を仰ぐを得るに至れり」と。

實際、我國の憲法は我國の傳説的政治思想と其原理との立場及び之れが編成せられ、且つ制定せられたる周圍の事情から見れば、非常に進歩したる政治思想の體現と認められ得る。乍併《しかしながら》、此憲法は自由民權の思想に對する反動的思想の勢力の下に、國民の批評を避け、輿論に觸れず、貴族階級の會議によりて編成され、且つ採用されたるものであると云ふことは疑ひない。故に、此憲法は我傳來の政治思想と泰西の代議政治の思想との混同とに依りて成る所の大典である。

憲法に附帯する處の皇室典範、議院法、衆議院議員選擧法、貴族院令、會計法等も憲法と同時に制定せられた。就中《なかんずく》、議院法及び衆議院議員選擧法は、立憲政體の組織に關し、最も重要なる法規である。此等が憲法の規定以外に置かれ、普通の法律制定の手續に依りて改正せらるゝものとして定められたることは、偶然、獨逸の憲法制度を模倣せることに依りて起りたるものならんも、幸ひにして、我國の立憲政體は、之れにより大いに發達の活路が開かれて居る。

二　憲法發布

樞密院の審議に依り、憲法及び其附帶法令が悉く制定せられ、明治二十二年二月十一日紀元節の日、文武百官を新宮城正殿に集め、此處に於いて最も莊嚴なる憲法發布式が擧行されたのである。而して、明治天皇は次ぎの如き詔勅を降し賜ふた。

朕、國家ノ隆昌ト臣民ノ慶福トヲ以テ中心ノ欣榮トシ、朕ガ祖宗ニ承クルノ大權ニ依リ現在及將來ノ臣民ニ對シ此ノ不磨ノ大典ヲ宣布ス。
惟フニ我カ祖我カ宗ハ我カ臣民祖先ノ協力輔翼ニ倚リ、我カ帝國ヲ肇造シ、以テ無窮ニ垂レタリ。此レ我カ神聖ナル祖宗ノ威德ト、並ニ臣民ノ忠實勇武ニシテ、國ヲ愛シ、公ニ殉ヒ、以テ此ノ光輝アル國史ノ成跡ヲ貽シタルナリ。
朕、我カ臣民ハ卽チ祖宗ノ忠良ナル臣民ノ子孫ナルヲ回想シ、其ノ朕カ意ヲ奉體シ、朕カ事ヲ奬順シ、相與ニ和衷協同シ、益〻我カ帝國ノ光榮ヲ中外ニ宣揚シ、祖宗ノ遺業ヲ永久ニ鞏固ナラシムルノ希望ヲ同クシ、此ノ負擔ヲ分ツニ堪フルコトヲ疑ハサルナリ。

云ふまでもなく、國民は非常なる歡呼を以て憲法發布を迎へた。國內到る處、盛大なる祝賀會は開催せられ、老若男女の別なく、欣喜雀躍、歡呼の聲沸くが如くであった。殊に、東京に於ては滿都到る處、綠門《アーチ》を築き、國旗を揭げ、壯麗華美なる裝飾を爲し、花火は揚げられ、八百八町は一夜にして樂園と化せし如き観を呈した。固より、一般の國民は憲法の何物たるかを理解せず、譯もなく、只喜んで此祝日を迎へた。而して、自由民權運動者は、幾多の志士が鮮血を流し、產を破り、獄窓の苦を嘗め、漸く憲法發布を見るに至ったのであるから、其內容を究めもせず、其結果を考へもせずして、只其發布を歡喜したのである。勿論、彼等は簡單に之れに依り、直ちに民權が伸長せられ、自由が與へられ、藩閥政府の壓迫が止み、租稅の負擔が輕減されるものであると思惟したのである。

憲法發布と同時に、政府は西鄉隆盛の賊名を除いて彼を正三位に叙し、又大赦令を發して幾多の國事犯罪者を放免した。

此日、文部大臣森有禮は、參朝の爲め大禮服を着し將に玄關より立ち出でんとしたる際、山口縣士族西野文太郞なるものゝ訪問に遇ひ、自ら之れを應接間に導きたる刹那、西野の爲めに、銳利なる短刀により て其胸を刺され、無慙なる橫死を遂げた。而して、西野も又森有禮の祕書官に刺され、其場に斃れた。西野は熱心なる神道家。彼は、前年森有禮が伊勢の大廟に詣でし時、土足にて其殿上に昇り、携へし處の洋杖を以て、御簾を突き上げたることありと云ふ風說を聞き、深く其不敬と妄狀とを惡み、此の如き不敬漢をして、此千古未曾有の光榮ある憲法發布の大典に列せしむべからずとなし、遂に此擧に出でたと云ふことである。

三　憲法發布後に於ける政府の方針

已に憲法は發布せられ、諸政自ら變化すべきである。之れが爲め、政府は憲法發布後に於ける政府の方針を定め、翌十二日、總理大臣黑田淸隆は鹿鳴館に於いて各地方長官を招待し、其席上、憲法發布後に於ける政府の施政方針を宣明した。

憲法は敢へて人民の一辭を容るゝ所に非ざるは勿論なり。只施政上の意見は人々其所說を異にし、其合同する者相投じて團結を爲し、所謂政黨なるもの社會に存在するは亦情勢の免かれざる所なり。然れども、政府は常に一定の方向を取り、超然として政黨以外に立ち、至公至正の道に居らざるべからず。各員宜しく此意を此に留め、不偏不黨の心を以て人民に臨み、撫馭宜しきを得、以て國家隆盛の治を助けんことを勉むべきなり云々。

黑田内閣總理大臣の地方長官に與へたる此訓旨に依るも、當時に於ける政府當局者の立憲政治に對する觀念を理解することが出來る。彼等は政黨の存立は止むを得ざるものと認めて居った。けれども、政府は全く政黨の勢力を離れ、議會の上に超然として立ち、政治を行ひ得るものと考へた居った。否、彼等は、政府は政黨及び議會以外に立たざるべからざるものと思ふて居ったのである。勿論、彼等は國家の政權を、永久彼等の掌中に掌握することを希望して居ったのである。故に、彼等が立憲制度を以て、自治制度と考へて居らなかったことは明かである。此觀念によりて我國の憲法は制定せられ、且つ實施せられんと企てられたのである。而して、彼等の希望して居ったものは超然内閣である。

斯かる觀念を以て、我國の立憲政體が建設せられたる事は、憲法制定の主宰者たりし伊藤博文の言明に依るも明かである。當時、樞密院議長たりし伊藤も、亦同月十五日、各府、縣會議長及び府、縣會議員百餘名を其官邸に招き、次ぎの如く語った。

我國は建國以來、皇統連綿たる萬國無比の國體なれば、一國統治權の天皇陛下にあるは固より論を待たず。是れ憲法の開卷第一章の劈頭に「大日本帝國ハ萬世一系ノ天皇之ヲ統治ス」と擧示せられたる所以《ゆえん》なり。次に臣民に就いて憲法第二章に其權利義務を明かにし、法律内に於ては十分に其權利義務を伸張するを得せしむ。天皇統治權の一部と人民參政權と相合同する所、即ち所謂《いわゆる》帝國議會なり。此帝國議會の組織權限等は、憲法の明文を以て之れを規定したれども、今主なる權限の一二を擧ぐれば、法律制定權と財政權とを含有するものなり。此二權に就いては十分國會に權力を與へしものなること、憲法の明文に協贊云々と云ふによりて明かならむ。

天皇陛下が統治權を實施せらるゝに就きては、陛下自ら其施行の責に當らせらるべきにあらず。内閣ありて陛下を輔佐し奉り、統治權の施行に就き、一切其責に任ずるものとす。又陛下が憲法を發布せられしは、結局上下和融共に力を戮《あわ》せて國威を揚げむとの御趣意に外ならず。諸君は一地方の議會に長たる人々なれば、能く此聖旨を奉體し帝國の隆盛を圖らむ事を希望す。政黨の事に就いては、人民已に政治思想を有するに至り、政黨の起るは止むを得ざることにて、已に政黨あれば又國會にて其爭のあるは勢の然らしむる所なり。然れども、政府内に政黨を引き入るゝ事は、甚だ宜しからぬ事にして、政府は須らく政黨以外に獨立せざるべからず。陛下自ら統治權を以て天下に君臨し給ふに於いては、固より一視同仁彼に厚く此に薄きが如き事あるべきにあらず。

然らば、陛下を輔佐し、陛下の統治權について一切其責に任ずる大臣にして、若し、政黨に關係するものとせんか、勢ひ彼に厚く此に薄きが如き事なしと云ふべからず。夫の英國の如く政黨内閣の害なき所以のものは、是れ其國民の慣習の然らしむる所にして、他國の決して摸倣すべきにあらず。斯く云へば、人或は目して薩長の勢力を維持する籠絡手段なりと爲すべけれども、既往二十年間の實跡に就いて之れを觀れば、決して其然らざるを證するに足るべし。今一例を擧ぐれば、政府從來教育を盛んにし、民智を進むるに汲々たり。若し或ものゝ如く薩長の勢力を維持せんと欲せば、人民を暗愚にするに若《し》くはなし、何ぞ人智を進めて己れに不利なることをせむや。是れ我々が藩閥政府を維持するの本旨なきを證するに足るべし。不肖博文、明治六年初めて内閣に列せしより今日に至るまで、其志す所は木戸、大久保、岩倉等先輩の遺志を繼ぎ、力の及ぶだけ我帝國の隆盛を謀らんとするに外ならず。

先きの黑田の言明と、伊藤の此主張とは、根本觀念に於いて同一である。伊藤は黑田と均しく、政府をして政黨以外に獨立せしむる必要あることを力說して居る。而已《のみ》ならず、彼は憲法制定の主宰者たりしが爲めに、英國の如き政黨內閣の組織を見ることは、我國民の慣習上不可能のことなりと主張し、暗に獨逸の憲法を摸倣したることが、正當であると云ふことを辯明して居る。而して、兩者何れも、立憲政體を建設しながら、政黨を無視し、議會を度外視して政治を行ひ得るものと考へて居ったのである。斯くて、我國の立憲政治は、此思想及び此觀念により實施の緒に着いたのである。

（次節以下略）

III　雑誌掲載論文選

憲法上の謬想——上杉・美濃部・市村博士の論争批評

『東洋時論』大正元年八月号

一

余は六月及七月發刊の『太陽』誌上に於て、美濃部、上杉、市村三博士の憲法に關する議論を非常の興味を以て讀んだ。で、假令《たとえ》形式的なりとも國民を代表し國政を審議する代議士を選擧する投票を熾《さか》んに賣買して、皇室及國家の前途、國政の如何をも深く顧慮せざるもの多き今日、此等の間に介在して眞摯に國政機關の基礎なる憲法を討議研究せんとする者は、皇室、國家、國政、國民を想ふの切なるもの、三博士の忠君愛國の念慮に於て、聊《いささ》か輕重あらうとは思はれない。併し、最も公平なる眼孔を以て批判すれば、其眞意眞情は兎まれ角まれ、上杉博士の口吻は、多少學者の態度は勿論、紳士の態度をも失して居ると言はねばならぬ。且つ誣妄の言を弄し美濃部博士を中傷せんとする形跡ある様に考へられる事實もある。而して博士自身と均しく憲法の明文を解釋せざるものは、皇室及國家に忠勤なる學者でないかのやうに論じて居る點は、眞に皇室及國家を想ふ赤心の發情よりは、寧ろ私心私情の迸出したものではないかと疑はれる。我國最高學府たる帝國大學に教鞭を採られて居る學者の言行としてはあり得べからざることと思ふ。が、余は、上杉博士が皇室及國民を念ふ心情の熱烈なるより知らず識らず斯る語氣を發するに至ったと推測し、大に酌量すべきものであると考へる。

二

そこで余をして最も公平に且つ忌憚なく言はしむれば、三博士の憲法に關する解釋は、何れも五十歩百歩であると思ふ。

凡そ成文憲法は三つの異なりたる解釋法に由りて解釋せられ得るものである。

第一、憲法を單に其明文字句の直接意義にのみ依りて解釋すること。

第二、憲法を其明文字句の意義より超越し其明文語義以外の點まで追窮して哲學的に解釋すること。

第三、憲法を專ら運用的方面より解釋すること。

余は三博士ともに明確に此三つの解釋法を理解して居らぬと思ふ。其結果、三博士の我帝國憲法の解釋は極めて不明瞭で意義が徹底して居らない。であるから往々誤解を招くのは當然だ。畢竟、美濃部、上杉兩博士の論爭は、第一、第二の解釋を混同して居るに起因するものである。上杉博士は單に憲法の明文字句の意義に依りて之を解釋せんとし、努めて事實を無視し、全く運用方面を度外視し、國家及主權に關する事實に根據を有する哲學的解釋をも拒絶しやうとして居る。加之、國家、主權、統治權等なる文字が代表して居る實體を正確に理解して居らぬやうだ。而して美濃部博士は憲法解釋の第一法と第二法との解釋の區別を明かに了解して居らぬやうに思はれる。縱《よ》し、實際之を了解して居るとしても其說明は不的確である。之が上杉博士の誤解を惹起した理由である。

三

我憲法第一條「大日本帝國ハ萬世一系ノ天皇之ヲ統治ス」と。此明文の意義に於て、我國の統治者は萬世一系の皇統を繼承し給ふ所の至尊であることは、何人と雖も一點の疑問を挾まぬのである。美濃部博士も決して之を否定して居らない。併し、之れは單に法文上の解釋卽ち第一法の解釋であって、運用方面又は哲學的解釋とは全く隔離して居るものである。然るに上杉博士は法文の解釋に由り、憲法第一條の明文を以て、天皇陛下は親しく我國の政權を左右し給ふものなること、又、我國の主權は唯り天皇陛下に屬することを意味するものとして居る。謬想空論も甚しいものと謂はねばならぬ。

我國建國以來、至尊が統治權を有し給ふて居ったことは事實である。これは萬古不易である。が、至尊が親しく政權を左右し給ひしことは極めて稀である。藤原、源、平、北條、足利、織田、豐臣、德川時代に於ても天皇陛下は親しく政權を左右し給はなかった。又、現今の事實に徵するも、我國の政權を左右して居るものは國務大臣であって、天皇陛下ではない。至尊は統治權を有し、萬機を統べ、民心を收攬し給ふも、實際政權を運用し給ふことはない。若し、至尊が親しく政權を左右し給ふものとすれば、國務大臣が處する所の行政、司法、立法に關する凡ての責任を至尊が御引受けなされなければならぬ。之より皇室を危險の地位に置くことはない。眞に皇室を泰山の安きに置かんと欲せば、政權の責任を陛下に歸さないやうに策を講ずることである。上杉博士は此眞理を理解して居らぬであらうか。

四

又、上杉博士は第一條の明文に由り我國の「主權は唯り天皇に屬す」と解釋して居るが、博士の主權とは何を意味して居るのだらうか。博士は主權と統治權とを異名同物と了解して居るのだらうか。博士が主權と云ふ文字と統治權と云ふ文字とを混同して使用して居る事實から推測すれば、博士は此兩者の區別を正確に識らない樣にも思はれる。

凡そ憲法を研究解釋せんとするものは此兩者をば最も嚴格に區別しなければならぬ。統治權即ち「ガヴァーニング・パワー」なるものは憲法の規定以内にあるもの、主權即ち「ソヴァレンテー」なるものは憲法の規定以外にあるものである。換言すれば、統治權なるものは、全く憲法の規定に由りて運用せらるべきもの、主權なるものは憲法を破ること、作ること、又は變更することが出來るのみならず、國體をも變へ得るものである。統治權なるものは一國の統治者が有するもので、主權は統治者及國民が有するものである。余が統治者及國民と云ふは君主政體の場合を意味するもの、共和政體の場合に於ては統治者及國民と云ふ必要がない。如何なる專制獨裁君主政體の場合に於ても、主權なるものは國民を離れて存在して居るものでない。なぜなれば、如何なる專制君主でも、國民が其存立を意識的又は無意識的に承認する間のみ只存在し得るもの、國民の綜合意思に反抗して如何なる君主なりとも存在することが出來ない事實に由つて明瞭である。如何なる進化の程度に於ても一國の國體を創成、改革、變更することを最後に決するものは國民の綜合意思である。此綜合意思を呼んで主權と稱するのだ。で、既に君主政體の存在する所の國に於ては、主權の發動は、君主の意思と國民の綜合意思とが投合的又は强制的に合致した場合に現はるゝものである。美濃部博士は主權の此現象を認識して我國を「君民同治」の國であると述べたに相違なからうと思ふ。

然るに美濃部博士が「國家が統治權の主體なりとするは論理上當然である」と論述して居る所から考へて見るなれば、博士も矢張り上杉博士の如く統治權と主權とを混同して居る。之に依って上杉博士の誤解を招いたのも無理ではない。

五

主權なるものは絶對の權、國家最高の權である。他よりの拘束もなく、制限もない。勿論之れは哲學的の解釋で、單純なる法文の解釋ではない。固《もと》より、主權なるものは法文上の解釋を付せられるべきものでないのである。夫故、何處の憲法にも統治權と云ふ文字は使用してあっても、決して主權なる文字は使用していない。憲法の明文なるものは制限の規定である。制限の規定に制限なきものが述べらるゝことは出來ぬのだ。然るに統治權なるものは拘束もあり、制限もあるものである。上杉博士は憲法第一條の明文、「大日本帝國ハ天皇之ヲ統治ス」とあるを以て、啻《ただ》に我國の主權が陛下に屬するものと解釋して居るのみならず、統治權なるものは至尊が自由に左右し給ふものなるが如く思惟して居る。爰《ここ》に至って謬見も甚しいと謂はねばならぬ。單に憲法明文の意義解釋のみに依るも、憲法制定に由り、陛下は獨裁的に統治權を左右し給ふことが出來ぬことは明瞭である。憲法第四條なる「天皇ハ（中略）統治權ヲ總攬シ此ノ憲法ノ條規ニ依リ之ヲ行フ」との規定に依り、陛下が有し給ふ統治權に於ても、之を運用するには憲法の明文に由り制限拘束する範圍を脱することが出來ぬことは瞭然たるものである。

我君主政體の最も世界に誇るべき特長美點は、世界無比なる萬世一系の皇統と、此皇統を繼承し給ふ至尊が萬古變ることなく恒に統治權を有し給ひしも、親しく政權を運用し給ふこと稀なりしと、至尊が始終民の心を以て其心となし給ふたことである。仁德天皇が民の煙尠きを睹て宸襟を惱ませ給ふたと云ふも、畢竟、民の心を以て己が心となし給ふたことではあるまいか。建國以來、我皇室の主義は民の心を以て其心となし給ふたことであると思ふ。畏れ多きことながら、恒に今上天皇陛下も民の心を以て陛下の御心となし給ふ樣に考へられる。これは將來に於てもそうであると信ずる。民の心卽ち君の御心。此意義に於て我國は君民同治の政體であると云ふに何の異存があらうか。

上杉博士は我國は「君民同治の政體」なりと云ふを以て、なぜ我國體に關する異說となすだらうか。若し我國の至尊は民の心を以て其心となし給はぬ、又、民の心を顧み給はぬ、唯獨り獨斷的政權を左右し給ふものなりと言ふものあらば、これぞ我國體に關する異說を述ぶるものでなからうか。

六

如何なる君主國に於ても、君主があって國民があるのではない。國民があって始めて君主があるのである。君主がなくても國家も國民も成立するが、國民がなくては君主も國家も存立し能ふものでない。若し、國民がなくて君主だけがあるものとすれば、其君主は主權を有して居るかも識れんが、其主權なるものは無意味のもので、其君主はロビンソー・クルーソーの如きものである。一國の基礎は、其君主政體なると共和政體なるとを問はず、國民である。我國に於ても古來より「民は國の基なり」と云って居る。上杉博士は此極めて簡單なる、且つ極めて明白なる眞理、事實を了解することが出來ぬであらうか。博士は自ら「學者の本分は其の心力の及ぶ所を盡して眞なるものを發見するに在り」と論述して居りながら、どうして此簡單明白なる事實卽ち眞を認識することが出來ないだらうか。國家の主權が唯獨り君主に屬するものなりと云ふは、國民の存在を無視して居るから起る議論である。甚だ畏れ多きことながら、余は、民を以て國の基とすることなく、民の存在を無視するは、決して我至尊の聖慮に叶ふものでないと確信して居るものである。

七

唯り憲法の明文に於ても、我國の主權は、至尊の聖慮と國民の綜合意思との合致に於て發動するものなることを規定して居るのだ。余は、前に主權なるものは、統治權の如く憲法以内にのみ運用せらるゝものでなく、已に存在する憲法をも變更し得る權能であることを述べた。憲法第七十三條に依り、現在の憲法の條項に將來改正を要する時は、勅命を以て議案を帝國議會に付し、兩議院に於て、各々其總數三分の二以上の多數の贊同を得れば、改正し得らるゝことになって居る。之は明かに我國の主權が、君民の兩者にあることを指定して居るものである。併し、上杉博士の如き學者は、「勅命を以て」と云ふ字句に依り、單に其字句の直接意義に基き、全く運用方面の解釋を沒却し、此場合に於ても憲法の改正議案は、絕對的至尊の聖意に起るものとなし、夫故、主權は獨り至尊に屬するものと主張するかも知れないが、如何にして勅命なるものが出現するかを、銳く洞察したら、斯樣な議論の出て來る筈はなからうと惟ふ。勅命なるものも、つまり民意に依りて出づるものである。現在我國が有する憲法制定の由來及其制定の狀態を嚴しく事實に由りて竅究すれば、此憲法すら其起源が全く民意にありしことは明かで、一點の疑問を挾む餘地がなからうと思ふ。これは、伊藤公が其『憲法制定の由來』に於て叙述してある事實に徴するも明瞭である。

八

上杉博士は「君主の御一身が國家である」而して國家は主權を有する者なれば、其主權は君主に屬するものであると云ふやうに主張して居る。穗積博士も同様の議論をして居るものである。之は空論だ。君主獨りでどうして國家なるものが成立つであらう。國家とは一定の國土に於ける凡ての人類が獨立して組織して居る政治團體を意味するものである。君主よりは寧ろ國民が國家組織の最大要素である。上杉博士は「學理の論爭は之を決定すべき裁判所がないから」と云ふて居らるゝが、裁判所より一層公平な一層冷靜な判決を與ふる「事實」、ファクトなるものがある。若し、上杉博士や穗積博士が此の理を知覺し、誠心誠意、私心なく、我皇室及國民を思ふなら、憲法の明文字句のみに拘泥する空論をやめて、憲法を運用的及哲學的に解釋するやうになるだらうと惟ふ。

又、市村、上杉、美濃部博士は、國家は人格であるとか、君主は機關であるとか、又さうでないとか、頻りに論爭して居る。而して之に就き歐米の學者の說を引證して辯論して居るが、歐米の學者の說を引證するよりは、此等兩者を鋭く分析して事實を研究したら斯樣な議論に時を費やすことはなからうと思ふ。學者の言よりも事實が最も慥かである。國家は其作用の方面に於ては人格と均しき性質を有して居るものだ。此性質を缺けば國家とは云はれない。君主も亦人間である。個人と同じ素質も有して居れば、機關的性質も有して居る。君主を機關なりと云ふは其作用的方面から云ふのである。全部と各部とを混同するから、國家人格説、君主機關説等に付き論爭が起るのである。

九

最後にもう一言、美濃部、上杉兩博士の論爭に付いて述べ、此文を結ぶこととしやう。上杉博士は、美濃部博士が哲學的に我憲法を解釋して「君民同治の政治」であると主張して居るに對し、酷く之を駁し、國體に關して異説をなすもの、我國を以て民主國となすもの、として攻撃して居る。又、美濃部博士は之に就き辯解に務めて居る。が、余をして公平に論評せしむれば、此議論の起因は兩者が民主國の定義に付き根本的に相違して居るからである。而して兩者とも此文字が代表する實體を忘れ文字上の議論をして居るのである。

上杉博士は「余は……假令君主ありとも統治權（博士は此場合統治權とは主權を意味するもの）は國民全體たる國家に屬すとなすを以て如何なる國をも皆民主共和の國なりと爲すものなり」と論述して居る。若し一國の主權が國家（國家とは君主を有する國なれば君主及國民を綜合す）に屬するを以て之を民主國なりと爲せば、天下、民主國ならざる國家はないのである。此定義に由れば我國を民主國なりと云ふたとて何の不都合があらうか。此定義に由れば、地球上全然君主國と呼ばれべきものがないのである。

上杉博士は、どんな必要があって民主國なる文字に斯樣な六ケ敷定義を與へるであらうか。君主の存立する國を君主國と呼び、君主なく、共和政體なる國を民主國と言ふ簡單なる區別で、何の不便不都合があるであらうか。余は、憲法及國體に關し、全く事實を無視する文字言句上に於ける議論は、夢想に耽り、空論を好む人の腦力を使用するに多少の利益になるだらうが、憲政の發達に資し、國民に裨益する處は聊かも無いものだと確信して居るものである。憲法學者にして、赤誠、皇室、國家、國民を想ふものは、宜しく單なる憲法の明文字句に關する抽象的議論を止め、事實に根據を置き、哲學的に運用方面より憲法を解釋し、健全なる憲政の發達を圖らなければならぬと思ふ。

[完]

山縣公と立憲政治

『國家及國家學』大正二年三月号に掲載の論説「増師問題に因る西園寺内閣の倒壊に就いて」中の一節

西園寺内閣破壊と其後繼内閣の人選につき著しく行惱み、頗る醜態を演じたるがため、今や山縣公の威信は、國技館の角力とすれば三役から貧乏神に失墜した程である。此際公から元帥、元勳、長閥を剝ぎ取ってしまったら、公は寺小屋の御師匠様位の格に終りはせぬだらうか。窮鳥懐に入る時は、獵師も之を殺さずとかや、公の悲境に沈むを見ながら公を評せんとするは甚だ酷であるやうに思はれる。けれども公は猶長閥を背後に控へ、元帥、元勳、樞密院議長と云ふ金箔のために光輝燦然たるものがある。今後とて此金箔の光りで何時世人を眩惑せしむるかも知れない。

明治の爲政者《ポリチシアン》中、公程永き政治的生命を有し、公程驚くべき潛勢力を扶植し得たるものは恐らく他にはなからうと惟ふ。伊藤公の存命中は、山縣公も其權勢威望に於て一歩を伊藤公に譲って居ったことは事實である。が、伊藤公去って以來、實際我國の天下は山縣公の天下となった。穗積一派の憲法學者は、主權は君主にあるものだと云ふて居る。又、事實を尊ぶ哲人的憲法學者なら、主權は國民にあるものだと云ふに違ひない。けれども、過去數年間に於ける我國の統治權は、事實上宛然山縣公の所有物であった。兩三年前のことなりき、或白人は与に向ひ、日本のキングは山縣公ですかと問ふたことがある。明治に於ける我國唯一の政治家伊藤公の全盛時代すら、過去數年間に於ける山縣公の地位とは比較出來なかったらうと思ふ。國内に於ける一大政黨の首領として國民を背後に有し、首相の地位を占めたる西園寺侯すらも、重大なる國務を處理する場合には、先づ椿山荘の御機嫌を伺候しなければならぬのであった。故に實際西園寺侯が其御機嫌を損じなかったら西園寺内閣の瓦解と云ふことはなかったであらう。若し、西園寺侯が陸軍問題につき、老公の意見を容れたとすれば、其當時、或は新聞雑誌の攻撃を受け、且つ、國民の負擔を增すことがあったかも知れぬが、辭職しなければならぬ破目に陷らなかったことは疑ひなからう。若し、此假定にして果して眞なりしとせば、西園寺侯、政友會、國民の政治上の權勢は、目白の老公のそれに及ばぬことを證明するのである。

縱令、名義のみとしても我國は立憲國である。不完全ながら議會なるものが既に存在して居るのである。此機關を利用して政黨及び國民が十分に政治的權勢を發展せしめ、元老、閥族、官僚を打破しやうとすれば、縱令それが困難であっても、決して不可能ではない。けれども、悲しい哉、多數の國民は勿論、其所謂政黨員に至るまで、立憲代議政體の如何なるものなるかを眞に理解して居らぬ。であるから、彼等の爲すことは徹底的でない。一時、猛烈なる元老、閥族、官僚打破を唱へても、忽ち豹變する。一體、政黨なるものが其勢力を伸張しやうとするなら、全く國民に賴らなければならぬのだ。然るに我國の政黨員は國民に遊説し、國民を教育して牢乎拔くべからざる地盤を彼等の中に造らうとするよりは、寧ろ官吏と結託、妥協、情意投合して其勢力を伸張しやうとして居るではないか。又、國民は進んで政黨員を輔佐應援して、自己の權勢を伸張せんとするよりは、却って選擧に臨み、可成《なるべく》多額の酒肴料を掠奪せんと試みて居るではないか。であるから、國家及び國民をも顧みず、政界に於て自己の勢力を發展せしめようと望むなら、誰にしても國民間に根據を求めんとするよりは、官界或は閥族間に地盤を据ゑる方が得策である。目白椿山莊に於ける山縣老公の偉大なる勢力の祕密は、實に此點に存するのである。

老公は、人物、人格に於ても、實力に於ても、學殖に於ても、識見に於ても、將又政治思想に於ても、到底故伊藤公に比較さるべきものではない。然るに公の權勢は遙かに伊藤の夫れを凌駕するに至った。伊藤公は該博なる學識があっただけ、國家及び國民を忘れることが出來なかったのである。又伊藤公は憲法制定者として、常に其發達を望み、國民の政治的地位勢力の發展を心掛け、公の如く專ら閥族及び官僚に依って、自己の勢力の扶植のみに努力しなかった。今にして之れを思へば、伊藤公の立憲政治に關する思想も甚だ幼稚であったのみならず、其行動には頗る矛盾が多く、皇室の尊嚴を說き、憲政の發達を唱へながら、一朝難局に會するや、猥りに詔勅、或は敕語を奏請し、自ら皇室の尊嚴を傷ひ、憲政の發達を著しく阻礙したこともある。けれども、伊藤公は如何なる場合に於ても、山縣公の如く國民を無視し、全く彼等を犧牲にしても尙ほ且つ、自己の地位、自己の勢力を固守しやうとはしなかった。時としては議會の操縱上、間接に黃白の力を借りたこともあったが、松方侯や山縣公の如き陋劣なる陰謀奸策を用ゐて、議員を籠絡、操縱屈服した形跡はない。伊藤公は又、政黨の力の侮る可らざるを睹るや、官僚、閥族を棄てゝ、自ら政黨の人となり、各地を遊說し、國民の政治思想啓發に努力したのである。而して、其抱負、意思、勇氣、奮闘努力は實に賞讚すべきものであった。が、公は矢張り官僚内に生れ、閥族内に育てられた人であったから、政黨内に入っても尙ほ專制獨裁の氣分を有して居ったのである。其結果公は政黨の首領として失敗した。乍併《しかしながら》、之れに依るも、如何に公が國民を政治の中心としやうとする希望と意思があったかは明瞭である。

之れに反し、山縣公は始終立憲政治を嫌厭して居った人である。彼は教育に於ても、思想に於ても、徹頭徹尾、武人式である。けれども、公は乃木大將の如く忠君愛國を本分とする高潔の武人では勿論ない。彼は十分政權の甘味を嘗め、號令一片で兵士を引率するよりも、詭計、陰謀、奸策を弄して國民を屈従せしむることに一層妙味あることを識り得たものである。而して、彼は將校が兵士を指揮引率するが如く、自由自在に隷屬的に官吏及び國民を統御しやうと考へて居るらしい。千變一律彼は武斷政治の謳歌者、立憲政治の敵である。彼は此點に於て頗る徹底して居る。彼は憲法發布以來、終始一貫、常に民權の發達伸張に反對し來たのである。されば公が、西園寺内閣顚覆の原動力となりしとて更らに奇怪の現象ではない。然るに政黨員等が之れを以て、俄かに公及び元老を批難攻撃して憲政擁護を唱道せるは寧ろ奇怪千萬である。公は二十餘年間、常に同じ徑路を踐んで來た。公の非立憲的、違憲的行動は、今日新たに始まった事ではない。公の徹底的なるは賞揚すべく、政友會及び國民黨の愚は笑ふべきである。彼等は恰も平素攝生を怠り、自ら健康を害し、病患に罹って俄かに醫者騒ぎをなすものと同一である。

山縣公は第一回帝國議會開會前、地方官會議を召集し、其政見を發表した。其言に曰く、「各位（地方官）は宜しく屹然として中流の砥柱たるべきのみならず、又宜しく人民の爲に適當の標準を示し、その偏頗を抑へ、向ふ所を謬らざらしむるを勉めざるべからず（中略）要するに行政權は至尊の大權なり、其執行の任に當る者は宜しく各種政黨の外に立ち、引援比附の習を去り、專ら公正の方向を取り、以て職任の重きに對ふべきなり」と。

爰《ここ》に「地方官が中流の砥柱たるべき」とは、疑ひもなく、國民の中流の意義ではなく其官吏の中流を意味するものである。なぜなれば、其下に「宜しく人民の爲に」なる文字を以て國民と官吏とを區別して居ることに依りて明かである。又「官吏が人民の爲に適當の標準を示せ」とあるは、宜しく國民を指揮引率せよとのことであるは疑ひない。而して、「行政權は至尊の大權なり、其執行の任に當る者は、宜しく各種政黨の外に立ち、引援比附の習を去り、專ら公正の方向を取り、以て職任の重きに對ふべきなり」とは、至尊に代り、至尊の大權たる行政權を左右する執行者卽ち官吏は、政黨卽ち國民の代表者又は國民に接近することなく、上より彼等を統御支配しなければならぬと云ふ意味である。乍併《しかしながら》、行政權が至尊の大權なりと云ふ意義に於ては、立法權も、司法權も亦同樣至尊の大權であるでないか。されば行政權も、立法權も至尊の大權として固より輕重あるべき筈がない。然るに、山縣公は何故强ひて此等を區別しようとしたのであるか。凡そ一國の政治は行政權と立法權と兩々相俟って初めて國政が行はるべきものである。然るに山縣公は何故行政機關の局に當る官吏が、立法機關の局に當る政黨員等と引援比附してはならぬと訓令したのであるか。此の點に於て山縣公の意思は火を睹《み》るよりも明白である。公は行政執行者卽ち官吏をして立法部をも全く支配せしめようとしたのである。而して、公は常に之れに勉めた。夫れは公が曾つて其首相たりし時、權勢威望を以て議會政黨を屈服し能はざれば、黃白を撒布しても尙之れを屈服隷屬せしむる策を講じたることに見るも明かである。

如何に山縣公が立憲政治を嫌ひ、民權の發達を喜ばざりしかは、明治三十一年、議會解散連續の結果に憤慨して、自由、進步兩黨が從來の確執を抛ち、合同して憲政黨を組織したるにつき、時の內閣總理大臣たりし伊藤公が元老會議を開き、之れに對する政府黨組織の必要を論じたる席上、山縣公は絕對に之に反對し、遂に憲法中止論を唱へたと云ふ事實に依っても明瞭である。卽ち公は政黨の勢力及び國民の權利の發達を防止するために、畏くも明治天皇の發布し給へる我國の大典をも中止しても差支ないと考へたものらしい。此心を以てすれば、憲法制定の精神に悖り、非立憲的行動を爲す位のことは實に瑣々たることである。而して、山縣公は今日に於ても尙之と同様の思想観念を有して居るやうに思はれる。昨年十二月一日『時事新報』紙上に掲げられたる「山縣公の時局談」にて、公は「陸軍が所謂自費自辯の法を以て、此既定の國防計畫の遂行に歩を進むるを以て穩當である」と主張し、暗暗裏に陸軍が増師問題を以て西園寺内閣を斃したることを是認して居る。公の此説に依ると、陸軍は内閣の決議を無視し、國民の意思に反して氣儘氣隨のことをやってもよいと云ふことになる。かうなれば、陸軍は國民のために存在するのでなく、却って國民は陸軍のために存在するやうなものである。固より公の眼中には國民なるものがないのだから、立憲政治を侮辱して居る譯だ。

曾つて山縣公が隈板内閣の後を繼ぎ内閣を組織するや、第一議會開會前に於いて「行政權執行の任に當る者は各種政黨の外に立ち引援比附の習を去り」と宣言せしにも不拘、増税案通過のために自ら憲政黨と提携し、甚しく黃金を撒布して政黨を軟化し操縦したことがある。併し、増税案の通過を終ると間もなく斷乎として憲政黨を振棄てゝしまった。勿論之れは、一部の憲政黨員が其提携の報酬として文官任用令の改正を迫り、傍ら獵官運動を始めたるに依ると雖も、公が政黨を嫌ひ、極めて强硬なる態度を示したるが主なる理由である。此結果、公は久しからずして遂に内閣を辭し、其後再び政界の表面に立つを欲しなかった。けれども、公は決して政治を捨て得る、又捨てんと欲する人ではない。最も權勢に憧憬する人である。公は元帥として陸軍を引率する如く、國家の元老として國民を指揮統轄しやうと云ふ野心を有して居るやうに惟はれる。故に公は、所謂山縣系なる徒黨を造り、彼等をして常に國政を左右せしむることに腐心して居った。又しつゝあるのである。之れに就き最も異様なる現象は、山縣公の權勢は公が政界の表面より退きたる後更らに發達したことである。普通立憲國に於ける爲政家なるものが、一度其政界の表面を去れば、自然其勢力は消滅してしまふものである。然るに我國に於ては、屢〻全く之れと正反對の現象を呈して居る。山縣公の場合は實にこの好適例である。而して、我國に於いて何故斯かる現象を生ずるかと言へば、畢竟、我國民に自治獨立の精神なく、屈服隸屬を以て滿足して居るからである。我國民の大多數は意識的又は無意識的に、官吏を御上の御役人樣と心得て居る國民である。官吏を民の公僕などゝは思ひも依らぬ話だ。如何に專横な官吏が政權を擅《ほしいまま》にするとも、之に屈從して居れば忠君愛國であると考へて居るものである。而して、我國の政黨と稱ふるものも亦、眞の政黨ではない。黨員は主義政見に依って結合されて居るのではない。只利益感情のために集合せる烏合の團體である。

山縣公は賢明、此等の點を十分能く了解して、伊藤公の如く國民に依って其地盤を造らうとはしなかった。公が終始專ら官僚閥族に依って政權を左右しやうとしたのは當然である。之れが或點に於て山縣公の伊藤公より、より能く成功した理由である。併し、彼が元帥、陸軍大將、樞密院議長、元勳、公爵として顯位榮爵人臣を極め、地位權勢無比、無智なる國民の眼孔を眩惑せしむるに足ると雖も、眞に我皇室、國家、國民に對して忠實貞良なる爲政家であると云はれ得るであらうか。是は將來に於ける眞の歷史家に依つて公平に宣言されるであらう。

（再掲『日本民權發達史』大正五年刊）

我憲政發達の九大障害

『第三帝國』第二十号、大正三・一〇・五

一

我國の憲法政治をどうすれば健全に發達せしむることができるか。所謂憲政有終の美を濟《な》すに非ずして、眞實憲政不斷の美を實現せしむる道はどうしたら可《よ》いのであるかといふことは頗る議論のある問題であらうと思ふ。然し此問題に對して議論の區々たる理由は、多くの場合論者が憲政そのものに就いて徹底的の意見を有して居らぬのに基くのである、若し徹底的に憲政とは如何なるものなりやをよく理解してゐるならば、之れを健實に實現せしむる方法に就いては澤山の道はあるまいと思ふ。勿論其手段は種々雑多であらうが、健全なる憲政發達の道は多技に分るゝ筈がない。余は茲《ここ》では如何にせば健全なる立憲政治を建設せしめ得べきかといふ複雑なる手段の問題を述べやうとするのではない。只健全なる憲政の實現せられ得るところの航路を論ずるのである。而して其航路に横はる障害物を指摘し憲政の大道を示さうとするに止める。此大道に横はる障害物を除去する手段方法には容易なるもの、困難なるもの、直接なるもの、間接なるもの等幾多の相違があるであらうと思ふけれども、是等障害物の驅除法、驅除手段は他日の機會に於て述べることゝし、此處ではその問題には論及しないつもりだ。

二

第一我國憲政の發達の航路に横はる大障害物は、元老或は元老會議なるものだ、我が國の憲法の明文には元老なるものゝ存在は承認されて居ない。然るに我が國の内閣を破壞し或は建設し得る最も有力なるものは今日の場合元老であるやうに思はれる。げに大隈内閣なるものは元老が作った内閣だ。大隈伯は今度の膠州灣攻擊に對する攻策についても、「我輩は勢力に依って立ち、勢力に依って政治を行ってゐるものであるから、政治に關する全責任を有す」と議會に於いて公言してゐるが、大隈伯が内閣總理大臣の大命を拜するに至ったのは元老の手を經てゞはないか。さすれば大隈内閣の根據卽ち大隈伯の勢力の源泉は元老であるといはなければならぬ。その證據に膠州灣に對する政策を定むるにも、大隈伯は元老を招き、元老會議を開き其意見を聽取してゐるではないか。元より大隈伯が此際どれだけ元老の意見を採用したか、或は元老の勢力に制肘されたかといふことを知ることはできないが、大隈伯が元老に依頼してゐるといふ事實は決して拭ひ取ることはできぬ。斯の如くんば大隈伯の勢力なるものは、或意味に於て元老の勢力なりといふも強《あなが》ち過言ではなからう。

實際大隈伯は重大なる國事がある場合陛下に謁見するよりは第一に目白の椿山荘《ちんざん》を訪問するではないか。立憲政治の上から見、又憲法の明文に照し、一體山縣公は何者か、大隈伯が自ら公言する如く政治は總て内閣が處理するものであるならば、如何に元動なる山縣公と雖も敢て眼中に置く必要がないのだ。啻に眼中に置く必要がないのみならず、それ等を全然退けなければならぬ。然らざれば自ら責任を帶びて國事を處理するといふことは言へぬ筈だ。

元老なるものが國事に關し干渉し或は相談を受くるといふことは、立憲政治の本旨に戻《もと》るのみならず、我憲法の明文に背反してゐるといはねばならぬ。されば元老或は元老會議なるものを完く全滅しなければ立憲政治は行はれぬ、元老及元老會議こそ我憲政實現の一大障害物である、而して大隈伯までが此障害物を除却することが可能《でき》ないとあっては甚だ心細いはなしだが、これは單に大隈伯のみが意氣地なしだといふことはできぬ。實をいへば、かゝるものを存在せしめて平氣でゐる國民全體が意氣地なしなのだ。然らば如何にせば此障害物を除き得べきかといふことは、既に述べたる通り此論文の目的ではない、此處には只元老及び元老會議なるものは憲政發達の一大障害物であるといふことだけを宣言して置く。

三

第二に我が憲政の發達に對する障害は此元老等の爲めに誤り釀されてゐるところの皇室の地位である。我國の立憲政治は謂ふまでもなく君主制立憲政治を意味するのだ。君主制立憲政治に於ては、君主は親しく政權を左右し給ふべきものではない。君主は只統治權を總攬し、民心を收攬するに止まらなければならぬ、換言すれば立憲君主政體の君主は神聖不可侵でなければならぬ、然るに元老なるものは自ら内閣を作り或は内閣を破壞しながら、これを君主が爲し給ふが如く國民の間に言ひ觸らしてゐる、のみならず、君主が全く政治を親裁し給ふ如くに國民に吹聽して居る。而して元老は自分の政治に干渉する責任を陛下に轉嫁してゐるのだ。故に我國の政治は陛下が親しく執り給ふが如く一般の國民に考へられてゐる、言ひ換へれば、我が君主は間接或は直接に政治全部の責任を負ひ給ふが如き畏れ多い状況にある、これ全く元老の罪である。

憲法の明文には我國の君主は神聖不可侵のものと規定せられてゐる、しかも政治の責任を有するが如く了解せられてゐる。これは確かに矛盾である。啻に矛盾であるばかりでなく君主制立憲政體の本旨に戻るものといはねばならぬ。立憲君主國の君主は神聖でなければならぬ。これは憲法の規定通りだ。若し果して然らば神聖なる君主は無責任でなければならぬ。君主が無責任なるには内閣が政治に關する全責任を自ら負はねばならぬ、内閣と君主との間には如何なるものゝ存在をも許さない。内閣と君主との間に或ものが存在し、内閣の責任が明瞭にならなければ決して君主の神聖は維持されない。

君主の神聖を維持するには内閣が政治に對して全責任を有すべきだ、君主が神聖ならざる限り決して君主制立憲政治の健全なる發達を期待することはできない、たとひ口頭で何と陳辯しやうとも君主が直接政治に干渉し給ふが如き形跡が存在し、國民がそれを迷信してゐる間は健全な立憲政を實現することは可能《でき》ない。君主の神聖を徹底せしめない中《うち》は到底だめだ。故に今日の場合我憲政の發達を妨害してゐるものは、眞實の意味で君主の神聖は、君主無責任、内閣全責任でなければならないことを了解して居らぬことである。

四

第三に我が立憲政治の發達を非常に阻害して居るものは海陸軍の官制である。

今日の場合我國の内閣を破壞するに最も有力なるものは海陸軍の大中將だ、海陸軍大臣が亂職し、其他の現役豫備の大中將が大臣たる事を承諾しなければ、何時でも我國の内閣を破壞し、我が國を無政府の狀態たらしむることができる。憲法の明文に依れば大臣は誰でもよい筈だ。然るに陸海軍官制の備考に於て容易に發見することができないやうな些々たる官制の中に海陸軍大臣には現役豫備の海陸軍大中將でなければならぬことが規定せられてゐる、或意味に於て此規定は我が憲法を破壞して居る、語を換へて言へばこの規定は海陸軍の現役及豫備海陸軍大中將に内閣を破壞し無政府たらしむることができる權能を授けてゐるのだ。

此官制が存在して居る間到底我が國に立憲政治が實現さるべき筈がない。如何に文官任用令を改正し、特別任用の範圍を廣めても、政務官の制度を設けても、此海陸軍官制が存在して居る間我内閣の生命を左右する實權は海陸軍に存して居るのだ。如何に國民が軍備擴張二師增設に反對しても、此官制が存在して居る間は最終の勝利は海陸軍の實權者に握らるるのは又止むを得ない次第である、實際我國の政府なるものは、今日のところでは國民の政治機關たるよりは寧ろ陸海軍の政治機關たるやの觀がある、海陸軍が一國の内閣を左右するやうでは立憲政治が行はるべき理由がない、海陸軍も國民の爲めに存在して居るのだから、國民に依って支配せられねばならぬ、然るに此官制の爲めに現在我國民は海陸軍に依って支配せられて居る。吾人は屢々海陸軍の軍人が威張って困るといふ不平を各所で聞くが、彼等が威張るのに何も不思議はない。彼等は國民の爲めに支配せられず、却って國民を支配してゐるのだから。而して其因《もと》はこの官制だ、此官制を全然破壞しなければ到底我國に於いて立憲政治を實現することはできない。

五

第四に於ける我が立憲政治實現の障害物は樞密院である。

多くの憲法學者や、代議士は我國を二院制度であると主張して居る、けれども實際は我が國は三院制度だ、貴衆兩院の上に樞密院といふ一つの立法機關があるではないか。憲法を破壞するやうな海陸軍の官制も議會が作るのではない、内閣と樞密院が作るのだ、其他文官任用令でも教育に關する法案でも皆樞密院の手を經て作らるゝのだ、重要なる官制を作る權能は事實上議會よりは樞密院の方が一層有力に左右して居るではないか。

憲法の意義を左右する官制は法律でないだらうか、又條約も法律と見ることができないだらうか、我國の貴衆兩院は條約に對しては殆んど何等の權能も有して居らぬ。然るに樞密院は條約制定に干與する權能を有して居る、して見れば、樞密院は有力なる立法機關といはねばならぬ、貴衆兩院が立法機關であり、樞密院が立法機關であるとすれば、二院制度ではないではないか。立法に關し、三個の異なったる審議機關が在ればこれを三院制度といはねばなるまい。三院制度では立憲政治の實現は所詮覺束ない。

樞密院建設の旨意はこれを以て陛下の諮問機關たらしむるにある、而し實際は陛下の諮問機關たるのみならず、法律の審議機關である、樞密院がなぜ斯の如き變形なものになつたかといふことは此論文以外の問題であるから茲《ここ》に論ずることを敢てせぬけれども、樞密院が實際立憲政治の根本を破壞して居ることは以上の説明に依って明白だと思ふ。

六

第五に我憲政發達の障害となってゐるものは貴族院である。

貴族院は海陸軍の官制や、元老の存在や、樞密院の現狀の如く憲法の明文に照らして不法の權能や、不當の存在をなしてゐるといふことは可能《でき》ない。現在の貴族院は憲法の明文上に違背した不當の權能を左右してゐるのでもなく又不法の行動があるわけではない。けれども憲法制定者は實際憲政々治といふものを徹底的に了解せずして表面上歐米の政治組織を模倣して貴族院を作ったのである。故に貴族院は憲法に依って存在し、憲法に於いて規定せられて居る權能のみを使用して居るとしても立憲政治の本旨に適合して居るものとはいへない。憲法の明文に依れば貴衆兩院は同等の權利を有して居る、同等の權利を有して居る二つの立法機關が互に其權能を確執すれば全然立法といふことは行はれぬことになるではなからうか。

立憲政治といふものは元來國民の意思に依って行はるゝ政治でなければならぬ、然るに國民を代表せぬ貴族院が、國民を代表する立法機關の一たる衆議院と同等の權能を有してゐて、それでどうして憲法政治が實現せられやうぞ、健全なる立憲政治は國民の代表者に依って作られる唯一の立法機關があれば足りるのだ、換言すれば一院制でなければ立憲政治は徹底しない。歐米に於いて二院制度の存在するは只歷史的意義に歸するのである、若し二院制度の下に立憲政治の實現を計らうとするならば、その一院は單に他院が決定する事件を批評するに止まるだけの權能のみを有するのでなければならぬ。此意味に於いて我が國の貴族院は立憲政治の發達乃至實現に一大障害物であるといはねばならぬ、余は今直ぐに全然二院制度を全廢せよとはいはない（若しさうできれば一番望ましいことではあるが）。若し二院制度を採用するとすれば、貴族院は只批評するだけの權能を有すべきものであることを主張する。

七

第六に我が憲政發達の一大障害をなしてゐるものは議會々期の制限である。

我が憲法は通常議會の開會を年一回と定め、三ケ月を以て會期としてゐる。故に議會の會期が限られてゐるといふことは今のところ憲法違反だとはいはれない。けれども憲法に於いて議會の會期を年一回三ケ月と規定した憲法制定者の意思は、憲法政治を發達せしめんといふ誠實心があってではないことは明かだ、憲法を規定した人は國論に壓迫せられて止むを得ずこれを制定したのだ。憲法制定當時の中心人物であつた薩長閥族の名士卽ち政治家等は、彼等が建設したところの勢力を永遠に持續する希望を有して居た、然るに國論に制せられて止むなく憲法を作ったのであるから、彼等はなるべく民論の發表を制限する方法を考へた。議會の會期を三ケ月に制限したのは卽ちそれが爲めである。これはその當時の史實を明瞭に理解して居る人の更に疑はぬところである。

故に會期の規定を三ケ月と定めたのは、憲政を發達せしめんとする願望に基せず、なるべく憲政の發達を阻害する爲めに設けられたる規定といへる。その事は議會開會當時我が國の政權を左右して居た薩長の爲政家が超然主義の內閣を主張したことに依って見るも明かである。超然內閣で立憲政治の行はれぬことは火を見るよりも明かだ。されば議會の會期を三ケ月と定めた憲法上の規定は憲政の發達を障害するものといはねばなるまい。

種々雜多な國務國政を或期間內に於いて決するといふことは不可能のことだ。前にも述べたる如く立憲政治とは國民が自ら行ふ政治といふことだ、國民が自ら政治を行ふ場合、其政治を審議決定する期間を政府に依って制限せられるといふ理《いはれ》がない。立憲國に於いては、議會の會期は制限せらるべきものではない。

會期は必要に應じて國民が任意に其都度其都度決定すべきものである。それでなければ到底堅實な立憲政治は實現せられぬ。

八

第七に我が立憲政治の實現に對し必要なる條件は普通選擧である。

立憲政治は國民の意思に依って行ふ政治であるといふことが過りでなければ、總ての國民は一國の政治に參與する權利を有すべきである。我國に於いて選擧權を制限する規定を設けたのは矢張歐米のそれを模倣したのだ。歐米に於いて財産に依って選擧權を制限するといふ規定は歴史的に發生した出來事である。

古代政權は矛に依って左右せられてゐた、其後政權が武家から武家を倒した資産家に移ったのだ。始め封建制度が破れて政治が武家大名の手から國民に推移し立憲政治が現出したものであるといふ歴史家或は憲法學者は史實を無視してゐるといはねばならぬ。産業革命の爲めに事業家即ち資産家は封建時代に於ける武家の地位を占むるやうになった、これが爲めに政治も矛に代ふるに黄金を以て定められるやうになった。然しこれは決して立憲政治ではない。立憲政治といふものは武器や黄金に根據を置くべきものではない。立憲政治の基礎は國民である、又國民でなければならぬのだ。

國民といふことは人間といふことだ。一個の人間が立憲政治の基礎だ。然るに黄金を以て政治の基礎を定むるといふことは立憲政治の本旨精神に戻《もと》るといはねばならぬ。人間を評價する上に於いて黄金や武器を量衡にする筈はないではないか。白痴や狂人は別問題であるが、苟くも健全なる一個の人間であるならば、其國の政治に參與する權利を、武器がないから黄金がないからといふやうな理由で持つことができないといふ筈がない。否總ての國民が政治に參與する權利を有するのが立憲政治の本旨である。

故に我が立憲政治を實現する爲めには黄金に依って參政の資格を定むるといふ今の制度を撤廢しなければ

ばならぬ。

九

第八に我國に於ける立憲政治の發達に對し一大障害物は教育制度である。

以上述べたる所の幾多の障害は其根本を質《ただ》せば一に歸する、即ち日本の今の教育制度がそれである。立憲政治を行ふには國民が政治的義務といふことを充分に了解せねばならぬ、國民が政治的に國家に貢獻する義務を知らずしては立憲政治が實現さるべき理由がない。我國の教育に於いて立憲政治の實現に對し甚だしき妨害をなしてゐるものは官學である、官學といふことは政府が教育制度を支配し、學校を統轄してゐるといふ意味ではない。余の所謂官學とは教育者が官吏であるといふことだ。

我が官立の大中學校に於ける教師は盡く官吏である。かゝる教育上の官制を定めた理由は薩長の官閥が自己の勢力を永遠に持續する手段として定めたものだ。彼等から言へば實に賢明な政策である。彼等が其目的を達する爲めには國民を彼等の意思に依って教育するのが一番確かな方法である。薩長の政治家が我が官立諸學校の教師を官吏とし、官僚主義の教育を普及せしむる方法をもったのは實に賢明なる政策であるといはねばならぬ。彼等の明智は賞讚する。彼等のこの政策は徳川幕府の譜代、外様の大名の區別、代官の制度、參勤交代の制度よりは一層賢《かしこ》い政策であったといふべきだ。

教育者が官吏である以上、其教ふる學問や、其普及せんとする思想は自然官僚主義になるのは當然だ。人間といふものは自己の地位を最も强固に、最も健全に持續しやうとするものである、故に教育者を官吏にすれば自然官僚主義の學説が普及せられるに違ひない。實際我が官立學校に於いて教授して居る學説は盡く憲法政治の實現を阻害する官僚主義ではないか。官僚主義は階級的政治を意味する、故に立憲政治の敵である。

學校が政府に依って統轄されるといふことは甚だしい問題にはならない。教授が官吏であるといふことが大問題になるのだ。我國に於いて中學以上の學校の教師を官吏たらしむる制度は全廢しなければ、到底國民を立憲的に健全に教育することはできない。若し此制度が根本的に破壞せられぬものとすれば我國の憲法政治は遂に現實せられる時がないといふても過言ではあるまいと思ふ。

十

第九に我憲法政治の實現を妨害して居るものは我國民の好戰的性癖である。

一體封建制度とか専制政治は武器に依って生れたものではないか。あらゆる世界の有名なる政治學者は憲政發達の敵として武斷攻策より大なるものはないといふことに一致してゐる、戰爭といふものは専制でなければできぬものだ。而して好戰國民は甘んじて専制に服しなければならない。専制に隨伴して起るものは階級だ。階級制度も矢張憲政の敵である。

憲政は個人を尊重する思想に依ってのみ實現せられ得るものである。爵位や、官等や、勳章に憧憬する國民に依っては立憲政治は決して實現されない。立憲政治は個人を尊重することに依って生じ、個人を尊重することに依って發達するのだ。而して戰爭はその反對の結果を生ずる。我國民は兎角未だ封建制度の餘弊を脫せず、戰爭といふことを唯一の國力發展の手段の如く考へてゐる。國家が君主王公のものと考へられてゐた時代には、國民の存在は無視せられてゐたのだから領土さへ擴張することができ君主王公の慾望さへ滿たすことができれば、それで國力の發展だといふことができたかも知れぬ。然し國家の發展といふことが國民の發展といふことであるならば、領土の擴張と國民の發展とは別問題である。如何に領土が擴張せられても國民が自由を拘束せられ、自己の生活を充實するところの生活を充分に實現することができぬとすれば、領土の擴張は國民にとって如何なる利益を齎《もたら》すであらうか。領土を尊重するのは國民の立場からいへば、自己の自由を制限せられぬ爲め、自己の生命財産を安全に保證する爲め、自己の生活を擴張しこれを充實する爲めに必要なのではあるまいか。この反對の結果を生ずる領土の擴張ならば、君主王公の野心を滿足せしむる爲めには有益であるかも知れないが國にとっては啻《ただ》に無益なるのみならず、又甚だ有害である。然るに日本國民はこれまで事實上戰爭なら何時でも歡迎してゐる。

既に述べたる海陸軍の官制が生じたのも原《もと》をたゞせば我國民が戰爭を好む性癖を有するからである。我國は軍人崇拜の國家だ、軍人崇拜の國家といふことは專制政治を好む國民に依って作られて居る國家といふ意味だ、これでは到底憲法政治の實現は望まれぬ。憲法政治は、何故に領土の保全乃至擴張が國民の爲めに利益であるかといふことを徹底的に考へ得る國民でなければ駄目だ。戰を好む國民は立憲國民たる資格はない。我が國民の頑迷な好戰的な性癖を一掃するといふことは憲政の發達に對し重大なる要素である。

以上述べたる障害以外に我が憲政の發達を妨害して居る幾多の事實は有るが、これ等の根本的障害が除却せられたならば其他のものは多くは附帶物であるから自然に消滅するであらう。我が憲法政治の發達を實現せしむるには目下差し當り以上の根本的障害物を除却しなければならない。

（再掲『近代日本思想大系三三　大正思想集Ⅰ』筑摩書房、一九七八年）

吉野博士の憲法論を評す

『國家及國家學』大正五年三月号

一

『中央公論』の新年號に掲載せられたる吉野博士の「憲政の本義を説いて其有終の美を濟すの途を論ず」との小論文を予は頗る興味を以て讀んだ。而して甚だ痛決に感じたのみならず、從來一般に我國の官僚の巣窟、否我官僚制度の源泉と目されて居った帝國大學の教授から斯る説を聞くに至ったことは、我學術界及思想界の一大進歩であると思ふて歡喜に堪へぬのである。勿論、時世の然らしむる所ではあるが、吉野博士が帝大の教授であるにも不拘、斯く大膽に其主張を力説されたることを予は深く感服し、博士に對し多大の敬意を表するものである。博士は我憲政有終の美を濟す事を希望するが故に「上下一般に向って最も率直に、最も大膽に、最も徹底的に、立憲政治の眞義を説く」のであると言はれて居る。其意氣や實に嘉すべきである。學者として恁くあらねばならぬ、恁くあるが當然である。然るに、從來帝大の學者は概して斯る意義を公言し得なかったのだ。境遇のために支配されのが人間の通性であるから不得止《やむをえざる》事であると言はれ得るものゝ、我國進運のためには大に憂ふべきことであったのである。けれども今や吉野博士の如き學者を帝大に有するに至ったことは、我國家のために非常に喜ぶべきことである。元來、眞理を求むるは學者の天職卽ち本分である。眞理の前に何物をも恐るゝに足らぬと云ふ信仰は學者の第一信條でなければならぬのだ。眞理を竅究し、眞理を力說するに當って、豈境遇を顧みるを要せんやだ。吉野博士の意氣は實に賞すべきである。

予は其全論文を通じて顯はされて居る所の吉野博士の氣分と意向とには全然同意を表するものである。併し、遺憾ながら、其所論が博士の信ずる如く徹底的であると考ふることは出來ぬのである。未熟ながら予も亦博士の如く飽く迄眞理を追求せんと欲する學者である。故に博士に對しては甚だ相濟ざることゝ思ふけれども、相互の研究の一助となさんと欲し、敢て其不徹底と考ふる點を指摘しようとするのである。請ふ、幸に諒せられんことを。

二

凡そ立憲政治とは「憲法に遵據して行ふ所の政治」であると云ふことには異議がない。憲法を有するが故に、直に之を立憲政治と云ふことは出來ぬ。如何なる邦家に於ても、如何なる政治團體に於ても必ず憲法はある。憲法なるものは一邦家或は一政治團體に於ける統治機關の組織を定め其機關各部の權限と運用方法を示し、統治の主義及方針を明かにする法典である（拙著『立憲代議政體論』參照）。立憲國てふことは單に憲法を有する邦家てふ意義でない。唯に憲法の有無に依りて立憲國なるや否やを決することは出來ぬ。吉野博士も充分に之を承認して居るようだ。而して吉野博士は吾々所謂立憲國の憲法と稱するものに二種の要件或は特色があると云ふて居る。其二種の要件とは「第一、所謂憲法は普通の法律に比して一段高い效力を附與せらるゝを常とする。憲法の效力が法律よりも強いとか、高いとか云ふ事は、普通の立法手續では憲法の變更は許され無いといふ事を意味するのである。」「第二には、憲法は其内容の主なるものとして（イ）人民權利の保障（ロ）三權分立（ハ）民選議院制度の三種の規定を含むものでなければならぬ」と。予をして忌憚なく云はしむれば、吉野博士の此議論は憲法政治に對する甚だ末葉の議論であると主張するのだ。博士の「立憲政治」或は「憲法政治」と「專制政治」との區別の此見解は頗る不徹底である。凡そ「立憲政治」と「專制政治」との分岐する所は憲法の明文上に於ける差異ではない。兩者の根底に蟠《わだか》まる所の根本的精神の相違である。兩者の根本的精神に於て相違があるから其等の憲法の明文卽ち規定或は形式に自ら差異を生ずるのだ。博士は能く此點を理解して居らぬようである。其結果其議論が不徹底に陥るのは止むを得ぬことである。

凡そ「專制政治」の精神は治者と被治者の區別を嚴にし專ら治者（君主或は統治者）を主とし、治者のために被治者を統治するにあるのである。之に反し、立憲政體なるものは其起源に遡り歴史的に之を解釋するも、亦其現在の事實に徵するも、國民の間に治者と被治者との區別を嚴にせず、國民自らが政治に參與し、國民のために國民が直接或は間接に政治を行ふてふ精神に基きて組織されたるものである。故に立憲政體なるものは、何處に於ても、始め國民が彼等自身其存在を自覺するか或は從來の治者なるものが庶民の存在を認め、其要求に應じ、要求の全部或は一部を容認して組織せられたるものである。換言すれば、專制政治は國家は治者のものなりとの精神に據りて成り、立憲政治は國家は凡ての國民（君主國に於ては君主及庶民）のものなりとの精神に據りて起るのであると云ふ意義である。而して此等精神の相違に據り兩者の憲法の形式卽ち規定に自ら差異を現はすのだ。故に單に憲法の明文に依りて立憲政治を論ずるが如きものは未だ以て立憲政治の意義を徹底的に理解して居るものとは云はれぬのである。

又形式上卽ち憲法の規定上の議論のみに就て論ずるも吉野博士の說は甚だ不徹底である。博士は「憲法の效力が法律よりも强いとか、高いとか云う事は、普通の立法手續では憲法の變更は許され無いといふ事を意味するのである」と力說して居る。併しながら、これは立憲國の憲法の意義の眞諦に觸れたる解釋ではない。「憲法の效力が强いとか高いとか云ふ」理由は、普通の立法は憲法の規定以内に於ける權力の發動に依りて制定せらるゝものであるからだ。而して憲法が普通の立法手續きで變更されぬ理由は、元來憲法なるものは「主權」の發動に依りて決するものであるからである。憲法と普通の法律と異なる所以は其等の立法上に於ける手續の相違ではない。憲法と普通の法律との根本的性質の相違からである。詳言すれば、憲法は主權の發動に依りて定まるものゝ普通の法律は統治權の發動に依りて制定せらるゝ者である。吉野博士は立憲政治と專制政治の區別に就き其等の根本的精神の相違を觀過し、單に其等の形式上の差別に囚はれたる如く、憲法と普通の法律との差異を爲すに付ても其等の根本的性質を忘れ、單に形式上の相違を論じて居るのだ。

之に關聯して、吉野博士は、博士が立憲國の憲法の第二の要件とする所の憲法の内容に關する議論に於ても亦誤謬に陷って居るのは止むを得ぬことである。博士の云ふが如く立憲國の憲法は普通「人民權利の保障」とか、「所謂三權分立主義」とか「民選議院制度」の規定とか云ふものを有して居る。併し、「人民權利の保障」の歐米諸國の憲法に於て普通存在するのは主として其立憲政體建設時代の理由卽ち其由來に基くのであって、云はゞ單に歷史的に其存在の意味を有して居るのだ。英國に於けるが如く、健全なる立憲政治が行はるゝに至れば、憲法上の此規定は左程重要なるものでない。換言すれば、英國に於けるが如く、立法も行政も司法も全く國民多數の意思に依りて行使せらるゝ樣になれば、憲法の規定に「人民權利の保障」を敢て設くる必要がない。なぜなれば、人民自ら其權利を充分に保護することが出來るからである。如何なる人でも自痴や狂人に非ざる限り、自ら自己の權利を破壞する氣遣はない。故にそれに對し憲法上特別の保障を設くる必要がない。憲法上此規定が必要とせらるゝは、蓋し、立憲政治が猶徹底的に行はれざる場合に備ふるためである。

次に、「三權分立主義」に就てゞある。凡そ憲政の要義は三權分立主義に存するのであるてふ思想はモンテスキュー以來、幾多の憲法學者に依りて唱へられたる說である。故に歷史的に見れば此議論も頗る興味が多い。併し「三權分立主義」は立憲政治の要義であると云ふ議論は餘り意味を爲さぬのである。一體、立法權、行政權、司法權と云ふが如きものは分立し得らるべき性質のものではない。蓋し、一國の統治權を分ちて行政、立法、司法と區別するは單に統治權の機能上に於ける差別に外ならぬのである。嚴しく言へば、元來統治權なるものは區別し得らるべきもの、又は分立し得らるべきものでない。行政權と云ひ、立法權と云ひ、司法權と云ふものは單に統治權の一機能を指すのである。論理上から見ても、事實に徵して「三權分立」と云ふが如きことは不可能である。論理上、統治權が三つに分れて各々獨立に存立し得べき理由がない。又、事實上、普通立法機關、行政機關、司法機關と呼ばるゝものに徵するも、決して此等の機關が個々に獨立或は分立して居らぬ。實例を擧げて之を證すれば、彼の大浦子爵不起訴事件に依っても明かである。此事件を不起訴に終らしめしは、平沼檢事總長或は尾崎法相の意思に基くのであらう。而して、之は詰り平沼檢事總長や尾崎法相の一個人の意思でなく、內閣の意思或は方針であったに違ひない。これは我國の現在に於て司法が行政部に依りて支配されつゝあることを示す好適例である。我國に於ては未だ吉野博士の如く憲政上司法の獨立が必要である云々と主張して居る政治家や憲法學者が尠くない。此等は尙過去の誤れる思想に捉はれ、事實を深刻に分析すること能はざるがゆゑである。實際、どうして我國の司法權が行政權に獨立して居ると云ひ得らるゝのか。勿論、法文上裁判官は終身官であるに違ひない。けれども、判、檢事の任免黜陟の權を有して居るは行政部ではないか。何處に於ても任免黜陟の權、猶強く言へば生殺の權を有して居るものは、之を有されて居るものを服從せしめて居るのである。

此意義に於て司法は行政に屬して居るのである。否、決して其一が他に獨立すると云ふことは出來ぬことである。吉野博士は、立法と司法と、行政との關係を正確に且つ深刻に理解して居られぬ様である。專制政治の行はれし封建時代に於ても統治權は其機能上此三つの様式を示して現はれて居ったのだ。卽ち律令規則の制定、政令の施行、賞罰の制定。而して、政治機關が漸次發達し、複雜になるに從って此等の様式は自然一層明確になる傾はある。けれども此等の様式が分明すると否とに依りて立憲政治と專制政治とを區別するは決して當を得たものではない。

「民選議院制度」の有無如何に依りて、立憲政治なるや否やを決することは論理上は全然正しくないけれども、現今の場合、事實上は成立し得る議論である。極簡單に言へば、立憲政治とは國民の意思に依り、國民のために國民が行ふ所の政治てふことである。故に民選議院の制度を有せずとも、此本旨に叶ふて政治が行使せらるれば、立憲政治である。けれども、現今の如く一邦家が多數の人民を有する場合には何れの國家に於ても、一般の人民が直接に其意思に依り、親しく政治を行ふことは不可能である。故に、此不便を補ふために民選議院なるものが設置せらるゝに至ったのだ、而して民選議院は此意味に於て現代の立憲政治國には缺くべからざるものであると云ひ得らるのである。

三

吉野博士は『憲政有終の美を濟すとは何の謂ぞ』てふ項目の下に、縷々數千萬言を費やし、博士が其手段方法と考ふる所のものを滔々と論述して居る。乍併《しかしながら》、博士は予が已に前頃に於て指摘せる如く、立憲政治の眞義卽ち其根本的精神を理解して居らぬ。博士は立憲政治なるものは只憲法の明文中に存在するものなるかの如く會得して居るようだ。故に、其頃に於ても、甚だ奇怪千萬の事を云ふて居る。博士は「立憲政治とは憲法に遵據して行ふ政治と云ふ意味である。」而して、「固より憲法は千載不磨の大典である。」と論じて居る。勿論、立憲政治を行ふに當って、一定の憲法が存在する間は、之に遵據しなければならぬ。併しながら憲法は決して千載不磨とか、萬世不易とか云ふべきものではない。凡そ一定の憲法に對し、此迷信を有する間は、決して眞の立憲政治は實現され得ぬのである。憲法は一國の大典である。而かも、其國の統治權の行使方法を規定する所の大典である。故に、普通の法律の如く屢々變更せられ、改正せらるゝ必要はない。乍併《しかしながら》、憲法もモト〳〵人間が造ったものである。而して人間は時々刻々變化しつゝあるのである。のみならず、社會が進化し、進歩し、變遷し、之に準じて人間が變化し、其欲求が變る以上、憲法も之に應じて變化しなければならぬのだ。死せる憲法なればいざ知らず、生ける憲法は時代の要求に應じて進化せねばならぬ、否、實際何國の憲法も時代と共に變化しつゝあるのである。而して憲法も時代に應じて變化するから、立憲政治が實現され得るのだ。若し夫れ憲法が萬世不易のものであるなれば、立憲政治は決して實現され能はぬのである。吉野博士は憲法の千載不磨なる迷信を有し、猶且つ憲政有終の美を濟《な》さんと欲して居るが、これは木に緣りて魚を求む類である。

然るに博士は「近代の憲法政治は疑もなく所謂近代の精神的文明の潮流と離るべからざる關係がある。然近代文明の大潮流が滔々として各國に瀰漫し、其醞釀する所となって憲法政治は現出したものである。然れば近代諸國の立憲政治には共通の一つの精神的根柢の存することは爭はれぬ。……中略……少しく近代の文明史に通ずるものは諸國の憲法一として近代文明の必要的產物たらざるなきことを認めざるを得ない。」と該項の末節に於て述べて居る。これは至極御尤の議論である。この說には予も亦全然同意するのである。若し夫れ、博士の爰《ここ》に論ずるが如く、果して諸國に於ける憲法政治が世界の近代文明の潮流中に存在する所の共通の精神、或は思想及主義に據りて產出せられたるものとすれば、其憲法政治の基礎なる憲法は當然此精神或は主義思想に依りて新らたに造られたものであると云はねばなるまい。而して此等の憲法は又其精神或は主義思想の變化に伴ひ變化すべき運命を有して居るものであると云はねばならぬのだ。されば憲法は千載不磨であるとは、其起因の理由に由りても言ひ能はざるのである。博士は自ら此矛盾と撞着とを識らずに居るであろうか。

四

博士は「各立憲國の憲法に通有する精神的根柢を以て民本主義なりと認むるものである」と主張して居る。而して民本主義は西洋のデモクラシーなる語の譯語であると云ふて居る。のみならず、博士は從來此デモクラシーなる西洋語が民主々義、或は民衆主義、或は平民主義と釋譯されて居ったことを認めて居る。そこで、博士は此等の釋語は不適當であるから自分は「民本主義」てふ文字を用ゆるのであると云ふなら別段異議はない。然るに博士はデモクラシーなる言葉に二つの意味がある、「一つは國家の主權は法理上人民にあり」と云ふ意味、「又もう一つは國家の主權の活動の基本的の目標は政治上人民にあるべし」と云ふ意味、而して『民本主義』とは第一の意義に當て嵌まる譯語にして、從來使用せられつゝありし民主々義なる言葉は又第二の意義に相當するものであると主張して居る。何人も此說を聞かば甚だ拙劣なる詭辯であると思ふに相違ない。博士はデモクラシーなる言葉を邦字に譯するに從來使用せられたる民主々義なる文字は原語の主義を能く傳へないと思ふから、「民本主義」と云ふ字に改めて用ゆると云ふなら、何等疑問も異議もない。然るに「民主々義」なる文字も、「民本主義」なる文字も、均しく西洋のデモクラシーなる原語の譯語であると云ひながら、此等に別個の意義を付するは論理上許されぬことである。加之、博士は各立憲國の憲法の根抵に横はる精神は通有のものであると云ひ、且つこれは近代文明の潮流中の主調なるデモクラシーの精神或は觀念であると云ふて居るではないか。されば、此精神或は觀念を徵象或は表示しつゝあるデモクラシーなる語を邦語に於て「民主々義」と譯さうとも、又「民本主義」と譯さうとも其意義に於て相違を生ずべき理由はない筈である。吉野博士は何故に詭辯を弄し敢て之を區別しようとするのであるか。

「民本主義」と云ひ、又「民主々義」と云ひ、此等の譯語の原語がデモクラシーなる同一の言葉である以上は、此兩者の内容も當然同意義でなければならぬ。併し、此等は單に文字上の議論であるとすれば深く咎むる必要はないけれども、デモクラシーなる語に强ひて二樣の意義を付し、其一つを敢て從來同語の譯語として使用せられつゝありし「民主々義」なる言葉に與へ、これにプレヂュデスを塗付せんとするに至っては、一言を呈せざるを得ぬのだ。博士はデモクラシーなる言葉の意義を二つに分ち、一つは「國家の主權は法理上人民に在り」とし、他は「國家の主權の活動の基本的目標は政治上人民に在るべし」として居るが此等兩者の意義及區別は甚だ不明瞭である。一つは主權の所在を述べ、他は主權の作用を述べて居る。一體物の性質と其作用を叙述すれば、同一物を意味するにせよ、言語に相違を生ずるは當然である。併し、これがために其本體が別物であると云はれぬ。故に、博士のデモクラシーなる語に對する二樣の意義てふものは眞實二樣の意義をなさぬのである。勿論、其等の文字が頗る不明瞭であるから、兩者が同一物の性質と作用とを述べて居るのか、兩者が各異なるものゝ性質と作用とを別々に述べて居るのであるかも能く分からぬのだ。兩者とも性質或は所在を論ずるか、又は作用を論じて居れば正確に其意義を了解することが出來るけれども、これでは結局何が何やら明確に識り得られぬと云ふより外に云ひ樣がないのである。

博士の言ふが如くデモクラシーなる言葉は色々の異なったる意味に用ひられて居る。けれども、此言葉が現代の立憲政治を論ずる場合に用ひらる時には其意義がハッキリして居る。其根本的觀念は「國家は人民（君主の在る所に於ては君主をも含む）のものである。故に人民の綜合意思（普通の場合國民の輿論と云はれつゝあるもの）に據りて、人民が人民のためにそれを統治すべきものである」てふことになるのである。而してこれは吉野博士が考ふる如く所謂社會主義の思想でもなければ、又君主政體或は君主國にとって尠しも危險なる思想でもない。否これが立憲君主國（專制君主國に非ず）に對して最も安固なる思想、卽ち君主を泰山の安きに奉ずる健全なる思想であるのだ。君主國に於て君民一致の政治は此思想の實現に外ならぬのである。專制君主國に於ては「臣の心を以て君の心となす」てふ精神に依りて善政が行はれて居ったのだ。然るにこれが立憲君主國となりし故に「民の心は卽ち君の心なり」てふ觀念に變ったのみである。思ふに、吉野博士は主權及統治權に就て徹底的に明確なる理解を有して居らぬではなかろうか。博士がデモクラシーの意義に關し、「國家の主權は法理上人民に在り」とか、或は「國家の主權の活動の基本的目標は政治上人民に在るべし」とか云ふ議論を爲すは畢竟、主權及統治權に付き徹底の理解がないからだと思ふ。

五

博士の主權に付き明確なる意識或は理解を有して居らぬと云ふことは「民主主義と民本主義との區別」てふ項を閲讀すれば明かに分かる。博士は民主々義とは、文字の示すが如く「國家の主權は人民に在り」

との理論上の主張であると、茲にも之を繰返して居る。而して民本主義なる者に對しては、「所謂民本主義とは、法律の理論上主權の何人に在りやと云ふことは措いて之を問はず、只其主權を行用するに當って主權者は須らく一般民衆の利福並に意嚮を重ずる方針とす可しと云ふ主義である」と云ふて居る。恁《かか》る議論は前にも述べたる如く全々區別にならぬ。机上に一冊の倫理書がある。倫理書は道德觀念を論ずる趣旨で書かれたものだと云ふと同一徹の論法である。之は兎に角、博士は何を指さして主權と云ふのであるか。一體、博士の主權なる言葉の意義が甚だ曖昧である。「民主主義」即ちデモクラシーなる語には幾分主權なる意義が間接に關聯して籠って居るかも識れぬが、これは其直接觀念ではない。デモクラシーの觀念は國家は國民（君主國に於ては君主をも含む）のものであるから、國民は國民のために彼等自身政治を行ふべきであると云ふのである。而して政治學上に於ける主權なるものは國家組織の根本的法理上或は哲學的の解釋問題に屬するものである。主權とは、其文字の示す如く、國家最高の權である。而して政治學上主權は國家に於ける唯一最高、獨立、無制限の權力なりと定義されて居るのだ。恐らく、吉野博士も現今政治學上一般に承認されて居る所の主權なるものゝ此定義に對して異議はなからう。全體、主權なるものは一邦家或は一政治團體内に存在するものである。博士の言ふが如く「主權は常に人民に在るべしとか、或は、在る可からず」とか云ふ議論や主張に基いて始めて體現するものではない。已に一邦家内に存在するもの、只之を明確に意識すると否とは一つに其理解の徹底と不徹底とに存するのみである。蓋し、主權なるものを明確に理解するには、これを二方面から觀察されねばならぬ。主權が獨立であると云ふことは、一邦家の主權が他邦家のそれと對峙して外部から見られたる場合である。又、主權が唯一、最高、無制限であると云ふことは其邦家のみに就て觀察せられたる場合を云ふのである。

主權は已に其定義に依り、唯一、最高、獨立、無制限のものであるから、憲法の規定に依りて制限せられ拘束せられて居るものではない。主權は一國の憲法の背後或は以外に存在するものである。卽ち、主權は憲法を變更し、改正し、或は創設制定し、若しくは破壞をも爲し得る最高の權力である。憲法以内に制限せられ制定せらるゝ權力は主權ではない、統治權である。主權は其定義に依るも制限を許さぬのだ。主權とは政治學上、一口に言へば、國民全般の綜合意思である。我國に於ては專制政治の行はれし往古より「民の心を以て君の心となす」と云ふ施政經論の主義が唱へられて居った。これは、卽ち國家の主權の所在を暗々裏に意識することに據りて生じたる主義である。而して現今に於ては「民の心は卽ち君の心なり」と云はれて居る。これは主權の所在の稍々《やや》明瞭なる意識の發露に外ならぬのである。此主義、或は思想は尠しも我國建國の精神に悖りもしなければ、又我國體に決して背反もして居らぬのである。現在の我帝國憲法第七拾三條に於て豫め憲法の改正手續を規定せられたるは、畢竟主權の發動に備ふるためである。此條文に依るも、君民一致に依りて憲法が改正され得ることに規定されて居る。君民一致と云ふことは我國體の精華であって、尠しも之に悖ることではない。吉野博士は、國家の主權は國民の綜合意思であると云ふこと、卽ち其主權は人民にあると云ふ事實を承認することは、君主制に矛盾するものであると思惟して居る樣だが、這は甚しき謬想である。其理由前段に於ける予の所論に依りて明かに證明されて居ると思ふ。博士は憲政々治を徹底的に理解するために無智と感情論とを排斥すると云ふて居るが、博士の「民主々義と民本主義の區別」と云ふて居るものは、全く感情的の詭辯に外ならぬ樣である。

六

博士は「民本主義とは、主權を作用するに、主權者は須らく一般民衆の利福並に意嚮を重ずる方針とす可べしと云ふ主義である。」と主張して居る。併し、前にも論じたる如く、博士の主権と云ふものは何であるか意味不明瞭である。兎に角、博士は主権は國民全般の綜合意思であると云ふ事實を否定して居る。此理由に依りて博士はデモクラシーの觀念を強ひて「民主々義」と博士の「所謂民本主義」なるものとに區別して居る。故に博士の「主權を作用するに當って、主權者は」なる言葉は、其意味を嚴格にするために予の言葉を以てすれば「統治權を行使するに當って、統治者或は治者は」と云ふことになると思ふ。若し、果して之が博士の説であるとすれば博士の「民本主義」なるものは甚だ滑稽の議論である。何時の世、如何なる國家に於ても、それが縱しや專制君主國にあれ、或は君主獨裁國にあれ、「主權者」卽ち治者、或は特種の治者階級は其政治を行ふに「一般民衆の利福並に意嚮を重ずるを方針とする」と云ふことを表示して居ったのである。如何なる專制獨裁君主でも封建時代の王侯でも、まさか單に自己の利福のために、庶民の意嚮を無視して政治を行ふ方針を樹てられはせぬであらう。必ずや、彼等も亦「民衆の利福並に意嚮を宣ずると云ふ方針」を主張して居ったに違ひない。これを以て博士は「民本主義」と云ふなら、「民本主義」は立憲政治の本旨であるとか、又は基礎であるとか云はれぬのである。

「政治の目的は一般民衆の利福に在る」などゝ云ふことは云はずもがなだ。元來、國家なるものは國民の利福のために存在するのである。故に政治の目的が國民一般の利福を增進するにあることは言ふを俟ぬことである。如何なる專制君主と雖も其政治を行ふに當って、政治の目的とするものは一般の人民であったに相違ない。されば、之を以て敢て「民本主義」と云ひ、又、特に之を立憲政治の根本的精神であるなどゝ云ふ必要がない。如何に「政治の目的が一般民衆にある」にせよ、又、主權者或は治者其他の特權階級者が、民衆の意嚮を重んずる方針を有して、民衆のために政治を行ふと云ふにせよ、單にこれだけでは、立憲政治がどうしても體現し得られぬのだ。何時の世でも、如何なる國に於ても、政治は「一般人民のため」に行はれるものであると云はれて居る。專制國の治者に依りても尠くも斯く普通公言されて居る。「政治は一般民衆のために行はるゝものである。又、そうならねばならぬ」と云ふ如き單に主義方針のみでは決して立憲政治は實現されぬのである。立憲政治とは、凡ての政治は一般人民のために、人民の意思に據り、人民自らが之を行ふと云ふ意義である。立憲政治と專制政治と分岐する所は、一つは人民自ら其國の政治を行ひ、他は治者或は特權階級が之を行ふと云ふにあるのである。

吉野博士は「民本主義の内容政策の決定」なる項の一節に於て次の如く云ふて居る。「政治にして人民一般の利福を目的とする以上、其運用は須《すべか》らく何が所謂一般人民の利福なりやを最もよく知れるものが之に當るを必要とする。而して自家の利福の何たるかは其本人が一番よく之を知って居るものであるから、近代の政治は、人民一般をして終局的に其方針を決定せしむることが最も能く其目的に適合すると認めたのであらう」と。又「民本主義は一般民衆の意向に據って政策を決定すべしと云ふのであるから、之を徹底せしむるためには、人民全體が直接に政權に關與することにならねばならぬ道理である」と。これは、卽ちデモクラシーの觀念である。吉野博士が若し之を徹底的に理解して居るならば、敢て、之を「民主々義」であるとか「民本主義」であるとか云ふて區別する必要もなければ、之を強ひて區別するは決して當を得たるものと云はれぬと思はねばならぬのである。而して此思想の體現が立憲政治であるのだ。吉野博士はこれ迄を略々承知して居りながら、之を徹底的に理解して居らぬのに、其議論は矛盾と撞着とに滿ちて居る譯ではなからうか。而して博士の議論の甚だ煮えきらぬのは博士のために予が遺憾とする所である。

七

「民本主義の要求を極端に徹底せしむる爲めには人民の直接政治とならねばならぬけれども、之は今日の國家に於ては事實不可能なるが故に、遂に變則の樣ではあるが、代議政治といふものが今日洽《ひろ》く行はるゝことになった」と吉野博士は言ふて居る。此説は大體に於て正確である。デモクラシーの思想を根本として居る所謂「立憲政治」なるものは人民の政治を意味するが故に、人民が直接に國政を執るべきであるけれども、多數の人民を有する現今の國家に於ては、事實之が不可能であるから、此事情の下、變則ではない、現在の處最も便宜なる方法として代議政治が採用されて居るのである。「代議政治」とは其名の示すが如く、人民を代表するものが人民に代って行ふ所の政治と云ふ意味である。然らざれば立憲政治の本旨が貫徹出來ぬのだ。「代議政治に於ても政界の根本勢力の、人民にあらねばならぬことは言ふを俟たぬ」と云ふ博士の主張の如き微溫《なまぬる》いことではない。「代議政治に於ても」ではない、代議政治或は立憲政治に於ては人民が必ず其根本勢力たるべき筈である。假令《たとえ》、我國の如く、名義上立憲國と言はれて居っても、人民の代表者卽ち議會に於ける多數の代議士が實際、國政を左右し能はざるものは、立憲政治、又は代議政治の眞義を發揮して居るとは云はれぬのである。事實我國は立憲政治の形式を有して居っても、未だ其の立憲政治、或は代議政治なるものを實現して居らぬのだ。而して苟《いみじく》も立憲政治を口にするものは何人も之を認めて居るだらうと思ふ。

吉野博士は議會に於ける議員と人民との關係につき、「人民は常に主位を占め議員は必ず客位を占むべきである。」と主張して居る。之は代議政治を行ふに於て當然のことである。元來、議員は人民を代表するものである。一體そうならねばならぬのだ。されば人民が主であることは當然である。併しながら、立憲政治或は代議政治を實現するにはこれでは駄目である。人民が議會或は議員の主であると共に、行政部の主でなければならぬのである。之を詳しく言へば、人民は自己を代表する議員を左右して、而して此等の議員は人民のために代り、直接內閣或は國務大臣を左右せねばならぬのである。立憲政治なるものは、議會が直接國務大臣を左右するに至るに非ざれば、眞に實現され得るものでない。蓋し、責任內閣が起るに非ざれば、立憲政治の實現は不可能なりと云はるゝはこれがためである。一體責任內閣と云ふことは議會の意思に應じて進退する內閣と云ふ意義である。議會が單に內閣を「監督」することだけでは、立憲政治の本旨は現はれぬのだ。議會が內閣を左右せねばならぬのである。勿論、之は事實卽ち實勢力のことを云ふのである。君主國に於ては、儀式上通例君主が國務大臣を任免する。併し、之は單に儀式上或は形式上のことであるから、立憲政治を實現するに尠しも之が支障とはならぬのだ。のみならず幾多の所謂我憲法學者の詭辯を弄するが如く、議會が直接に內閣或は國務大臣を實勢力上左右すると云ふことは、尠しも、我國體或は建國の精神に悖《もと》らぬのである。而して之が我憲法の精神を體現する眞の途であるのだ。議會が直接內閣を左右するに非ざれば、決して君民一致の政治は行はれぬ。君民一致の政治卽ち「民の心は君の心なり」と云ふ精神は我國立憲の眞髓である。

我國の現今に於けるが如く、一種の特權階級者が常に國務大臣の椅子を占め、議會の上に座し、君主と議會卽ち人民の代表者との中間に介在することは、唯り立憲政治の本旨に背反するのみならず、君民一致の政治の實現を妨げ、我國家の根本的精神に全く悖るものであると云はねばならぬ。吉野博士も次の如く言ふて居る。「超然內閣制は斷じて立憲政治の常則ではない。尤も單純な憲法論から言へば、國務大臣は獨り君主に對して其責に任ずる者であるから、議會の反對に逢ふたからと言って必ずしも直に當然其職を辭せねばならぬ筈のものではない。從って超然内閣でも、憲法違反にはならない。卽ち違憲なりと云ふ譯には行かない。けれども立憲政治の精神に背くものであることは明白である」と。博士の此局部的の議論に對しては予も全然同様なることが出來るけれども、超然内閣卽ち特權階級者の君主と議會との中間に於ける介在は我憲法の明文の直譯的解釋に依れば、違法でないと云ひ得らるゝにしても、立憲國としては立憲政治の精神に背反するものは飽くまで之を排斥せねばならぬのである。然らざれば、斷じて憲政有終の美果を收むることは出來ぬ。

八

吉野博士は「責任内閣の制度は憲政運用上缺くべからざるものである」と說いて居る。が、責任内閣の制度は憲政運用上必要であるのではない、立憲政治の眞義を實現するには、代議院制度に據る以上、責任内閣の制度に從ふより外に途がないのである。然らざれば、立憲政治も、代議政治も、空名は兎に角、實際行はれることは出來ぬのだ。我國に於て、猶實際立憲政治が行はれぬ所以《ゆえん》は、未だ責任内閣が造られぬからである。而して現在に於ける我政界の腐敗も何もかも、其根本は一つにこれに歸するのである。我國の政界の腐敗と墮落を廓淸するには、吉野博士の言ふが如く、「選擧權の擴張も嚴重なる選擧の取締りも、選擧道德の皷吹も」必要である。殊に選擧權の擴張に就ては予も亦博士と全く同感である。これに關して博士が力說せられたることに就ては、予は全然裏書するのである。併しながら、如何に嚴重に選擧を取締っても、又、如何に選擧道德なるものを皷吹しても、予は責任内閣が建設せらるゝに非ざれば、政界の腐敗を一掃することは絕對的不可能であると主張するのである。吉野博士も我政界現今の腐敗は主として制度の罪であると云ふて居る。これは至極御尤の議論である。而して予も亦同感である。故に予は責任内閣が完成せらるゝに非ざれば、政界の腐敗を掃蕩することは不可能なりと力説するのだ。博士は徹底的に此處迄は考へて居らぬ様である。

超然内閣は如何に有力なるにせよ、議會に於ける議員の多數の同意を得なければ、國政を行ふことは出來ぬ。而して超然内閣は議會の上に居り、其背後に君主の威力を有して居るけれども、議會の多數を常に代表するものでないから議會と共通の意思を有することは出來ぬ。故に常に議會に於ける多數の同意を得ようとすれば、勢ひ彼等を操縱するか、籠絡するか、威嚇屈服せしむるか、または買收軟化せしむるより外に途がないのである。これを爲さゞれば内閣が倒れるか、國政が澁滯するかである。超然内閣に腐敗は必ず伴ふもの、決して避くることは出來ぬのだ。

又、吉野博士の云ふが如く、國民に如何に選擧道德なるものを皷吹しても、責任内閣が起らなければ甚しく其效果はない。凡て道德觀念なるものは、其社會の嘉納と非難、或は是認と非認とに據りて生ずるものである。政府が議員の買收を實行して居る間は如何に其非を國民に皷吹した所が甚しい效驗はない。それと均しく、有權者多數が普通一般に投票を金錢と交換して居る間、如何に投票の神聖を說いても、決して深く彼等の耳に響かぬのである。社會一般に爲して居ることは惡いと言っても惡くならぬのだ。のみならず、投票の神聖と云ふことは、それが事實非常なる價値を有することに依りて始めて了解し得らるゝのである。五拾錢や壹圓で普通賣買せらるゝものを神聖なりと誨《おし》へた所が、決してそう思はれぬのだ。吉野博士は投票の「神聖」と云ふことを說いて居るが、單に投票は神聖なるものであると如何程云ふても、容易に國民の頭に入らぬのである。抑々《そもそも》投票が神聖なる意義を有するに至るは、國民を代表する議員が國政を左右し得るからである。換言すれば、國民を代表する議員が直に内閣を左右し、國政を掌《つかさど》るに至って始めて、選擧民の投票の價値なるものは實際證明されるのである。斯くして始めて投票の有效と重大なる價値とが現はれ、神聖の意味を生ずるのである。故に責任内閣が出來なければ、投票は神聖にならぬのである。而して神聖なる價値なきものを神聖なりと誨へた所が、神聖にされ得べきものでない。詰り、責任内閣が出來れば、投票は自然に有力なるものとなる。そうなれば、投票は神聖なりと教へられずとも、必ず、亂用されぬに違ひない。要するに我政界の廓清は制度の改善、卽ち責任内閣制度の建設にあるのである。責任内閣が起らざれば、政界の腐敗を掃蕩することも、立憲政治を行ふことも斷じて不可能である。

一言にして言へば、吉野博士の立憲政治に對する着眼は正しい。けれども、博士は立憲政治に對し、猶明確なる觀念を缺いて居る。故に博士の議論は局部的には適切なる所はあるけれども、全體を通じて甚だ不徹底である。予は博士と均しく、我國に於て憲政の美果を收むることを熱望して居るものである。而して予が忌憚なく率直に博士の說を批評したるは博士と共に聊《いささ》か我國民の立憲政治の思想の發達に資せんとする微意に外ならぬのである。博士も必ず之を諒せらるゝであらうと思ふ。

『國家及國家學』大正五年五月号

上杉博士の憲法論を評す

一

予は曾て數年前一度上杉博士の憲法論を批評したことがある。勿論、此當時予は上杉博士は我國に於ける憲法の一大オーソリチーであると云ふことを聴いて居った。故に敢て其所論を批評したのである。然るに、其後屢々博士の憲法論なるものに親むに從って、尠くとも予一個人には、博士は現代に於ける立憲政治とは何物を意味するか、又、立憲政治と專制政治との區別をさへも理解して居らぬ樣に思はれるに至ったのである。されば、縱しや多數の我國民が猶博士を憲法學の一大オーソリチーであると信じて居ったにせよ、予は學者として博士の議論は最早批評する價値なき者と考へて居ったのである。然るに偶々予は一月の『中央公論』に掲載せられたる吉野博士の憲法論を本紙上に於て批評するに至った。而して、三月の『中央公論』に現はれたる上杉博士の『我が憲法の根本義』なる議論は、卽ち吉野博士の憲法論に對する僻みタップリなる間接的批評であるのである。故に予は吉野博士の憲法論を批評した關係上、學者に對する禮儀を重んじ上杉博士の所論をも一通り批評せねばならぬのだ。これが兎も角も上杉博士に對する予の途《みち》であると思ふ。

凡そ泰西諸國の學者等が學問上の議論をなす場合には、公然兩者の姓名を揚げ、正々堂々たるものである。然るに所謂我國の學者は他者の學說を批評するにも、兎角其姓名を述べずして、或者が係《かか》る愚論を吐いて居るとか、又は、或洋行歸りの少壯學者が斯る生意氣を言ふて居るとか云ふて、卑劣の批評を試むるが常である。これも、畢竟、我國民の多年封建制度の下に於て養成せられたる陰険なる性質の發露に外ならぬけれども、學者としては頗る忌むべき厭ふべきことである。尠くも予は斯く信ずるものである。故に上杉博士は吉野博士の議論を辯駁するにも間接的にやって居る。けれども、予は上杉博士の所論を直接に而かも率直に批評せんとするのである。

二

上杉博士は我が憲政の根本義或は目的として斯く斷言して居る。「憲政の本義」であるとか、「憲政有終の美を濟《な》す」とか云ふが、立憲政體を施行するの目的は、結局平易なる言葉を以て云へば、「善政を行ふに在ると云ふに盡きて居る」と。これは至極御尤《もっとも》の說である。恐らく何人も之に對し異議を狹むものはなからう。併し、餘り御尤も過ぎることであって全く問題にならぬことである。こんなことに勿體《もったい》を付けて何も憲法學者が憲政の根本義であるのかのと言ふべき必要のないことで、凡《およ》そ如何なる政體にせよ、其政體の存立を是認する場合、其が善政を行ふを目的とすると云ふことは自《おのずか》ら了解されて居ることである。恐らく平將門でも、道鏡でも、足利尊氏でも、將又北條高時でも、惡政を行ふことを目的とするとは公言しなかったであらう。彼等も必ずや公衆に對しては善政を行ふことを目的とすると宣誓したに違ひない。若し彼等をして其當時天下に向って彼等の政權を左右せんとする目的と意思とを發表せしめたることありとすれば、彼等も必ずや、日本國民のために「善政」を行はんためであると公言したるに相違ないであらう。人間は人間、洋の東西に依りて別がない。人情は古今を通じて變らぬのだ。縱《よ》しや、泥棒でも、白晝世間に向って、惡事を働くことを公言はせぬのである。況《いわ》んや、人が一國の國政を左右せんとする場合に於てをやだ。政治の「目的又は根本義」は、專制政體にせよ、立憲政體にせよ、「善政」を行ふことにあらねばならぬことは、憲法學者の口を通じて今改めて言ふを要せざることである。凡そ政治の目的は其政治團體中に於ける總ての人の協同生活を圓滿にし、之に依り各人の利福を最も強く、深く、廣く、增進せんとするにあらねばならぬのだ。而して國家と呼ばるゝ政治團體が組織創設せらるゝも、又、之が其存在を持續するも、詰り政治の此目的を遂行せんとするに外ならぬのである。

上杉博士は「善政」と云ふ言葉を頻りに繰返して居る。乍併《しかしながら》、博士は「善政」とは如何なることを意味するか更に説明して居らぬ。單に君主の親政は善政であると云ふ樣な曖昧な不明瞭なことを云って居るのである。故に博士の「我が憲政の根本義」とは何を意味するのであるか、結局譯が分らないのだ。蓋し、「善政」と「惡政」と分岐する所は、予が爰《ここ》に述べたる政治の目的を能く實現すると否とにあるのである。卽ち、「善政」とは政治の行はるゝ所の其一團體中に存在する一般の人民の協同生活を完成し、各人の利福を最も強く、最も深く、最も廣く、最も公平に增進せしむる政治を意味するのである。恐らく上杉博士もこれには異議があるまい。而して、勿論各人の利福なるものゝ內容は人に依りて異り、時代の生活觀念に依りて多少變化するのである。故に所に依り、時代に依りて異なりたる政體組織を生ずるものだ。蓋し我國に於て立憲政體（縱令《たとえ》形式的のものにせよ）が建設せられたるも亦人心の變化と時代の要求に外ならぬのである。上杉博士も之に對し「只時勢の異るが故に斯の如き新らしき形式の政體を取られたに過ぎない」と云ふて居る。併し、上杉博士の之を言ふ意味と予の前段の主張とは根底に於て甚しく相違して居ることは博士の其言葉の前後に於ける議論に依りて明かである。博士は可成《なるべく》現在の事實を否認しやうと全文を通じて努力して居られるけれども、事實に責められ如何とも免れ難く、其論據を不明瞭ならしめんために行懸《いきがかり》上單に此言を爲して居るに過ぎぬのだ。

三

博士は「憲政の目的又は根本義は善政を行ふにある」と主張し、之を更に別の言葉で「憲政の目的又は根本義は民本主義の實行になりといっても宜しい」と敷衍して居る。而して尚更に言を次ぎ「唯民本といふは如何にも狭く且つ低い。國家存立の本義は、君本なりや民本なりや、斯の如く差別を置て、民が本である、國家の存立は人民の爲であると云ふが如き、狭く且低きものでない。固より人民を撫育し、其康福を增進し、其懿德良能を發達せしむると云ふ事、即ち民本といふが如き事は立憲政體を施行するの廣大深遠なる目的の中に包まれて居る事は云ふ迄もない。夫れ故に民本といふを以て國家存立の本義即ち政治の本義を充實し發展する事、即ち政治の目的を言ひ表はす積りであるならば、憲政の目的は民本に在りと云っても少しも差支がない。只民本と云ふ丈けで、それ丈けの廣大深遠なる意味が云ひ表はせるや否やを危《あやぶ》むのみである。」と言ふて居る。

予は此一項は上杉博士の議論を最も能く代表して居るものであると思ふ。勿論、上杉博士が此項を草したる所以《ゆえん》は、多分吉野博士の民本主義に對する間接的批評を試みる積りであったであらう。予は已に吉野博士の民本主義なる主張を批評した（本紙三月號參照）。故に民本主義に對する予の説を詳述することを略する。而して予は茲《ここ》には單に上杉博士の「憲政の目的又は根本義は民本主義の實行にあるといっても宜しい」と云ふ議論を分析批評するのみに止めて置く。上杉博士は「唯だ民本といふは如何にも狭く且つ低い。」と主張して居る。民本主義或は民主々義と云ふことが何故狭く且つ低いのであるか。博士は更に之を論じて居らぬ。之が博士の凡ての論法である。博士は「善政」と云ふことを頻りに唱へて居る。けれども更に其内容を述べない。又、博士は政黨或は議會を中心とするは、我建國の精神に反するものであると斷定して更に其理由を述べて居らぬのみならず、博士は君主の親政は必ず善政が行はれるものであると主張し、君主親政一天張《いってんばり》の議論をなし、之に對し何等の説明をも與へて居らぬ。博士の議論を極一口に言へば善政は君主の親政、惡政は凡て然らざるものであると云ふ樣な調子である。これでも善い、其論理が正確で、説明が充分であれば。けれども、博士の議論には論理の徹底もなければ、説明もないのである。

蓋《けだ》し、民本主義或は民主々義の根本義は凡ての人類の平等の權利の主張にあるのだ。而して國家存立の理由としても、これを組織する凡ての人民（君主國なれば君主をも含む）の圓滿なる共同生活と最も公平なる各人の利福の增進とを期することを主張するにあるのである。勿論《もちろん》、此主張を實現せしむるにも自《おのずか》ら階梯あり、秩序あり、適宜の過程あることは言はずもがなだ。只立憲政治を主唱するものは、此主張を實現するに、專制政治よりは立憲政治が一層進步したものであると共に、一層有力なものであると云ふに止まるのである。然るに此主張がどうして「狹く且つ低い」のであるか。此主張を若し政治上の理想とするなれば、恐らく之より高遠偉大なる理想はあるまい。教育や、宗教や、哲學や、科學の研究も、凡て此理想の實現に逢着せんとする努力に外ならぬのではなからうか。上杉博士は「國家存立の本義は君本なりや、民本なりや、斯の如き差別を以て民が本である、國家の存立は人民のためであるといふが如き狹く且つ低きものではない」と云ふて居るが、國家存立の基礎が其處に存在する凡ての人間でなくて何であると博士は云ふのか。人間の居らぬ所に國があり國家があり得ると云ふのであるか。國家は人間に依りて始めて組織せらるゝものであると云ふことが、「狹く且つ低い」とは何を云ふのであるか。又、博士は「固より人民を撫育し、其康福を增進し、其懿德良能を發達せしむる事、即ち民本と云ふが如き事は立憲政體を施行するの廣大深遠なる目的の中に包まれて居る事は云ふ迄もない」と論じて居る。これは博士の「國家存立の本義」云々と云ふて居る一句よりは更に奇怪不明瞭なる文句である。第一文章其物の構造が無細工《ぶさいく》であるから、思想の不明瞭が更にそのため一層不明瞭になって居る。縱令《たと》へば「立憲政體の施行」と云ふが如き、政治は施行されるものだ、併し、政體は組織せらるゝものである。併し、これは上杉博士の「スタイル」であるから仕方がないとして出來得る限り、正しく解釋して見るのである。が、此文章に於て、博士は「民本と人民を撫育し、其康福を増進し、其懿徳良能を發達せしむると云ふことである」と云ふて居る樣だ。併し、人民を誰が撫育するのであるか、此文章に主格が備はって居らぬから正確に了解することが出來ぬけれども、博士の意中には君主と云ふ意味が多分籠って居ったであらう。君主が賢君であるなれば、人民を撫育することは當然である。專制國の君主でも人民を撫育する。縱しや、專制の暴君であるにせよ、人民を撫育せぬとは云はぬのだ。これを以て立憲政治とも云はれなければ、民本主義とも稱《とな》へられぬのである。これが「立憲政體（多分政治の過ちならん）を施行する廣大深遠なる目的の中に包まれて居る」とは一體何を意味するのか。これに對し、博士自身も、自分の言ふて居ることを理解して居るであらうかと云ふ疑問が起るのだ。尙博士は「夫れ故に民本といふを以て國家存立の本義卽ち政治の本義を充實し發展する事、卽ち政治の目的を云ひ表はす積《つも》りであるならば、憲政の目的は民本に在りと云っても少しも差支がない」と言ひ續けて居る。「夫れ故に」とは此文章に於て何を意味するのか。又、「民本といふを以て國家存立の本義卽ち政治の本義を充實し發展する事」とは何の意義か。恐らく何人も之を了解することは出來ぬであらう。予は只之を讀みて、迷宮から更に迷宮に誘引せらるゝ感があるのみであると云ふより外に、適當なる言葉を以て之を評し得ぬのである。

四

博士は「政黨を以て政權の中心たらしむるが憲政有終の美を濟《な》す所以《ゆえん》であるといふが、果して政黨を以て政權の中心とすれば善政が行はれ得るや否やは別論とするも、斯くの如きは皆善政を行はんとする手段として認めらるべきものであって、それ自身の目的ではない」と嚴格《しかつめ》らしく言ふて居る。政黨は議會政治を行ふ手段であることは改めて云ふを要せざることである。「政黨卽ち國民を代表する議會を政權運用の中心とすれば善政が行はれ得るや否やは別論」ではないのだ。これが立憲政治の可否を論ずる焦點である、これを別論としては憲政々治の批評は成立せぬのである。これを以ても上杉博士は全然憲政々治の何物たるかを理解して居らぬことは明かである。憲政或は立憲政治と云ふことは一口に言へば人民自ら行ふ所の政治と云ふ意味である。議會や政黨は之を實現する手段であるとは語るを要せざることだ。如何なる憲法學者も、憲政々治は人類間に行はるゝ最善最高のものであるとは主張せぬのである。只、憲政は專制政治よりも比較的進歩したるものであると云ふに止まるのだ。なぜなれば、專制政治は君主獨裁或は或特權階級の政治を意味するけれども、立憲政治は一般人民の政治を意味するからである。何人も論理上一國家内に於ける只一人の利福或は少數の特權階級の利福を主として增進するよりは、一般民衆の利福を主とし之を最も能く增進する方がより善いことを否定せぬであらう。專政より憲政を可とする理由は此處に存するのだ。上杉博士は此點を會得して居らぬ。換言すれば、博士は未だ憲政の根本義を理解して居らぬのである。如何なる政治學者も、上杉博士の言ふが如く「如何なる場所、如何なる時に於ても憲政卽善政であるといふが如き」議論をしては居らぬのだ。元來、立憲政治は會得《えとく》の政治、專制政治は感情の政治である。如何に立憲政治が善美なるものにせよ、野蠻人には全く適せざるものである。野蠻人を統治するには君主神權主義も必要である。否寧ろ之が立憲主義よりは有效であらう。征夷大將軍の家康さへも東照宮と祭られて神權になった時代もあったのだ。此時代に於ては神權主義が國家統治に最も有力であったのである。獨り君主のみが神權說を唱へたのではない、君主の政權を橫奪したる將軍でも神權主義を主張したのだ。のみならず、六七十年前迄は、我國民は一般に我國は神國であるてふ迷信を有して居った。此時代に於て、政治は多く感情を基礎として行はれて居ったのである。而して此時代に於ては立憲政治と云ふが如きものは行はるべくも非ざりしのだ。蓋《けだ》し、立憲政治の行はるには、尠くとも人民一般の普通教育が奬勵せらる迄進歩した社會であらねばならぬ。而して現今の最も進歩せる社會に於て、立憲政體は、人民一般の利福を最も能く增進するに適合する政治組織と思惟されて居るが（上杉博士は除外）、尙一層世界の文化が進歩すれば、之に優る政治組織が發見せられるかも識れぬのだ。今日、立憲政體を主張する學者と雖も、上杉博士の臆斷して居るが如く、永久之が最善最良のものであると云ふ斷定を下して居る譯ではない。只、現在の進歩せる社會に於ては、從來の專制々度に比し、立憲制度は遙に優良なるものであると主張して居るのである。

五

又、上杉博士の臆測して居るが如く、如何なる憲法學者も、「憲法があっても其運用は時に應じて變通自在たるべし」と云ふが如き說を爲しては居らぬのだ。「憲法を定むる所以《ゆえん》は之に遵據して毫も悖《もと》らざることを期する」は當然である。憲法たると普通の法律たるとを問はず「法は自由勝手に變通され得べきものでない。」君主國の君主と雖も立憲君主である以上は憲法の規定に依りて拘束せられ、之に遵據して進退せねばならぬのだ。立憲國の君主と專制國の君主と異なる所以は實に爰《ここ》に存するのである。上杉博士は君主親政と云ふことを、恰《あたか》も我立憲政體の根本義であるが如く主張して居るが、此意味に於て立憲國の君主に獨裁親政と云ふことは爲し得られぬのだ。君主と雖も、憲法の規定に遵據して行動せねばならぬ。然らざれば、專制獨裁君主である。

「憲法は自由勝手に變通されべきもの」ではない。而して政治の運用は之に遵據して爲されべきものである。乍併《しかしながら》、死せる憲法はいざ知らず、生ける憲法は決して固定的のものでない。死せる異物の如く四角四面の固定物ではないのである。上杉博士は全然此理を會得《えとく》して居らぬ。元來憲法は一國の政治組織と政權の運用との大綱を規定するものである。故に細微に亘る規則ではない。而して普通の法律や規則の如く容易《たやす》く改正されぬものである。けれども、生ける憲法即ち有效なる憲法であるなれば、寸時も停滯なき世の進運に伴ふて進化せねばならぬのだ。若し、上杉博士の考ふるが如く憲法は固定的のものであるとすれば、日進月歩の現代に於ては、憲法は數年を出でずして無用の廢物たるか、又は改正せらるゝに非ずんば破壞されて始終しなければならぬのである。我國の議會創設以來、過去二十六七年間に於て、我國の政府機關の組織及政權の運用甚しく變化した。勿論、此間に違憲的の事も幾多生じたのである。けれども、大體に於て憲法に遵據して來たと云はねばならぬ。若し、憲法が固定的のものであるなれば、此期間に起りし進化變遷は悉く違憲であると斷定しなければなるまい。憲法も時代の推移に伴ふて成長發育するのだ。故に憲法を解釋するには生けるものを解釋する考へで解釋しなければならぬのだ。換言すれば、憲法を解釋するには、憲法は時代の進化に應じて發育すべき「ポテンシアリチー」、可能性を有して居るものであると云ふポスチュレートを以て解釋せねばならぬのであると言ふのだ。これが決して憲法は自由勝手に「變通され得べきものである」と云ふのではない。而して斯る憲法の解釋は最も正しき法の解釋であって、決して法の曲解ではないのである。のみならず、憲法の規定を尊重し、之に遵據せんとするが故に、憲法の此可能性を承認して憲法を解釋するのだ。上杉博士の如く憲法を固定的のもの或は死物と見做して解釋せんとするは畢竟憲法を尊重し憲法に遵據し能はざらしむることを强制せんとすると同樣である。

六

上杉博士は「結局我が立憲政體は天皇中心の政體であるか、又は議院中心の政治組織であるかと云ふに歸すると見るのが間違ないと思ふ」と言ふて居る。而して博士は「議院中心の政治と云ふのは卽ち天皇親政を排斥するの政治である」から我國體に悖《もと》るものであると結論して居る。予は上杉博士に問ひたい。博士は天皇親政とは如何なることを意味するのであるか。天皇親政とは君主が親しく凡ての政治を獨裁することを意味するのか。若し、果して然りとすれば、これは立憲政治ではない、君主專制獨裁政治である。上杉博士は之を以て立憲政治と云ふなれば、博士は凡ての世界の政治學者が君主專制政治と呼ぶものを唯獨り立憲政治と命名して論じて居るのだ。これなれば問題にならぬ。一體、立憲政治と云ふことは、極《ごく》平易に言へば、民の心に依り民のために行ふ政治と云ふ意味である。「我立憲政體は天皇が中心である」とか、又は「議院が中心である」とか、かう云ふ議論が兎角面倒になるのだ。一國の政治組織を構成する分子として君主には君主の機能あり、議院には議院の機能があるのである。各々此等の機能を全うして始めて立憲君主國の立憲政治が行はるゝのである。縱《よ》しや、議院が政權運用の中心たるべきであると云ふた所が、決して君主を排斥し、又は君主の機能を聊《いささ》かたりとも輕視するのではない。上杉博士は此理由を了解して居らぬ。凡そ立憲國の君主は、君主として立憲の精神を重んじ、憲法の規定に遵據して其政治的行動を決するのである。若し、上杉博士は之を以て天皇親政と云ふなれば、「議院を政權運用の中心とすることは」決して天皇親政を排斥するものでないことを分らなければならぬ。

抑々《そもそも》我國に於て世界無比なる萬世一系の皇統を踐《ふ》み給ふ君主を、國民が奉戴し得る幸福を有し得る所以《ゆえん》は、往昔、君主専制獨裁政治の行はれし時代に於ても、至尊は常に國民を政治の中心となし給ふ精神を遵守し給ふたに依るのである。「民の心を以て君の心と爲す」てふ執政の精神は卽ち之である。上杉博士も之に對しては決して異議があるまい。而して我國に於ける立憲政體の建設は、一層堅實に此精神を體現せんとする趣旨に出でたるものである。斯くて我國に於ける立憲政治は卽ち「君民一致」の政治を意味するのだ。「民の心は卽ち君の心なり」卽ち之が我立憲政治の本旨である。專制時代に於ても、我政治の中心は民であった。而して立憲政體の建設せられたる今日、民意或は國民を代表する所の議院を政權運用の中心とすることが、なぜ我國體或は建國の精神に背反するものであると上杉博士は考ふるのであるか。尠くも予は上杉博士の所論に據りて其理由を解することが出來ぬのである。國民を代表する議院をして政權運用の中心たらしむることは、最も堅實に「君民一致」の政治を實現せしむる手段に外ならぬのだ。之を以て君主排斥と考ふる上杉博士は甚しき見當違ひである。

議會を政權運用の中心となし、議會に多數を有する政黨の領袖をして內閣を組織し、國務大臣たらしむるとは上杉博士の云ふが如く「天皇の大臣任免權を侵し、天皇をして虛器を擁せしむる」ことでは斷じてないのである。上杉博士の此臆測は全く誤謬である。博士は「議院中心の政治組織に於ては、內閣大臣は多數政黨の領袖を以て組織し、天皇は大臣を任免するの自由なく、政黨は立法行政の權力を掩有して政權を掌握する事になれば、卽ち、天皇は虛器を擁して何事をもなし能はざる事になるのである」と主張して居る。而して此見解は全く過って居るものである。

實際、現在の場合我國に於ては國務大臣選擇の範圍が甚しく制限されて居るのである。假令《たとえ》ば海陸軍大臣の大中將に限定されて居る。勿論之は憲法の規定で制限されて居るのではない。些々《ささ》たる陸海軍省の省令で限定されて居る。君主も現在海陸軍大臣選擇の自由を有して居られぬのではないか。實際、其他の大臣に就て見るも、其選擇の範圍は、元老、藩閥、官僚の間に制限されて居るのだ。上杉博士も此事實を否認することは出來ぬであらう。上杉博士は議院政治卽ち「君臣一致」の政治を排して、軍閥、元老、藩閥、官僚なる特權階級の政治を天皇親政なりと命名し、臆斷し、之を辯護せんと努めて居るではなからうか。天皇親政なる美名を以て之を掩はんとするも、事實は之を否認することを許さぬのである。之に反し、議院を以て政權運用の中心とすることは、國民全般に亘って國務大臣選擇の範圍を擴むることを意味するのである。如何に君主が賢明にましましても、五六千萬の國民中、何人が最も民意を代表し國務を燮理するに最適材であるかを識る機關がなければ、容易《たやす》く識り給ふことは出來ぬのである。議院制度は卽ち國民の意嚮を直接君主に識らしむると共に、國民中何人が民意を代表し政治を行ふに最適材なるかを判明せしむる機關である。而して議院が此機能を全ふする場合を議院中心と云ふのである。議院中心主義は君主と民主と國民との間に特權階級が介在し、君主の御名を借りて政權を亂用することを許さぬのだ。議院が政權運用の中心となれば、民の心が卽ち君主の御心となり、政治が行はるゝのである。而して君主は國務大臣を選擇するに、國民全般の選良を擧げ給ふことを得る最も範圍の擴い自由を有し給ふのである。云はゞ議會若しくは政黨は國民の意嚮に添ひ國務大臣たるべき技倆を有するや否やを試みる、國技館である。これは丁度兩國國技館に於て角力の横綱及大關が定めらるゝと同じ過程である。恐らく國務大臣選擇の途を君主に備ふるにこれよりも自由なこれよりも公平な方法は他にあるまいと思ふ。これは「民の心を以て君の心と爲す」てふ君主の見地からしても、一般人民の見地からしても、最も自由な最も公平なる方法である、上杉博士も能く此理由を會得し得たなれば、これが現在存在して居る元老、軍閥、藩閥、官僚等の國務大臣の選擇の方法よりは一層公平にして且つ自由なる方法であると首肯することであらう。

七

又、上杉博士は議院を中心とすれば「天皇をして虚器を擁せしむることになる」と断言して居るが、之も亦甚しい見當違ひの事である。一體天皇に虚器を擁せしむと云ふことは君主と國民との中心に介在するものがあって、之が政權を左右することに依りて生ずることである。縱令《たと》へば、藤原氏の如き、源平、北條、足利、織田、豐臣、德川の如きものゝ存在があって始めて生ずることである。現在の元老、軍閥、官僚、藩閥なるものは略《ほ》ぼ此等に類似して居るものである。彼等は君主の御名を借り、政權を左右しつゝあるのである。故に結局君主に虚器を擁せしむることになるのだ。故に彼等の政治民意に依るものでもなければ、又、君主の御思召であるとも云ひ得られぬのである。縱《よ》しや、それが君主の御名に依りて行はるゝにせよ、事實民意に依らざるものは君の心なりと云ふことは出來ぬ。我國に於ては、君主は往古より民のためにいましましたのである。君主自身のために存在あらせられたのではない。故に、君主が虚器を擁すると云ふことは、君主が實際民のためにいましまます名實共に備はらざる場合を意味するのである。されば、君主が一般國民のものとして、國民のために存在ましまします場合には、事實虚器を擁し給ふて居るのではない。我國の至尊は斷じて、唯り、元老や、軍閥や、藩閥や、官僚のものでないのだ。一般國民の奉戴なすものである。此意味に於て議院卽ち國民の代表者を以て組織せらるゝ團體が、政權運用の中心たることは、君主の存在を益々全からしむる所以《ゆえん》であって、君主に虚器を擁せしむる所以でない。上杉博士は遺憾ながら、議院政治の斯る深遠なる意義を理解して居らぬ。尙一言附言して置くが、皇室を永く泰山の安きに置くは、皇室を少數特權者の私有たらしむることでなく、國民全體のものとして奉戴することであると云ふことを。

次に、博士は「國體は法である。一切の法の根據である。何人が主權者なりやが定まらずしては、國家もなければ、憲法も固《もと》よりあるべき筈がない」と云ふが如き奇怪千萬なる議論をして居る。「國體は法である」とは一體何事であるか。其文字の字義から解するも國體が法であると云ふが如き說は成立せぬのである。「國」は國の意義、「體」は物の形の意義ではないか。國體とは國家組織の樣式を意味するのである。これは政治學上動かすべからざる一般の用語である。國體は法であると云ふが如きことは意味をなさないのだ。又「國體は一切の法の根據である」とは何を意味するのであるか。法の本は人間だ。國體も法も人間があって始めて生ずるのである。人間のない所に國家もなければ、國體も生ぜざれば、法の必要もないのである。「何人が主權者なりやが定まらずしては、國家もなければ、憲法も固よりない筈である」と、上杉博士は云ふて居るが、主權者とは何を意味するのであるか。主權者とは君主の意義か。國家なるものは一人では出來ぬものである。博士も之を否定せぬであらう。君主がなくとも、多數の人が協同して相互の利福を增進せんとするために、獨立の政治團體を組織すれば爰《ここ》に國家は出來る、又憲法も定められ得る。併し、一人では如何に有力なる權勢を有して居っても國家は出來ぬ。國家創設組織の本も亦多數の人間の協同生活である。論理から云っても、事實に付て徵するも、これは動かすべからざることである。併し、日本と云ふ國は他の國家とは違ふ。日本人は世界の他の人間とは全く異ったものであると云ふ議論をすれば、上杉博士の「國體」論なるものは或は成立し得るものかも識れぬけれども、それでは日本人を人間以外のものにせねばならぬのだ。予は斷じて日本人は世界の他の人類の如き人間ではないと斷言し得ぬのである。故に上杉博士の「國體論」を全然是認し能はぬのだ。

八

又、上杉博士は國家の主權に關し、西洋の主權論と、我國の主權論とは全く相違して居ると云ふが如き説をなして居る。凡そ眞理なるものに西洋の眞理、日本の眞理、支那の眞理と云ふが如き區別のあるものではない。學問上國家の主權を論ずるに、西洋の主權論、日本の主權論などと云ふ區別を設くる理由は成立せぬのである。學問には國境もなく、洋の東西に依りて差別をさるべき理由もないのだ。西洋でも、日本でも、唐、天竺でも、昔でも、今でも、2＋2＝4 である。事實は事實、眞理は眞理、西洋と日本とに依りて差別あるべき筈がない。勿論、日本人は人間でないと云へば別問題である。政治學上主權と稱するものは一種の想像や假定ではない。日本であるからそれがどうの、西洋諸國であるから、それがどうのと云ふものではない。何處の國家内にも存在する所の唯一、最高、獨立、絶對、無制限の權力を主權と稱するのだ。吉野博士も主權に對しては明確なる觀念と理解とを有して居らぬようであるが、上杉博士は更に一層甚しいのである。予は吉野博士の憲法論を評する場合、主權に就て一通り說明して置いた（本紙三月號參照）から、茲に之を繰返すことを省略する。要するに上杉博士も、吉野博士と均しく主權と統治權との區別を知らないのである。上杉博士は「天皇が主權者である。天皇の主權者であると云ふのは眞實に主權であると云ふ意味であって、主權の體をも用をも兼ね有して之を所有すると云ふ名義のみならず、實際に主權といへる活動を爲す一人であるといふ意味である」と云ふ樣なことを言ふて居る。之に依りて見るも、天皇は主權者であると云ひ、眞實主權であると云ひ、更に又、主權と云へる活動を爲す一人であると云ひ、何が何やら結局薩張《さっぱ》り分らぬのだ。若し、天皇が主權である、又、主權は天皇の有するものであると云ふなら、天皇のない國家には主權がないと云はねばならぬ。又、天皇は主權者であると云ふなら、說明を要する。主權と主權者とは如何なる關係を有するか。「天皇は主權と云へる活動を爲す一人である」と云ふが如き事は、一寸意義が分らない。天皇の活動を意味するのであるか。主權と云へる活動とは如何なる活動を意味するのか。主權と云へる活動は天皇を有せざる國家に於ては誰に依りて爲されるのか。實に分《わけ》の分らぬことである。

我帝國憲法の何處にも、天皇が主權者であると云ふ規定がない。憲法の第一條より第七十三條に至る迄何處にも主權と云ふ文字が現はれて居らぬ。こは、畢竟主權は最高無制限のものであるからである。憲法の規定に依り制限せられ、拘束せらるゝ權は主權ではない。主權の定義其者が之を許さぬのである。憲法の規定に依りて定めらるゝ權は凡て制限されて居るものである故に主權ではない。憲法第一條に「大日本帝國ハ萬世一系ノ天皇之ヲ統治ス」と規定して居る。而して第四條の明文には「天皇ハ國ノ元首ニシテ統治權ヲ總攬シ此ノ憲法ノ條規ニ依リテ之ヲ行フ」と規定して居る。之れに據るも、我至尊の所有し且つ總攬し給ふ所の權は主權に非ずして統治權なることは明瞭にして一點の疑義を狹むべき餘地がないのである。而かも其統治權の總攬は憲法の條規に依りて行はるものなることをも規定されて居るのだ。上杉博士は憲法の字義を尠くも融通の付かない程、固定的に解釋せんことを主張して居る人ではないか。此人にして憲法の明文に於て天皇は正しく我國の統治者なることを規定して居るにも不拘《かかわらず》、敢て天皇を主權であるは主權者であると主張するは抑々《そもそも》何故なるか。上杉博士が屢々特權階級者の特權擁護者であると、世間から誤解せらるゝは此等に因由するのではなからうか。乍併《しかしながら》、予は上杉博士の所論を閱讀し決して此の如き疑念を有して居らぬ。只博士は主權と統治權とに就て明確なる意識も、觀念も、理解も有して居らぬと思ふて居るのみである。

九

此外、博士は憲法制定の由來及民本主義等に就て同じことを繰返し〳〵頗る奇異の議論をして居る。其一例を擧げて評すれば、憲法制定の由來に就き斯く言ふて居る。「明治十四年に國會開設の勅諭を發せらるゝや大隈參議一派の人々は卽日官を免ぜられて野に降ったのである。大隈氏は元來立憲論者である。其人が立憲の詔勅出づると共に野に降ったのは奇妙なる如くであるが、要するに此詔勅に依りて天皇中心なりや、議會中心なりやの立憲の根本義に就ての爭が定まったのである。我立憲政體は我が固有の國體に基き、天皇を中心とし憲法は欽定憲法であって所謂大權内閣の制に則り、議院中心の政體を排斥し、大隈氏等の主張したる立法行政の實權は議院が之を握ること、英國の政治の如きものとはなさずと云ふ大方針が定ったが爲め、大隈氏等は廟堂を去ったのである」と。これは甚しき史實の曲解であるのみならず、天皇中心主義なるものに對する奇怪なる辯護である。上杉博士とも云へる人が、此當時大隈一派が參議を退くに至った理由を知らぬことはなからう。大隈が參議を罷めたる理由は、議院中心主義を唱へて、其說が破れて不得止《やむをえず》參議を辭するに至った譯でも、又之がため至尊の御不興を受けたと云ふ譯でもない。大隈氏は他の參議と謀らず、陰《ひそ》かに兩三年内に議院を創設せんと企て、其計畫が齟齬したため參議を辭さゞるべからざる破目に立ち至ったのである。如何に史實を曲解すればとて、明治十四年に於ける大隈氏の參議辭職が、我立憲政體建設の徑路に於ける議院中心主義の敗北にして、天皇中心主義の勝利と其確立とであると云ふが如き證明にはならぬのである。のみならず、何人にせよ、明治の史實を識る人であるなれば、大隈氏等の此種の計畫が、氏自身には多少不利であったにせよ、議院設立の期を早進せしめたと云ふ事實を認めずには居られぬのだ。若し、假りに征韓論に對する參議の分裂がなくして板垣副島氏等の民選議院設立の運動なく、又、大隈氏等の此種の陰謀がなかったとすれば、果して明治十四年に於ける民選議院設立の詔勅が下りしや、又明拾二十三年に國會が開設せらるゝに至りしや、甚だ疑問である。兎に角明治二十三年に我國史に於て此一大革命的の事件が生ずるに至ったことは、板垣大隈氏等の政治上の勝利であったと云はねばならぬのだ。勿論、板垣大隈氏等の此當時力說したる主張が全部容れられて、我憲法が制定せられたとは云はれぬ。けれども議院制度が設立されたと云ふことは、詰り「民の心は卽ち君の心」なりと云ふ精神が早晩體現せられる途が開かれたと云ふことである。如何に上杉博士が非難しても、反對しても、嫌焉しても、議院制度が建設せられたる以上、早晩、議院が政治の中心たることは避くべからざることである。過去二十七年間に於ける事實と世の趨勢に鑑みるも、議院の勢力は年一年と發達し、君主と議院とが政治の中心となり、漸次其中間に介在する第三者の存在を許さゞる傾向を示しつゝあるのだ。若し、上杉博士の主張するが如く、我聖上陛下の國務大臣に選擇の範圍を特權階級の間に制限し、國民と至尊とは直に接觸せしむること、國民の選良中より國務大臣を選拔することとを永久妨止嚴禁せんと欲すれば、議院制度を撲滅するより外に途がないのである、善くても惡くても一度議院が設立された以上、早晩、君主と議院とは直に接觸し、其中間に存在するものを許さなくなるのである。

此他上杉博士の史實の曲解と、其論理の矛盾撞着と、事實の否定とは實に枚擧に遑《いとま》あらずである。何人と雖も、上杉博士の論文の一二頁を通論すれば其間に幾多矛盾の存在するを發見するであらう。要するに、上杉博士は立憲政治の何物なるかを理解して居らぬ、從って專制政治と立憲政治との區別も分らないのみならず、我萬世一系の皇室を時世の進運に伴ひ、永久泰山の安きに置き奉る途を徹底的に考究されて居らぬと思ふ。科學文明の進歩せる今日、倘倍々之が進歩發達せんとする將來に於て、迷信を以て永久に國體を擁護せんと欲しても、こは不可能の事であると云はねばならぬ、永遠に我國の存立と其世界的發展とを全からしめんがため、予は上杉博士に最も眞摯なる、最も慎重なる、最も徹底的なる熟慮を煩はさんことを希望するものである。博士も予も國家を思ふの心は一である。其議論の異なるは、一つに其研究考慮の深淺に因するのみ。予の議論の足らざる所は博士の説を以て補ひ、博士の議論の缺くる所は予の説を以て補し、共に國家及國民のために益する所あれば寔に幸甚である。予は予自身の淺學菲才をも自覺しつゝあるものである。何人と雖も、國家及國民のため予の議論の缺點を曝露指摘し、之を辯駁し、其缺を補はんとするものあれば、其人自身の歡喜滿足よりは一層予を喜悦滿足せしむるものであることを附言して置く。

吉野氏の憲法論と民本主義

『日本及日本人』大正五年五月号

憲法論

余は曾つて『中央公論』の新年號に於いて、吉野氏の憲法論を讀んだ。而して其の意氣と意嚮とに就いて感服した。乍併《しかしながら》其の議論が吉野氏自らの考ふるが如く、徹底的のものならざるのみならず、甚しき矛盾あることを發見した。故に之に就いて余は三月號の『國家及國家學』雜誌に於いて、聊か其の不徹底と矛盾とを指摘した。余が敢へて此批評を爲したるは吉野氏に對して敬意を拂ふと共に、學理の蘊奥を究めようとする爲めであった。余の此の論文を讀んだ人は、何人も其の意の在る處を推測することが出來るであらう。然るに吉野氏は之に對し三月號の『中央公論』に於ては、極めて不眞面目なる答辯を爲された。學者の他の學説を批判するに就いては確實なる論理と事實とによらなければならぬ。駄々兒が駄々を捏るやうな調子で、他の議論を批評することは學者の態度として斷じて許さぬ處である。他人の議論に於いて、矛盾があり不徹底があるならば、其の證據を擧げ事實に照して之れを指摘しなければならぬのだ。單に他人の議論が間違って居るとか、不徹底であるとか斷言するのみであってはならぬ。兎角、我國に於ける幾多の學者は感情に走り眞理を追究することを忘却する。如何なる學者と雖も必らず誤謬に陥らぬといふことは斷言出來ぬのであるから、學者として、自己の學説に誤謬や不徹底や矛盾がある場合に、他人から之を指摘せられたならば、大に感謝せなければならぬのだ。斯くして始めて學理の蘊奥が研究出來るのである。然るに、吉野氏は余の議論に就いて更に其の論點に觸るゝことなく、間違った議論であると云ふやうな句調で、論理もなく、考證もなく、答辯されて居る。是は學者として紳士として少しく過ったる途《みち》ではなからうか。故に余は吉野氏の矛盾と不徹底を再び茲《ここ》に繰り返へして氏の批評を乞はねばならぬのだ。吉野氏は立憲國と專制國とを區別するに、唯其の法文上に現はれたる形式のみに頼って居る。氏は所謂立憲國の憲法と稱するものに二種の要件及び特色があると云ふて居る。其の二種の要件とは「第一所謂憲法は、普通の法律に比して一段高い効力を付與せらるゝを常とする。憲法の効力が法律よりも強いとか、高いとか云ふことは、普通の立法手續では憲法の變更を許されないと云ふことを意味するのである。」と「第二には、憲法は其の内容の主なるものとして（イ）人民權利の保障（ロ）三權分立（ハ）民選議院制度の三種の規定を含むものでなければならぬ」と。余は之を形式一片の議論であると評したのである。此の議論は憲法政治に對する甚だ末葉の議論である。立憲政治と專制政治とに對し、斯る形式上の區別は甚だ不徹底であると云ふたのである。凡そ立憲政治と專制政治と分岐する處は、憲法の明文上に於ける差點ではない。兩者の根柢に蟠《わだか》まる處の思想、卽ち根本的精神の相違である。兩者の根本的思想及び精神に於いて相違があるから、是等の憲法の明文に、自ら差異を生ずるのだ。故に單に憲法の明文に於いて立憲政治と專制政治と區別することは、徹底的の議論でないと余は主張するのである。吉野氏は三月號の『中央公論』に於いて、小倉氏及び上杉博士の說を辯駁する爲めに、自ら次の如く言うて居るではないか。「余輩は近代人に共通なる、欝勃たる內心の要求が、實に立憲政治の本統の根柢なりと認むるのであるから、其の始め西洋に起った立憲政治も、我々は之れを西洋のものとは思はない。或意味に於いては實に我々のものである」と。小倉氏及上杉博士の議論を批難するに就いては、吉野氏自らが立憲政治なるものは國民の內心の要求によって生ずるものと主張しながら、余が氏の議論の矛盾と不徹底とを擧げて、立憲政治と專制政治との區別は、根本の精神によらなければならぬと云ふ議論を、何故誤れりと云ふのであるか。眞理は眞理。事實は事實。何人に對しても一でなければならぬ。吉野氏が之れを二種に用ゐるは、自ら矛盾に陷り、學者として不眞面目なることを表白して居るのではあるまいか。

余は、吉野氏が立憲國の憲法に就いて「憲法の効力が、普通の法律よりも高いとか強いとか云ふことは、普通の立法手續では、憲法の變更を許さないと云ふことを意味するのである」と主張して居るのは形式的の議論であって、立憲國の憲法の新諦に觸れたるものではないと云ふのである。「憲法の効力が、高いとか強いとか云ふ」理由は、普通の立法は、憲法の規定以內に於ける權力の發動によって、制定せらるゝものであるからだ。而して憲法が普通の立法手續で變更されぬ理由は、元來憲法なるものは、主權の發動によって決するものであるからである。憲法と普通の法律と異なる所以《ゆえん》は、是等の立法上に於ける手續の相違ではない。憲法と普通の法律の根本的相違からである。換言すれば、憲法は主權の發動によりて定まるもの、普通の法律は統治權の發動によりて制定せらるゝものであるからである。凡そ憲法を論ずるものは、此の兩者の根本的相違の起る所以を證さなければならぬ。單に憲法上の規定内に於いて憲法を論ずるのは、甚だ不徹底の議論である。吉野氏が單に憲法を論ずるのであると云ふならば、其の說に對して余は更らに異論を挾んだのではない。吉野氏は自ら「最も大膽に、最も徹底的に、憲政の本義を論ずるのである」と主張して居る。然るに單に形式上の議論に馳せて居るのであるから、其の不徹底を難じたのである。之れが學理として、事實に照して誤謬であるならば、實證を擧げて指摘して貰ひたい。吉野氏が之れを爲し得るならば、單に余の感謝を受くるのみならず、學術界に貢獻する處も少くなく、又我國の憲法政治の發達に對して多大の貢獻をなすのである。

第二に、吉野氏の立憲國に關する憲法の内容に關する議論も、余は單に形式的の議論であると主張したのだ。吉野氏は立憲國の憲法は、普通「人民權利の保障」とか「所謂三權分立主義」とか「民選議院制度の規定」とか云ふものを有して居ると力說して居る。之に對し余は「人民權利の保障」の歐米諸國の憲法に於いて普通存在するのは、主として其の立憲政體建設時代の理由、卽ち由來に基くものであって、云はゞ單に歷史的に其の存在の意味を有して居るのだと主張したのだ。現今、英國に於けるが如く、健全なる立憲政治が行はるゝに至れば、此の規定は左程重要なるものでもなく、又斯る規定の存在の必要をも認めぬのだ。立憲國に於いて、人民權利の保障の規定を憲法の明文中に必要であるのは、未だ健全なる立憲政治の行はれぬからである。立憲國に於いては、立法部が行政部及び司法部も支配するやうにならなければならぬ。立法部が行政部及び司法部を統轄するやうにならなければ、健全なる立憲政治は行はれぬ。人民權利の保障を要する所以は、まだ立法部や司法部が、行政部に支配されて居るからである。立憲政治と云ふことは、人民自らが人民の爲めに行ふ政治と云ふことである。立憲政治なるものは、國家は人民のものである故に、人民が自己の利福を保護し、増進する爲めに自ら政治を行ふべきものである。と云ふ精神によって始めて發生するのだ。けれども何處の國に於いても、歴史的關係上、立憲政體が組織されたからと云ふて、直《ただち》に健全なる立憲政治は行はれぬ。立憲政體なるものは、專制政體に對して生ずるものである。專制政體に於いては、行政部が立法部及び司法部をも支配して居る。普通專制政體が立憲政體に變った當時に、行政部が立法部及び司法部をも支配する權力を有して居るが故に、茲に人民權利の保障の必要が生ずるのだ。勿論、專制政體に於いては、獨斷政治である故に、行政部が立法部及び司法部を支配して、人民權利の保障を設くる必要もなく、又之れを設けぬのだ。專制政體から立憲政體に移り變った時には、已に根本に於いて人民の自治を意味するのだ。之れが直《ただち》に實現されるや否やは別問題。否專制政體から立憲政體に推移した當時に於ては、歴史的關係及び社會制度の組織狀態上、直に立法部が司法部及行政部を支配することは出來ぬ。故に人民權利の保障を設くるのだ。然れば人民權利の保障がなければ、憲法の内容を備へたものでないと云ふ如き議論は、立憲政治に對する初步の議論である。立憲政治が徹底的に完備し、立法部が行政部及び司法部を支配すれば、人民權利の保障を設くる必要がない。人民は自ら政治を行ふのだ。白痴狂人に非ざる限り、自ら自己の權利を侵害したり破壞するものはない。然れば人民權利の保障の必要あるべき筈はない。憲法の規定上、人民權利の保障が不必要にならなければ、徹底的の立憲政治とは云はれぬのだ。吉野氏は之れを理解して居らぬ故に、余は吉野氏の憲法論は甚だ不徹底なるものであると評したのだ。之に對する吉野氏の意見を聞きたい。

次に吉野氏は、立憲國の憲法の内容は「三權分立」が備はらなければならないと云ふて居る。之れに就ても、余は其の不徹底なることを批評した。憲政の要義は、三權分立主義にあると云ふ思想は、モンテスキュー以來、憲法學者が屢〻唱へたことである。歴史的に見れば此の議論も多少興味がある。乍併《しかしながら》、立憲政治の根本を、三權分立主義に求むるが如きは、甚だ枝葉の議論である。一國の統治權は、立法權・行政權と云ふが如きものに分立し得らるべき性質のものではない。一國の統治權を分ちて、立法權・司法權・行政權・司法權と區別するのは、單に其の機能上に於ける便宜上の差別に外ならぬのだ。元來統治權が別々に三個に別れて分立し得べきものではない。行政權と云ひ、司法權と云ひ、立法權と云ふものは、單に統治權の一機能を指すに過ぎぬのだ。論理上から見ても事實に徴しても、三權分立と云ふが如きことは不可能のことだ。統治權が三つに別れて、個々に獨立し存在し得べき理由がない。機能上是等の差別は爲し得られる。又便宜上區別して居る。此の區別は、立憲國に於いても、專制國に於いても、敢へて大差はない。專制政治の下に於いても、法規典則を定むる處、賞罰を決する處、行政事務を行ふ處と云ふ、三つの區別は存在して居る。之れを三權分立と云ふならば云ひ得られる。此の三者の統治權に於ける機能上の區別があるから、又其の區別を存するから、立憲政體であると云ふことは云ひ得られぬのだ。德川幕府時代に於いても、法を定むるもの、法を行ふもの、刑罰を決するものと、各〻職分が分れて居った。之れが爲め、德川幕府の政治組織を、立憲政體であると云ふことは出來ぬだらう。專制政體に於いては、唯司法を行政立法より重しとする傾向はある。專制政治は、壓制によって極端に服從を强ふる處の政治だ。專制政治の存立は、一方に於ける壓制と、他方に於ける服從とによって存立するのだ。而して壓制を强ひ、服從を要求するに就いて、生殺與奪の權は、最も有力なるものである。故に專制政體に於ては、司法權を重しとするのだ。蓋し、立憲政體に於いて、最初人民權利の保障を設くるは、此の生殺與奪の權に對する爲めである。立憲政體建設の當時に於いて、人民權利の保障を立つるのも專制政體から立憲政體に推移する。此の歴史的意義を理解すれば、自ら明瞭になるのだ。立憲政體に於いては前にも述べたるが如く、立法權が司法權・行政權の上に立たねばならぬのだ。統治權の三つの機能上、專制政治は司法を主とし、立憲政治は立法を主とするのであると云ふならば、理由は立つ。乍併《しかしながら》、三權分立主義が、立憲政體の根本義であると云ふが如き議論は、意味を爲さぬのだ。勿論專制政體より立憲政體の方が、組織上稍ゝ複雜である故に、立法・行政・司法の機能上に於ける區別も、稍ゝ立憲政體が專制政體に比較して、確然たるものであると云ふことは疑ひない。然れども立憲政體には、三權分立し專制政體には之れを缺乏して居ると云ふが如き議論は、決して憲政の根本を論ずるに當を得たものでない。

獨り吉野氏而已ならず、我國に於いては、憲政の本義として三權分立を稱へ、又は司法の獨立を主張する憲法學者が少くない。是等は、統治權及び其の運用に關し、精密なる分析をせぬものである。司法權が、行政權、或は立法權に獨立すると云ふが如きことは、絶對に不可能のことだ。事實を擧げて之れを證明しよう。我國に於いて、司法權を左右しつゝあるものは司法大臣だ。而して司法大臣は行政官である。司法大臣は、他の國務大臣と一致の步調をとり、總理大臣によって支配されねばならぬのだ。之れに依っても司法權が、行政權に獨立して居るとは云はれぬ。最近の例を擧げて云へば、大浦子爵不起訴事件に就いても、之を不起訴に終らしめたは、平沼檢事總長、尾崎法相の意思に基くものである。而して尾崎法相や、平沼檢事總長は、一個人として大浦子爵事件を不起訴に決したものではなからう。行政部と稱へらるゝ內閣の意思、或は方針によって、之れが不起訴を決めたに違ひない。此の事實に徴しても、司法部が行政部に支配されて居ることは明かだ。又兩三年前、裁判所構成法の改正により、幾多の判檢事が免黜せられた。此の裁判所構成法を改正したるものは、行政部と立法部である。終身官にして、而かも陛下の直轄であると云はれて居る判檢事すらも、法律の改正によって左右されるではないか。是でも司法權が獨立であるとか、司法官が獨立であるとか云ひ得られるであらうか。是等の事實を講究し、統治權を緻密に分析すれば、司法権が行政權或は立法權から獨立し得るものであると云ふが如き議論は成立せぬのである。事實は眞理である。根本を究むるには事實によらなければならぬ。去れば三權分立が、憲法の要素であると云ふが如きことは、云ひ得られぬのだ。此の議論が誤りであるならば、吉野氏から事實と論理とによって證明して貰ひたい。

次に、余が吉野氏の説が誤って居ると云ふて指摘したことは、氏の「憲法は千載不磨の大典である」と云うて居ることである。元々、國家と云ふものも、人間が作ったものだ。人間而かも多數の人間が、共同生活をして居らぬ處に、國家はない。國家も憲法も、人間が作ったものだ。而して人間は、時々刻々に變化しつゝある。此の時々刻々に變化しつゝある人間が、彼れ等の利福を增進するが爲に、共同生活を營み、之に便宜の爲めに政治團體を作り、又作りつゝあるのだ。憲法なるものは、此の政治團體の組織を定める法典である。人間が時々刻々に變化し、其の社會及び國家も、之れに伴ふて變化するものであるとすれば、憲法も亦其の變化に準じて、進化せねばならぬのだ。不用の憲法、卽ち死せる憲法ならばいざ知らず、活ける憲法ならば、時代の變遷變化に伴ふて變化しなければならぬのだ。吉野氏も立憲政治の眞の根柢は、之れを組織する人々の、內心要求に基くものであると云ふて居るではないか。人間が進化し、その欲求が變はる以上、憲法も變はらなければならぬのだ。若し憲法が萬世不易、千載不磨だとか云ふものであれば、立憲政治と云ふものも、實現すべき筈がないのだ。然るに吉野氏は、憲法は千載不磨の大典であると云ふが如きことを云ふて居る。自ら矛盾を表白して居るではないか。此の矛盾を指摘した余の議論が愚か、自ら矛盾を作って居るのが不條理か、事理によりて答辯して貰ひたい。

吉野氏は、余が國家の主權と國家の統治權とを精密に區別して論じたるに就き、次の如く云ふて居る。「植原氏は、主權と統治權とを分ちて、更らに細密なる論を試みられて居る。けれども佛國の Pouvoir constituant と Pouvoir constitué との區別に當て嵌めたものかも知れぬ。日本の憲法學には、植原氏の云ふ通りには適用がない。一體、國家主權説と云ふ思想の起りを考へて見るに、國家と云ふ社會學的觀念を、其の儘法律學の議論に移さんとするに基いて居る。國家を一の社會現象と見れば、國家の支配權力は、勿論國民の綜合意思を離れては存在しない。國家の意思の上に何等の根據なき意思力は、人民を服するに足らない」と云ふて居る。主權と統治權を分ちて Pouvoir constituant と Pouvoir constitué との區別に當て嵌めたと云ふが如き議論は、學問と云ふものに對する根本の觀念を、誤って居るのだ。學者の求むる處は眞理でなければならぬ。佛國の眞理、日本の眞理と云ふが如き別はないのだ。事實上、主權と云ふものと、統治權と云ふものとは、根本に於て相違して居るのだ。佛國人がどう云はうとも獨逸人が何んと說かうとも、英國人が如何やうに論じようとも、そんなことに頓著する必要はない。余は自己の學說を力說するに當って、事實を事實として、眞理を論ずるより外に何等顧慮する處がないのだ。事實は事實、之れが日本の憲法に適用が出來るとか出來ないとか云ふことではない。吉野氏は小倉氏及び上杉博士の議論を辯駁するに當って「立憲政治が西洋のものなるが故に、日本に之れを容れぬと云ふのは、空氣は酸素と窒素とからなる、西洋の學理は日本の空氣には適用しないと云ふ類の議論である。畢竟原埋は東西同一である」と自ら主張して居るではないか。他人の學說を自ら批する時には、原理は東西同一だと云ひ、自己の學說を述ぶる時には日本の憲法學、西洋の憲法學と區別するのは、自ら自分の學說に矛盾を作って居ることではないか。こんな不條理を吉野氏は自ら認むることが出來ぬのであらうか。國家の主權と云ふものと、國家の統治權と云ふものは、事實に於いて異なるから、余は之れを嚴密に區別して論ずるのだ。それが日本の憲法に當て嵌まらぬとか、佛國の學說を借りたものであるとか云ふことは、實に奇怪千萬なる論法ではあるまいか。主權とは其の文字の示すが如く、國家の最高獨立唯一無制限の權力である。主權が一國家内に於ける獨立の權力であるといふことは、他の國家に對して、對照上の主權に對する説明である。主權が最高唯一無制限なるものであるといふことは、其の國家内に於ける主權を説明したものだ。吉野氏自らも「國家の支配權力は、勿論國民の綜合意思を離れては存在しない。國民の意思の上に、何等の根據なき意思力は、人民を服するに足らぬ」と云ふて居るではないか。人民の此の綜合意思が主權であるのだ。之れは、最高のものであり、唯一のものであり、無制限のものであるのだ。吉野氏は之れと、憲法内に制限されて居る權力との、根本的相違を認むることが出來るであらう。統治權なるものは、憲法の規定内に制限されて居る權力である。君主と雖も、憲法を定め、立憲政治を行ふには、其の規定によらねばならぬのだ。吉野氏も「立憲政治とは、憲法に準據して行ふ政治と云ふ意味である」と述べて居るではないか。憲法と云ふ規定に準據して行使さるゝ處の權力は、制限されて居ることは明白である。されば此の憲法内に制限されて居る權力を、主權とは云はれぬ。此の憲法の規定内に制限されて居る處の權力を統治權と云ふのだ。之れは佛國に於ける處の區別ではない、事實上の事柄、云はゞ眞理である。之れが日本の憲法學に適用が出來ないといふは、抑〻《そもそも》何故であるのか。眞理は日本の憲法にも、英國の憲法にも、獨逸の憲法にも、佛國の憲法にも、何處の憲法にも適用が出來るのだ。吉野氏は國家主權説と云ふ思想は、國家と云ふものゝ社會學的觀念を其の儘法律の議論に移さんとすることに基いて居る謬想であると云ふて居る。吉野氏の此の觀念が根本的誤りである。事實は事實、社會學から見ても、法律學から見ても、別あるべき筈はないのだ。此れは社會學の觀念、彼れは法律學の觀念だと云ふが如く、形式に囚はれて居るから、結局不徹底、且矛盾の議論を爲すのである。日本の眞理、西洋の眞理と云ふ別なきと均しく、社會學の眞理、法律學の眞理と云ふ別はないのだ。學問上、社會學、法律學、心理學、倫理學、生物學等、抃に區別を立つる所以《ゆえん》は、社會の現象、或は宇宙の事柄を、局部々々に解釋しようとする企てに過ぎぬのだ。

斯く局部々々に研究を遂《と》ぐるが便利であり、容易であるから、學術界に於いて人爲的に區別を定めるのだ。原理は東西同一であるが如く、是等の諸種の學問に對して共通のものでなければならぬ。社會學上、國家の主權は、人民の綜合意思であることが眞理であるならば、法律學上に於いても、此の眞理を根柢としなければならぬ。國家の主權は國民の綜合意思であると云ふことは、社會の現象の眞理であるが、法律學上では之れが眞理でないと云ふが如き議論は、學理上成立せぬのだ。法律學は唯法典の文字の解釋であると云ふが如き議論は、所謂法律屋の議論であって、學者の學説ではない。吉野氏は單に憲法論を爲すに、法文上の規定を機械的に解釋して居るのであると云へば、余は敢へて其の矛盾や不徹底を指摘しようとは思はぬ。氏は自ら憲政の根本義を徹底的に論ずると明言して居るのであるから、余はその形式論の不徹底を忌憚なく批判して、聊《いささ》か憲政の發達を助けようとしたのみである。吉野氏は小倉氏の説を辯駁するに就いて「人民を離れては國家はない、人民の有機的全體が國家である。小倉氏は此の國家と人民との關係を認識するに當り、法律學的器械觀に囚はれて居る」と主張して居るではないか。小倉氏が法律學的器械觀に囚はれて居るより、吉野氏は更らに一層法律學的器械觀に囚はれて居るではなからうか。然らざれば、國家主權説は社會的觀念であって、法律學上の觀念でないと云ふが如きことは云はれぬのだ。要するに、余は國家の主權と統治權とは異なるもの、主權は國民の綜合意思、統治權は憲法の規定内に制限されて居る權力であると云ふこと、之れは佛國の學説に當て嵌めたものではない。何れの國家にも適合する事實であると主張するのだ。

余は吉野氏の代議院制度に對する議論に、不徹底あるを指摘し、責任内閣が出來なければ、立憲政治の眞義を實現することが出來ないと力説した。然るに吉野氏は意識的であるか將又《はたまた》無意識的であるかは知らぬが、余の明瞭なる議論を强ひて曲解しようとして居る。余が『國家及國家學』雜誌に於いて論じた言葉は次の如くである「立憲政治の眞義を實現するには、代議制度による以上、責任内閣の制度に從ふより途はないのである。吉野氏の言ふが如く、責任内閣の制度は、憲政の運用上、缺くべからざるものと云ふが如き微温《なまぬる》いものではない。責任内閣が成立しなければ、眞の立憲政治は行はれぬ。我國に於いて尙立憲政治が行はれぬ所以《ゆえん》は、未だ責任内閣が作られぬからだ。而して現在に於ける政界の腐敗も、何にもかも、其根本は一つに之れに歸するのである。我國の政界の腐敗と墮落を革正するには、吉野氏の言ふが如く、選擧權の擴張も、嚴重なる選擧の取締も、選擧道德の鼓吹も必要である。殊に選擧權の擴張に就ては、余も亦氏と全く同感である。之れに關して余は全然裏書する。乍併《しかしながら》如何に嚴重に選擧を取締っても、又如何に選擧道德なるものを鼓吹しても、余は責任内閣が建設せらるゝに非ざれば、政界の腐敗を一掃することは、絶對的不可能であると主張するのだ。吉野氏も我現今の政界の腐敗は、主として制度の罪であると云ふて居る。是れは至極尤もの議論である。而して余も亦同感である。故に余は責任内閣が完成せらるゝに非ざれば、政界の腐敗を掃蕩することは、不可能なりと主張するのだ。超然内閣は如何に有力なるにせよ、議會に於ける議員の多數の同意を得るに非ざれば、國政を行ふことは出來ぬ。然し、超然内閣は、議會の上に居り、其の背後に君主の威力を有して居るけれども、議會の多數を常に代表するものでないから、議會と共通の意思を有することは出來ぬ。故に常に議會に於ける多數の同意を得ようとすれば、勢ひ彼れ等を操縱するか、籠絡するか、威嚇屈服せしむるか、又は買收軟化せしむるより外に途はないのだ。之れを爲さゞれば内閣が倒れるか、國政が澁滯するかである。超然内閣に、腐敗は必ず伴ふもの、決して避くることは出來ぬのだ」と（三月號『國家及國家學』參照）。之れに對し吉野氏は、四月の『中央公論』に於いて、次の如く言ふて居る。「植原氏は、責任内閣制の樹立が第一にして、而かも最も根本的なる問題として、余の說を非難されて居る。乍併《しかしながら》、氏の主旨は、唯責任内閣の形式が出來ればよいと云ふのか、克くわからない。議會の多數黨が、内閣を組織すると云ふ形丈けが出來たのでは、内閣が議員を買收し、選擧を干渉し、更らに代議士をして國民を籠絡せしむると云ふ弊害を、斷ち得ることは出來ない。若し又氏の本旨が、責任内閣の實が完成せなければならぬと云ふことにあらば、之れは人民が充分に、或は少くとも相當に議員を監督し得ることを條件とせねば出來ぬ話である。植原氏の說はどの道克く徹底しない」と論じて居る。余は立憲政治の眞義を實現するには、責任内閣の制度に從ふより外に道がないと斷言した。然るに此れ程明瞭なる文章を吉野氏は「責任内閣の形式が出來ればよいと云ふのか、克くわからぬ」と云ふやうなことを云ふて居る。余の說を故意に斯く曲解したものではなからう。責任内閣が出來ても、内閣が議員を買收し、選擧に干渉し、更らに代議士をして國民を籠絡せしむると云ふ弊害を斷つことは出來ないと、吉野氏は云ふて居るのであるから、詰り吉野氏は責任内閣なる憲法上の意味を、徹底的に理解して居らぬと思ふ。議會の腐敗や、選擧場裡の買收は、責任内閣が建立されないから起る處の弊害である。責任内閣が健全に存在すれは、議會や選擧場裡の腐敗は起したくも起らぬのだ。責任内閣が出來ても、尙議會及び選擧場裡に腐敗を斷つことが出來ぬと吉野氏の思惟するは、畢竟、責任内閣なるものを理解して居らぬからだ。勿論責任内閣の、單に形式だけでは駄目だ。名實共に備はる責任内閣でなければならぬ。余は形式上の問題は、常に第二に置いて居る。余の議論は常に根本問題だ。然るに吉野氏は、余の趣意が、責任内閣の形式が出來れば云々であると云ふて居るのは、甚だ以って余の腑に落ちぬことである。責任内閣と云ふことは、議會に於ける多數黨と共通の主義政見を有するその代表者が、内閣を組織し、自黨に屬する多數の意見によって、國家の政策を行ひ、又其の意思によって進退する内閣と云ふ意味である。責任内閣と云ふことは、一定の主義政見をも有せざる議會の多數によって、一時的政權を掌握するものと云ふ意味ではない。憲法上、責任内閣と云ふことは、決してさう云ふ意義に用ひられて居らぬ。

議會に於いて多數を有する政黨と、常に共通の主義政見を有し、之を代表して内閣を作るものが、何とて議員を買收する必要があるか。内閣の議員を買收する必要のあるは、議員の多數と、主義政見の一致を缺いて居るからである。責任内閣が出來て、尙ほ内閣が議員を買收する必要があると云ふが如き吉野氏の珍說は、責任内閣の意義を理解して居らぬから起る處の說である。又責任内閣が、實際出來れば、選擧場裡の腐敗と云ふことも起らぬのだ。責任内閣と云ふことは、主義政見によって、憲政を握ると云ふ本旨によって生ずるものである。主義政見によって、選擧を行ひ、主義政見によって政權を掌握するものにあらざれば、責任内閣とは云はれぬ。責任内閣が出來ても、尙ほ代議士が國民を籠絡すると云ふが如き說は、畢竟責任内閣の何ものなるかを知らぬものゝ云ふことである。而已《のみ》ならず眞の立憲政治なるものは、選擧民が「議員を監督」することによって行はれるのではない。主義政見によって、議員は國民を代表し、其の國民の有する、或は希望する處の主義政見が、議會に於ける多數を代表する内閣によって行はるゝことによりて、始めて實現されるのだ。然れば、責任内閣の存在する處に、議員の買收、或は選擧場裡に於ける選擧民の買收と云ふことは、存在せぬ筈である。我國に於けるが如く、内閣が議會の多數を占むる政黨と、全く共通の主義政見を有せざる所謂超然内閣なるものが存在して居るのであるから、已むを得ず議員を操縱したり、籠絡したり、威嚇したり、買收したりすることがあるのだ。而して議會に於ける議員も、如何なる主義政見を有して居っても、之れと主義政見上の一致を見ざる内閣が、其の上に坐し、自己の主義政見を實行することが出來ぬのであるから、彼れ等は自己の主義政見の確執も企てなければ、又之れによって國民の信頼を求めようともせぬのである。如何なる人と雖も、必ず實行の出來ぬと云ふ主義や政策を固執するものはなからう。超然内閣の存在して居る處に於いては、議員は自己の主義政見を發表しとは、斷して出來ぬのである。故に彼れ等は主義政見によりて立たうとはしない。又、主義政見を發表して、選擧を爭はうともせぬのである。さうした處が無益である。無益なることに努力する程愚な事はない。故に超然内閣の存在して居る處では、主義政見によらずして選擧が行はれる。主義政見によって選擧が行はれぬものであるとすれば、買收によるが最も有力にして、且最も捷徑である。主義政見によらずして、選擧が行はれなければならぬ處、又、主義政見によらずして、選擧が行はるゝ處に於いて、如何に選擧の神聖を説いた處が、誰れか之れに耳を借すものがあらうか。超然内閣の存在して居る處では、選擧民が、如何なる人を議會に送るも大差はない。當選されたる代議士は、選擧民に對し、何事をもなし得ぬのである。斯る議員を選擧するに神聖も何もない。無意味なもの、無價値のものを、神聖だと云ふても、何人も之れを了解し得ぬのだ。如何に投票の神聖を説いても、嚴重に選擧を取締っても、超然内閣が存立する間は、斷じて是等の腐敗を矯むることは出來ぬ。責任内閣が出來て、議會に於ける多數の議員の意思が、實行せらるゝに至れば、國民は自然、其の議員により、自己の欲求を實現しようと力むる。選擧民が投票する處の議員によりて、自己の欲求が滿たさるゝ場合、五十錢や一圓で其の投票を賣れと云ふても、必ず賣らないに違ひない。自己の欲求が、投票によりて滿足せらるゝに至って、始めて投票の神聖なりと云ふ意義が生ずるのだ。投票の神聖なりと云ふ意義は、此の投票によりて、國民が自己の欲求を、政治上に滿足し得る效力を有するからである。一票の投票により、國民の欲求が滿足せらるゝと、せられざるとの分岐點になる場合、誰れが投票を賣ると云ふ、愚かなことを爲すものか。詰り、責任内閣が出來れば、投票は自然有力なるものになり、さうなれば、投票は有力なるものなりと教へられずとも、濫用されぬに違ひない。超然内閣を維持して、政界の革正を稱ふるが如きは、木に縁って魚を求むるのだ。責任内閣が起らなければ、政界の腐敗を掃蕩することも、眞の立憲政治を行ふことも出來ぬ。之に對して、吉野氏は異議を有するならば、事實を擧げ論理を正確にして論ぜられたい。誰れが見ても明確なる言葉を、自己の不明瞭なる言葉に變更して論ずることは、學者として止して貰ひたいものだ。余も人間であるから間違った説を爲さぬとは云はぬ、余の論ずる處は余の學識と經驗とによって眞理と信ずる處のものである。何人にせよ余の説の誤りを指摘せらるゝものあらば、余は喜んで之れに服する。

民本主義論

吉野氏の民本主義説は、理解の出來ぬものだ。之れを理解出來ぬのは、余一人而已《のみ》でないと思ふ。論理と事實とを尊重するものには、何人にも腑に落ちぬと思ふ。吉野氏は「各立憲國に通有せる精神的根柢を以て民本主義であると認むるものである」と主張して居る。而して氏は民本主義は、西洋のデモクラシーなる語の譯語であると云ふて居る。氏が西洋のデモクラシーなる語を、翻譯して民本主義と云ふならば、更らに異議はない。然るに、氏はデモクラシーなる言葉に、二つの意味がある、「一つは、國家の主權は法理上人民に在り」と云ふ意味、又「もう一つは、國家の主權の活動の根本的の目標は、政治上人民にあるべし」と云ふ意味であると述べて居る。而して第一の意義は、從來使用せられつゝありし民主主義なる譯語に適當し、第二の意味は吉野氏自ら用ふる處の、民本主義と云ふ言葉に適當すると云ふて居る。何人と雖も論理的に多少なりとも判斷力を有する人は、此の説を聞き甚だ拙劣な詭辯であると思ふに違ひない。西洋のデモクラシーなる言葉を、邦字に譯するに、從來使用せられたる民主主義なるものは、原語の意義を克く傳へないから、民本主義と云ふ文字に改めて用ふるのであると云ふならば、異議はない。然るに、デモクラシーなる言葉に二つの意義を附し、一は民主主義、他は民本主義であると云ふに至っては、其の理由を解することは出來ぬのだ。若し民本主義と云ふ文字が、デモクラシーなる文字の譯語であるならば、民本主義なる文字は、其の言語の意義を悉く含んで居らなければならぬ。民主主義と云ふ言葉も、民本主義と云ふ文字も、均しくデモクラシーなる言語の翻譯であると云ふて居りながら、吉野氏は何故に、之れに二樣の意義を附するのであらうか。勿論一つの言葉でも、二樣の意義を有して居る場合はある。乍併《しかしながら》、如此《かくのごとき》場合に於いても、一個の言葉の内に、二個の相反する意義を有して居ると云ふが如き場合は、絶對にないのである。吉野氏は、自ら「各立憲國の憲法の根柢に横はる精神は、通有のものである」と云ひ、且是れは「近代文明の潮流中の主調なる、デモクラシーの精神、或は觀念である」と云ふて居る。去れば吉野氏のデモクラシーなる言葉は、此の精神、或は觀念を、徴象、或は表示しつゝあるものであると云はねばなるまい。それを邦語に於いて、民主々義と譯さうが、將又民本主義と譯さうが、其の意義に於いて相違を生ずべき理由はない筈だ。是れがデモクラシーの意味であり、此意義が、邦語に民主々義と譯され、又は民本主義と譯されても、此の兩者の内容に相違を生ずる理由はない。是れ等は單に文字上の、議論であるとすれば、深く咎める必要はない。然るに、吉野氏は民本主義を説明する爲め、デモクラシーなる文字に、强ひて二樣の意義を附して居る。加之、從來使用されつゝありしデモクラシーの譯語なる民主々義なる言葉に對し、プシジュジスを塗附せんとするに至っては、一言、批評を試みざるを得ぬのだ。前にも述べたるが如く、デモクラシーなる言葉の意義を二つに分ち「一つは國家の主權は法理上人民に在り」となし「他は國家の主權の活動の根本的目標は政治上人民に在り」と云ふて居る。此の兩者の意義、及び區別は、甚だ不明瞭である。一つは主權の所在を述べ、他は主權の作用を述べて居る。一體、物の性質と、その作用を叙述すれば、同一物を意味するにせよ、言語に相違を生ずるは當然である。併し、之れが爲め、其の本體が別物であるとは云はれぬのだ。勿論吉野氏の、此の二つの區別は、同物の性質と、作用とを述べて居るのであるか、兩者が各〻異ったるものであるか、判明して居らぬ。第二の意義なりと稱するものに於ける、國家の主權は、何處に存在すると云ふのであるか。此の第二の文章に於ける主權は、法理上人民にありと云ふならば、第一のものと、第二のものと、同物を意味して居るものであると理解出來る。乍併、此の第二の文章に於ける主權なるものが、法理上、人民以外、卽ち君主の如きものにあると云ふならば、此の兩者を、全く別個のものと解釋せねばならぬのだ。若し、それが吉野氏の眞意であるとすれば、第一と第二の意義とは、全然相反し、相矛盾するものである。如何なる言葉に於いても、よし二樣の意義を有するとしても、根本的に矛盾して居る觀念が、一語の内に包容せらるゝと云ふことは、絶對的にないのである。吉野氏と雖も、之れを否定することは出來まい。されば、若し第一の意味が、デモクラシーの意味であるとするならば、第二の意義は全然デモクラシーなる語の内に包容せられざるものであると云はなければならぬ。若し第二の意義に於ける主權の所在が、第一の意義に於ける主權の所在と均しく、法理上、人民にありとするものであるとすれば、一つは其の主權の所在を述べ、他は其の作用を述べて居るに止まる。若し果して、是れが吉野氏の眞意であるならば、此兩者は區別にならぬ。故に一つを民主々義と云ひ、他を民本主義と名くると云ふ議論は、根本から成立しないのだ。吉野氏の議論は、机上に一冊の政治書がある。政治書は、憲法を解釋して居る。故に政治書は危險である。憲法解釋書は、危險でないと云ふ論法だ。何人と雖も斯る場合、其の机上の政治書が、憲法を解釋して居る書物かどうか明ならぬであらう。又憲法を解釋して居る其の書物が、机上の其の書物と同一物であるかどうか、それも明ならぬのである。吉野氏は斯る不明瞭なる二つの言葉を用ひ、之れを同一物とし、而して更らに政治書は、危險であって、憲法解釋書は、危險でないと云ふ論法を用ひて居る。吉野氏は、同じデモクラシーなる文字の譯語である處の、民主々義は、社會思想を含む危險なるものであると云ひ、他の民本主義なるものは、健全なる立憲政治の根本を作るものなり、と主張して居る。こんな奇怪な議論が、どうして成立するのであらうか。

吉野氏はデモクラシーなる言葉は、西洋に於いては、二つの觀念を現はすに用ゐられて居ると云ふて居る。而して之れを明かにする爲めに、民主々義、民本主義なる二つの譯語を立てたのである、と主張して居る。デモクラシーなる言葉が政治上、或は經濟上、或は社會上に用ひらるゝ場合には、多少異なったる色彩を帶びて居る。乍併其の根本觀念は一つである。吉野氏も、近代文明中の主調は、デモクラシーの精神、或は觀念なりと云ふて居るではないか。して見れば、デモクラシーなる文字の根本的觀念は、一つであると云はなければならぬ。政治上、特權階級の存在を打破しようとする觀念も、産業上、資本家と勞働者との階級別を撲滅しようとする觀念も、根本は一つだ。よし、假りにデモクラシーなる言葉の根本觀念に於いて、二種ありとするも、其の二種が、必ず矛盾するもの、相反するものであるべき筈はない。吉野氏が、強ひてデモクラシーの觀念に、全く異ったる二種の觀念が存在するとするならば、其の二種の觀念を明瞭に說明しなければならぬ。「國家の主權は、法理上、人民に在り」とか「國家の主權の根本的活動の目標は、政治上、人民に在り」と云ふが如き區別では、何人も理解することは出來ぬ。デモクラシーの觀念に「國家の主權は君主に在り」とか、或は「少數の特權階級に在り」とか云ふが如き觀念は、絕對に含まれて居らぬのだ。デモクラシーの根本觀念は、一言にして云へば「凡ての人間は均しく人間である」と云ふことだ。尙之れを六ケ敷《むづかしく》云へば、平等思想である。此の觀念が、政治上に於いて現はれたる場合に於いては、國家は人民（君主の在る處に於いては君主をも含む）のものである。國家なるものは、人民が人民の共同生活に必要なるが爲めに組織する處の政治團體である。故に此の政治團體中に於ける政治は、人民自ら人民の爲めに行ふのであると云ふのである。此の觀念は、吉野氏が考ふるが如く、社會主義の思想でもなく、君主政體、或は君主國に取って危險なる思想でもない。是れが、立憲君主國に對して、最も健全なる思想、即ち君主を泰山の安きに置き奉る思想である。君主國に於いて、君民一致の攻治なるものは、此思想によりて始めて實現され得るのである。通例、專制君主國に於いては「民の心を以て君の心となす」と云ふ精神によりて善政が行はれて居った。然るに之れが立憲國となりしが故に「民の心は即ち君の心なり」と云ふ觀念に代はったのである。立憲君主國に於いて、民の心は即ち君の心なりと云ふ觀念によりて政治が行はるゝより、君主に對して、安全なる方法はあるまい。民の心は即ち君の心なりと云ふことは、國家の基礎は、民であり、凡ての民は平等なる權利を有するものなりと云ふ觀念に外ならぬのだ。之れを民主々義と云はうが民本主義と云はうが更らに差支はない。

吉野氏は「所謂民本主義とは、法律の論理上、主權の何處に在りと云ふことは、措いて之れを問はず、唯其の主權を行用するに當って、主權者は須《すべか》らく一般民衆の利福、竝に意嚮を重んずるを方針とすべし、と云ふ主義である」と論じて居る。茲に至って、吉野氏の民本主義なるものは、益ゝ理解が出來ぬ。民本主義とは、理論上主權の何處に在りやは、不問とは何事であるか。吉野氏は、デモクラシーの氏の所謂第一義として、國家の主權は、人民に在りと云ふて居るではないか。民本主義が、此の意味を有して居らぬとすれば、デモクラシーの解釋とはならぬのだ。又國家の存在、立憲政體の根本を論ずるに當って、主權が何人に在りやと云ふことは措いて問はずとは何事であるか。デモクラシーの第一要素は、國家は國民のものであると云ふ觀念である。主權が國家の一人、或は少數者に在りと云ふ主義ならば、それはデモクラシーではない。デモクラシーに、全く相反して居るものである。元來デモクラシーなる思想は、君主神權說に對して起ったものである。而してデモクラシーは、アリストクラシー、オリガキー、プルトクラシー等に相反する思想であるのだ。前にも述べたる如く、デモクラシーの觀念は、國家は國民（君主國に於いては君主を含む）ものであるから、國民は國家の爲め彼れ等自身の政治を行ふべきものであると云ふのである。而してデモクラシーの觀念が、世界に於ける現代文明の主調となって居る所以は、最も進歩したる思想上に於いて、之れを眞理と認むるからである。余は吉野氏の云ふが如く、これを以て今日の學問上の定説である抔とは云ふて居らぬ。吉野氏も「國家の支配權力は、國民の綜合意思を離れて存在して居らぬ」と云ふて居るではないか。此の綜合意思を主權と云ふのだ。是れが明確に理解されなければ、現代文明のデモクラシーの觀念を理解することは出來ぬ。若し吉野氏が、民本主義はデモクラシーなる文字の譯語であると主張するならば、此の事實を否定することは出來ぬ。而已ならず、此の根本觀念を棄てゝ、デモクラシーなる語は、意義を爲さぬのだ。然るに、氏は主權の何人に在りやとは措いて問はずと云ふて居る。之れを矛盾と云はずして何んとか云はん。又、吉野氏は「主權を行用するに當って、主權者は須らく人民々衆の利福、竝に意嚮を重んずる方針にすべしと云ふ主義」が民本主義であると云うて居る。主權を行用するとは、誰れが之れを行用することを意味するのか。又主權は何處に存在して居るのか。主權の所在が、明白にならないで、どうして之れが行用出來るのか。主權を行用するに當って、主權者と云ふて居るが、主權の所有者と、主權者とは同一人であるのか。主權の所有者が、主權者であると云ふことであるならば、デモクラシーの觀念に、全く反したものである。否事實に全く矛盾して居ることだ。專制々度にせよ、立憲政體にせよ、政治を行ふものが、一般民衆の利福、竝に意嚮を重んぜざる方針をとるものが、何處にあらうか。專制獨裁の統治者でも、政治を行ふに當って、必ず一般民衆の利福、竝に意嚮を尊重すると宣言するに違ひない。德川將軍でも、一般民衆の利福を侵害し、其の意嚮に反して政治を行ふと云ふ主義をとりはせぬであらう。之れを以て吉野氏は民本主義と云ふのか。然らば吉野氏の民本主義なるものは、デモクラシーの觀念を有して居るものではない。加之、是れは、立憲政體の根柢に横はる處の精神ではない。又吉野氏は民本主義により、政治の目的は一般民衆の利福に在りと云ふて居る。元來國家なるものは、國民の利福の爲めに存在するのだ。故に政治の目的が、一般人民の利福を増進するに在りと云ふことは云はずもがなだ。如何なる專制君主と雖も其の政治を行ふに當って、政治の目的とするものは、一般人民であるに違ひない。之れを以て吉野氏が民本主義であると云ふだけならば、更らに異議はないが、是れがデモクラシーの觀念であり、又立憲政治の根本の觀念であるとは云はれぬのだ。單に政治と云ふ目的が、一般人民であると云ふこと、政治は民衆の意嚮を重んずる方針をとらなければならぬと云ふだけでは、立憲政治にならぬ。立憲政治とは、人民が人民の爲めに行ふ政治を意味するのだ。立憲政治と專制政治と分岐する處は、一に人民自ら其の國の政治を行ふか、少數の所謂智者、或は特權階級が行ふかどうかによって定まるのだ。吉野氏は「政治にして人民一般の利福を目的とする。其の運用は須く何が所謂一般人民の利福なりやを最も克く知れる者が之れに當るを必要とする。而して自己の利福の何たるは、其の本人が一番克く之れを知って居るのであるから、近代の政治は、人民一般をして、終局的に其の方針を決定せしむることが、最も克く其の目的に適合するであらう」と云ふて居る。「あらう」ではない「さうである」のだ。是れがデモクラシーの觀念であり、又立憲政治の、根本の精神である。之れと吉野氏の前に述べたる「主權者は須らく一般民衆の利福竝に意嚮を重んずるを方針とすべし」と云ふ觀念とは、全然矛盾して居るものである。主權者、或は統治者が、人民の爲めに政治を行ふと云ふことゝ、人民自ら人民の爲めに政治を行ふことゝは、其の根本的觀念に於いて、全然相容れざるものである。一は專制政治の觀念にして、他は立憲政治の觀念である。之れを同一と認めて居る處の吉野氏の議論は、矛盾ではあるまいか。之れを矛盾でないと云ふならば、吉野氏から論理を正うして說明して貰ひたいものだ。

吉野氏は、小倉氏の民本主義の批評に對し斯く云ふて居る。「所謂民本主義なるものは、民主思想の當然の結果にして、獨立の觀念ではない、と云ふ説がある。然し、此の考へも亦誤りである。純なる論理上から之れを論じても、民本主義は、民主思想と件はずして成立し得る觀念である。勿論多くの場合に於いて、民本主義が、民主思想に伴ふて發現したことは事實の示す處である。從って今日でも、デモクラシーなる言葉は、二つの觀念を包括した言葉に用ゐらるゝことがある。然しながら、例へば國王神權説の行はるゝプロシヤに於いても、議院選擧法の Demokratisierung と云ふやうな字が、政府からも、民間からも稱へられ、又新聞にも絶えず散見するが如く、民主思想と全然離れた意味に於いて、此の字を用ゐられて居る場合も少くない……從って民本主義は、必然に民主主義と伴ふものと斷言することは出來ない」と云ふて居る。前にも述べたる如く、吉野氏は、民本主義も、民主々義も、デモクラシーなる文字の譯語であると、ふうて居るではないか。同じ文字に含まれて居る觀念が、よしやそれが二つの觀念であるにせよ、互に相伴ふて居らぬものであると云ふことが、どうして有り得ようか。デモクラシーとは民主思想のことだ。吉野氏の民本主義と云ふことが、民主思想によらないものであるとすれば、民本主義と民主々義と相反して併立して居ることが出來るであらう。先きに吉野氏が云ふが如く、「主權者は一般民衆の利福、竝に意嚮を重んずる方針とすべし」と云ふが如き觀念が、氏の所謂民本主義であるならば、是は正《まさ》しく民主思想と相反するものにして、「デモクラシーの觀念ではない。然し「政治は人民一般をして、終局的に其の方針を決せしむることが最も克き政治」を實現することが、出來るものであると云ふ觀念ならば、是れは民主思想である。吉野氏は、此の相矛盾する兩者を總括して民本主義と云ふのか。吉野氏の民本主義なる言葉は、吉野氏自身の説明を聞いても分からない。或る時は專制主義を民本主義と云ひ、或時は立憲主義を民本主義と云ふて居る。最も奇怪なることは、吉野氏が國王神權説の行はるゝプロシヤに於いても Demokratisierung と云ふが如き言葉が行はれて居るから、デモクラシーなる語は、民主思想と全然離れたる意味に於いて用ゐられて居ると云ふ説を爲して居ることだ。一つ國に全然相反する二種の説が存在して居るから、それが根本に於いて同じものであるとは、全然云はれぬのだ。假令プロシヤに於いても、國王神權説とDemokratisierungと云ふ言葉に含まれて居る思想とは、全然相反して居るものだ。吉野氏は之れが爲めに、民本主義と云ふ言葉は、デモクラシーと云ふ言葉の一觀念の譯語であるが、是れは國王神權説と相矛盾せざる觀念であると云ふのか。さうでなければ民本主義は必然に、民主主義と伴ふものと斷定することは出來ないと云ふやうなことを、プロシヤの實例から推斷することは出來ぬのだ。吉野氏が民本主義とは、國王神權主義であると云ふならば、民主思想と相離れて存立し得ると云はれよう。で、よしプロシヤに於いて、國王神權説とデモクラシーなる主義と、共に國内に存在して居ると云ふても、兩者が根本に於いて矛盾し、相反するものでないと云ふことは出來ぬのだ。畢竟吉野氏の民本主義は、氏の議論の種々なるものに於いて研究すれば研究する程、何が何やら薩張り分からぬのだ。氏は或時は國王神權説を民本主義と云ひ、或時は民主思想の根柢に蟠まる思想を民本主義と云ふて居る。

以上は吉野氏の憲法論及び民本主義論に關する要點のみの批評である。若し余の議論に論理の矛盾があり、事實に反することがあるならば、余が理解し得るやうに實證を擧げて指摘して貰ひたい。余は自己の誤謬を認むるに吝《やぶさか》なるものではない。若し吉野氏が親切に眞面目に余の議論の缺點を指摘して教へられるならば、吉野氏自身が滿足するよりは、余を一層滿足せしめ喜ばしめるものであると附言して置く。而已ならず、我國の憲政に對し吉野氏は不尠貢獻するものであると思ふ。

IV　犬養毅とロイド・ジョージ

猶興社出版刊、大正六年八月

一

欧羅巴に於ける一大島國、即ち英帝國に於て、今日最も問題とされて居る政治家はロイド・ジョージである。然して亞細亞に於ける一大島國、即ち日本帝國に於て、今日最も問題とされて居る政治家は、犬養毅である。而も此兩者は、最も能く酷似せる政治家である。ロイド・ジョージは、ウェルスの片田舎なるトルコードの郷士の家に生れたるもの、彼の家はその祖父の時代に於ては、相當の資産家であった。然るにロイド・ジョージの父の時代に至りて家產を傾け、彼は貧困の裡に生れたのである。ロイド・ジョージの父は、熱心なる宗教家であって、極めて嚴格にロイド・ジョージを育てた。が、不幸にして父はロイド・ジョージの幼少時代に亡くなったので、彼は其伯父なるロイド氏に依って育てられたのだ。ロイド・ジョージの父は、ウィリアム・ジョージと言ひ、ジョージは其姓であった。然るにロイド・ジョージは幼少時代より伯父の教養に依りて生長したので、伯父の姓を冒してロイド・ジョージと稱するに至ったのだ。

ロイド・ジョージを育てたロイド氏は、靴屋ではあったけれども、相當の修養もあり、且つロイド・ジョージを教育せんが爲め、晩年に至って自ら外國語を修めたといふ程の人、而已《のみ》ならず此ロイド氏は、ロイド・ジョージを教養せんが爲め一生獨身で終ったといふ位の人である。かう云ふ境遇にロイド・ジョージは人と爲ったのだ。

犬養毅の幼少時代の境遇も稍々《やや》之れと似て居る。犬養毅は、備中の片田舎なる庭瀬村の鄉士の家に生れた。其家は一地方での名門で、世々學者を出だすことを以て知られて居た。ロイド・ジョージは、貧家に生れて貧家に人となった。然して、犬養毅は多少有福な家に生れ、多少有福な家に人となった。けれども兩者共田舍の極めて嚴格なる家庭に育ったことは同じである。

ロイド・ジョージの幼少時代の境遇は既に述ぶるが如くである。然して彼は後に法律學を修めて辯護士となり、更に進んで政界に身を投じたのであるが、何等の後援なく全く自ら自己の地位を築き上げて今日に至った。犬養毅の家は、鄉士として地方に於ては多少有福な家ではあったが、彼をして今日あらしむる上に、その門地は何等の後援ともなって居らぬことは瞭《あきら》かである。彼が慶應義塾を出でて後ち、政界に身を投じ、多年健闘して今日の地位を贏ち得たのは、全く自己の努力に外ならぬのである。此意味に於て、兩者とも所謂セルフメードメンである。

二

ロイド・ジョージは、幼少時代より嚴格なる宗教的教育を受け、貧困の裡《うち》に人と爲ったが爲めに、窮民に對して熱烈なる同情を有して居る。彼が初めて政界に身を投じて以來、常に勞働者――中流以下の英國民の爲めに多大の同情を注ぎ、貧民及び勞働者の地位を改善し、彼等の社會的地位を向上せしむることを以て唯一の主義、目的とした。故に彼は貴族、富豪、資本家等の特權階級よりは蛇蝎の如く厭はれ、國家に危害を與ふる一種の社會主義者と目されたことも屢次《しばしば》であった。殊に千九百三年の南阿戰爭當時に於ては、彼は貴族、富豪の階級より國賊と非難された程であった。彼は南阿戰爭は、全くトランスブアルに於けるダイヤモンド及び金山の爲めに、セシルローズの計畫に依り、侵略を目的として開かれたものと推測し、之れに向って猛烈なる反對を試みたのであった。凡そ一國家内に於ける貧富の懸隔を助成するを戰爭より大なるはない。戰爭に依って結局困しむ者は窮民にして、利する者は富豪の徒である。故にロイド・ジョージは、資本家に依って企てられたる侵略を目的とする戰爭なりと推斷せる南阿戰爭に對し、斯の如きは眞に國辱なりとて極力それに反對を唱へたのである。然して彼が其當時バーミンガムに於て試みたる演說の際の如きは、同地の資本家に依って煽動されたる群衆の爲めに包圍され、巡査の服裝を借り受け、假裝して辛うじて會場內より遁れ出たといふ有樣であった。此一事に由るも、彼の標榜する所は自ら瞭かである。ロイド・ジョージは、英國を愛し、英帝國を念《おも》ふが爲めに、南阿戰爭に反對を試みたのである。彼が生命を賭しても、謬れる國策を改むる迄は熄まずと公言したのも此時である。併し是等の聲明は、太《はなは》だしく英國の特權階級の反感を惹起し、彼等をしてロイド・ジョージを政界より葬り去るに非ざれば、遂には國家を危地に瀕せしむるに至るべしと迄絕叫せしめた。然れどもロイド・ジョージは、猶勞働者卽ち中流以下の階級の援助に依り、依然として政界に一大勢力を維持することが出來た。

三

南阿戰爭後、保守黨內閣が仆れ、サー・ヘンリー・キャメル・バンナアマンの內閣が組織さるゝに至って、ロイド・ジョージは拔擢せられて商務卿となった。當時幾多の同盟罷工があり、勞働者と資本家との衝突が頗る多かったが、彼は商務卿として極めて巧妙に是等の紛擾を鎭靜し、漸く其非凡なる手腕を一般に認めらるゝに至った。されどロイド・ジョージに對する人望は、凡て勞働階級、貧民、社會主義者等より來るものであって、是等の人々がロイド・ジョージを賞讚すればする程、貴族、富豪、資本家等は彼を批難したのである。過去十五六年間英國の政界に於て、ロイド・ジョージより以上に敵の多い政治家はなかったらうと思ふ。キャメル・バンナアマンの死後、アスクィスが首相となるに臨み、ロイド・ジョージを商務卿より更に大藏卿に榮轉せしめた。英國に於て大藏卿と言へば、内閣員中首相と併稱さるゝ人である。然してロイド・ジョージは大藏大臣となるや、英國の財政々策を根本的に改善する計畫を樹て、第一着手として地價增加税なるものを課するの計畫を樹てた。當時英國の貴族、富豪、資本家等は之に對して非常なる反感を懷き、ロイド・ジョージの此案は、英國傳來の社會制度を根本より破壞するものなりと叫び、激烈なる反對を試みたのである。其結果衆議院と貴族院とは、互に意見の衝突を來たし、政府は已むを得ず議會を解散して國民の裁斷に訴ふるに至ったのだ。然してロイド・ジョージは、身命を賭するも此案を實行せざれば止まずと叫び、其計畫を明かにする爲めに夥多の出版物を爲し、且つ熱心に國内を遊説し、聽選擧の結果勝利を得て終《つい》に此英國の財政々策及税制に關する一大革命的法案と稱せられし地價增加税案の通過を見るに至ったのである。然して一度此案の實行に成功せる彼は、更に進んで勞働者保護の爲めに養老金制度を定め、勞働保險制度を作り、且つ財政整理の爲め減債基金の制度を根本的に改革した。其他ロイド・ジョージが社會政策として實行せるものは殆んど枚擧に遑《いとま》あらずといふも過言でない。

四

斯の如く、ロイド・ジョージが、身を政界に入れて以來、最も熱心に主張し、且つ實行せることは、悉く中流以下の英國民の地位を向上せしめ、貧富の懸隔より生ずる所の社會の缺陷を矯正せんとすることであった。故に彼の主張は常に、外交よりも内治に重きを置き、軍國主義に反對して平和主義を唱へつゝあったのである。彼がバルフアの關税改革に非常なる反對を爲せしも、曾て保守黨が唱へし强制的徵兵制度を痛罵せしも是れが爲めである。然して彼が常に中流以下の英國民より大政治家と呼ばれ、中流以上の英國民より國家を毒する社會主義者と罵らるゝも是れが爲めである。然るに今回の歐洲戰亂に對し、ロイド・ジョージは一見從來の主義主張を捨てゝ其態度を一變せしが如き觀を呈して居る。千九百十四年、英國が獨逸に向って宣戰せる當時、常にロイド・ジョージと步調を一にし來れる勞働黨の首領ジョンバーン及び、熱心なる自由主義の謳歌者ジョンモーレー等は、開戰に反對して內閣を去った。然るにジョンバーンよりも、ジョンモーレーよりも、一層徹底せる平和主義及び自由主義の宣傳者と目されしロイド・ジョージは、內閣に留ってアスクィス首相を援け、熱心に戰爭に對する國務國政を燮理したのである。之れに對して英國民中には、ロイド・ジョージの豹變として批難した者も尠くなかった。併しながらロイド・ジョージは、此度の戰爭は、侵略を意味するものに非ずして、獨逸の官僚主義、軍國主義、武斷政治を打破し、全歐洲に自由民權政治の根底を築くものなりと主張し、アスクィス內閣中最も熱心に戰爭の遂行に從事したのである。

五

卽ちロイド・ジョージは、有《あら》ゆる國家の緩急に處し、有ゆる內閣の難局に當り、一身の名譽は勿論、その身命をも犧牲にすることを躊躇せざるの決心を示した。然して戰爭の當初に於て英國の最も困難を感ぜしは軍需品供給の不足で、之れが補充の途を講ずる爲め、臨時に軍需大臣を設けて國家に於ける軍需品製造の統一を圖らんとするや此重責を完ふし得る者はロイド・ジョージを措《お》いて、他に求め得べからずとは閣僚の意見の一致する所であった。當時ロイド・ジョージは現に大藏卿であり、英國の內閣に於ては首相に次ぐの地位である。之れに反し軍需大臣は、臨時特設の大臣であって、内閣に於ける地位から言へば末席である。而もロイド・ジョージは、快く大藏卿の地位を抛ち、軍需大臣として内閣の末班に列したのである。斯くの如きことが、日本の多くの政治家の能くする所であらうか。彼等は常に忠君愛國を口にすれど、徒《いたず》らに先輩とか後進とかいふことにのみ重きを置き、國家危急の場合に於ても、自ら其地位を下って國事に當るといふが如きことは、容易に望み得べきでない。然るにロイド・ジョージは、國家の爲めに更に自己の利害得失を顧みなかったのである。然して最も困難なる軍需大臣の任務を果たし、英國民をして滿足せしむる丈けの成績を擧げ得た、ロイド・ジョージの行く所何物も可ならざるなく、ロイド・ジョージの爲すところ何事も成らざるなきの概がある。

六

啻《ただ》に軍需品の問題のみならず、或は愛蘭問題に、或は勞働問題に、アスクィス內閣時代、內閣の最も困難とする問題は、悉くロイド・ジョージをして其衝に當らしめたのだ。然して彼が其衝に當れば如何なる難問題も必ずや何等かの解決を告げざるはなかった。斯くてロイド・ジョージの人格と手腕とは、從來ロイド・ジョージに非常なる反對を爲しつゝあった特權階級の間にも承認さるゝに至り、刻下の難局に處して、英帝國を背負ひ得る政治家は、ロイド・ジョージを措いて他に求め難しと思はしめ、不知不識《しらずしらず》の間に天下の聲望はロイド・ジョージに集注するに至ったのである。斯くしてロイド・ジョージは、今日英國の首相として此難局に處し、英帝國の運命を支配しつゝあるのである。然して今日最も熱心に彼と提携しつゝあるものは、從來彼を仇敵とせし貴族、富豪、資本家等である。アスクィス及びサー・エドワード・

グレーは、始終一貫せる自由黨員と稱せられた人である。而も兩者共自由黨員中曾ては最も貴族、富豪、資本家等に接近しつゝありし人であった。然るに今回の戰局に臨み、從來の行掛り及び其自由思想に囚はれて、保守黨員等と、圓滿なる調和と鞏固なる提携とを形造ること能はずして内閣を去ったのである。之れに反しロイド・ジョージは、從來保守黨に蛇蝎の如く嫌厭され、殊に特權階級の人々と相容れざりしものである。之れが今日最も能く保守黨及び貴族、富豪、資本家等と調和提携して國家の難局に當り、殆んど擧國一致の形式を以て國政を處理して居るのである。されど、ロイド・ジョージの此態度に就ては、英國内に於て種々の議論があり、彼は最も疑問の人物とされて居るのだ。

七

ロイド・ジョージは勞働者の味方、資本家の敵、從來戰爭は貧富の懸隔を助成し、窮民を困《くる》しむるものであると主張して居った。然るに彼は今や貴族、富豪、資本家と提携して熱心なる戰爭の遂行者である。故に彼は豹變したではなからうかといふ疑問が彼の味方であった勞働者、貧民階級社會主義者の胸中に盛んに起って居る。戰爭の際故、彼等は默して多くを語らないが、是等の人々がロイド・ジョージに就て疑問を懷いて居ることは爭はれざる事實である。ロイド・ジョージは、首相の地位を贏ち得んが爲に、其主義主張を棄てゝ豹變したのではなからうか、ロイド・ジョージは、極端から極端に走る性格を有する者、極端なる自由主義者から極端なる保守主義者になったのではなからうかといふ疑問を、從來ロイド・ジョージの崇拜者たりし人々が懷いて居る。ロイド・ジョージは、眞に國家の爲めに保守黨と提携して居るのであらうか、或は自家の地位を得んが爲めに從來の主義主張を一擲し去ったのではなからうか。ロイド・

ジョージの手腕は何人も認めて居る、併し乍らロイド・ジョージの進退に關しては、尠からざる疑問が英國民間に潜在して居る。けれども、ロイド・ジョージは決して節を變じたのではない。彼は、歐洲の一隅に存在する軍國主義、官僚政治、武斷政治を根本より打破し、單に英國内に於てのみならず、全歐洲に其主張を敷かんが爲めに、敢て保守黨との提携を爲し、此戰爭に於て最後の勝利を期する爲め、粉骨碎身、世人の疑惑を意に介せず此難局に當って居るのである。彼の人格、識見、主義、主張から判斷すれば、一身の地位を得んが爲めに節を變ずるが如き人でないことは自ら明瞭である。

八

遮莫《さもあらばあれ》、英國の政界に於て、恐らくロイド・ジョージ程疑問とされた人は尠ないであらう。一部人士間には彼は極めて權謀術數に富んだ政治家の如くに評されて居る。アスクィス内閣時代、彼は大藏大臣であったが、内閣の實權は彼の掌中に在った。又今回の難局に際し、彼は先輩たるアスクィス、グレー等を除き、自ら首相の地位に立つに至った。是等の事を以て或一部の人々は、彼を野心滿々たる政治家であるかの如く評して居る。然して彼の其敵に臨むや、鋭鋒極めて峻辣であって、嚮ふ所何物をも粉碎せずんば止まずといふ概《おもむき》がある。かるが故に、彼は又一部の人々から、非常に冷酷なる政治家の如く解されて居る。曾て彼が地價增加税案に就き、貴族、富豪、資本家を敵として鬪へる際、是等特權階級の人々は、彼を目して最も冷酷殘忍なる人物と評した當時、ロイド・ジョージの夫人は、此批評を聽き、何故に世人が我が良人《おっと》を冷酷であり殘忍であるといふかを解することが出來ぬと語られた。夫人は自分の良人程親切溫和にして且つ率直な人はなからうと思って居たのである。實にロイド・ジョージの家庭に於ける生活は、最も溫情に富めるものと言はれて居る。單に家庭に於てのみならず、個人として彼に接する人にして、彼の飾らざる率直にして親切なる性格に感心せぬ者はない。然るに彼は其政敵より屢次《しばしば》前記の如き批難を受けて居る。然して斯の如き誤解を招くのは、彼の非凡の手腕と、抜群の雄辯とが其一因を爲して居ると思ふ。英國の政治家中、辯舌に於てロイド・ジョージと太刀打の出來る者は一名も無い。又複雜なる問題を解決する政治的手腕に於ても、ロイド・ジョージと比肩し得る者は一人も無い。ロイド・ジョージの快刀亂麻を斷つが如き手腕と、聽衆を魅了する鋭き辯舌とは、屢次彼に對する誤解の種子となり、彼を以て權謀術數に富む冷血の政治家の如くに世人をして評せしむるに至ったのだ。併し乍ら彼が、グラットストンよりも徹底的なる自由主義者にして、ピットに勝る手腕を有する大政治家たることは、他日必ず證明せらるゝであらうと思ふ。

九

犬養毅は、ロイド・ジョージに能く似たる性格を有し、ロイド・ジョージと齊しく常に疑問とされる政治家である。現代の我邦に於ける政治家中、頭腦の明晰なる點に於て、犬養毅に及ぶ者はなからう、辯舌に於ても犬養毅は實に我邦に於ける天下一品である。又將來は兎も角、過去の我政界に於て、如何なる境遇に處しても終始一貫其主義を固執せる點に於て、犬養毅に比すべき者はない。犬養毅の頭腦、辯舌、操守に就ては、敵も味方も之れを承認し敬服して居る。併し其手腕に對しては多くの人は猶之れを疑問として居るやうである。けれども、若し犬養毅が英國に生れたならば、必ずやロイド・ジョージと同一の經路を踏んで、其手腕を發揮するの機會を得たに違ひない。凡そ立憲國の政治家は、如何なる複雜なる問題をも細密に分析して、即時に其歸着點を發見し得る丈けの明晰なる頭腦を有せなければならぬ。之れと共に其主義に對しては最も忠實なる人でなければならぬ。加之《くわえるに》立憲政治は、討論主義の政治である故に立憲國の政治家たる者は、辯論の優者でなければならぬ。辯論を以て自己の主張を瞭かにし、天下國民の贊同を得、一定の主義に依りて國政を燮理するのである。情實や權謀術數で政治を行ふ場合には、不言實行といふことも言はれる、臨機應變の政治を行はんとすれば、辯舌の雄たるを要せぬ。それよりも謂ゆる不得要領といふことが必要であらう。斯樣な非立憲的な政治を行ふ手腕は犬養毅にはなからう。夫れには彼の頭腦は餘りに明晰である。彼の主張は餘りに透明である。眞に主義に依りて國策を樹て、國務國政を處理するには、頭腦明晰であって、主義に忠實に、而も國策を辯舌を以て國民に說明し、彼等をして翕《きゅう》然《ぜん》として其下《もと》に集り來らしむるの力があれば十分である故に、立憲國の政治家としては、犬養毅の手腕に就いて疑問を置くべき餘地は更に無い。彼の手腕に就いて疑問を置かるゝ所以《ゆえん》は、我邦の政治が未だ立憲的ならざる爲めである。

ロイド・ジョージは、英國に於て、最も主義に忠實なる政治家であって、而も辯舌に於ては双《なら》ぶ者無く、其頭腦の明晰なることに於ても亦彼に比すべき者は無い。此點に就いて言へば、犬養毅とロイド・ジョージ、此兩者は最も能く酷似して居るものである。然るにロイド・ジョージは幸にして英國に生れて其手腕を發揮すべき機會を得た、犬養毅は不幸にして封建制度の餘炎猶高き日本に生れて、其手腕を發揮するの機會に遇はぬのである。兩者の相違は此點に在る。

一〇

我邦の帝國議會が創設されし前後に於て、政府を擁護するものを吏黨と言ひ、民權の發達を主張するものを民黨と言ってゐた。然して明治十五年に所謂民黨を標榜して、初めて改進黨なるものが組織されて以來、今日迄純然たる民黨の直系者と言へば犬養毅を除いて外になからうと思ふ。大隈侯を中心として、前島密、北畠治房、牟田口元學、犬養毅、尾崎行雄等が、矢野文雄や、小野梓や、沼間守一、島田三郎、肥塚龍等と共に、所謂民黨卽ち改進黨の中堅であった。是等の中には、既に故人となった者、或は政界に全然忘れられた人も尠くない、現在猶政界に處しつゝある大隈、尾崎、島田等はあるけれども、彼等は既に民黨の直系者であるといふべき資格は無い、彼等は時に或は吏黨となり、或は豹變して他黨に走ったこともある。此間に在りて、ひとり改進黨より進歩黨、憲政黨より憲政本黨、更に國民黨として常に民黨の主張と立場とを棄てざりし者は、犬養毅一人であるといふも過言ではない。勿論舊自由黨、現在の政友會も創立當時は民黨であった。併し舊自由黨、現在の政友會が常に民黨の主張を固執し來ったといふことは出來ぬ。されば明治十五年初めて政黨なるものが組織されて以來、今日に到る迄、常に民黨を標榜し藩閥軍閥に拮抗して、始終一貫其主張を渝へざりし者は國民黨——犬養毅一人であるといふことは、議論の問題でなく事實である。敵も味方も此史實を否定することは出來まい。

十一

犬養毅が、斯く迄其主義主張に忠實なりし所以《ゆえん》は、彼の幼少時代の教養に基く所が尠くなからうと思ふ。ロイド・ジョージは基督教、――而もその洗禮教會派の嚴格なる感化訓育を受けた人である。故に彼は、貧民の味方、中流以下の國民の味方として始終一貫せる行動を取り來ったのである。犬養毅は、慶應義塾に於て自由民權獨立自尊の教育を受けたが、其以前家庭に於ける儒教教育に依り、其性格は略々形ち作られて居ったのだ。故に犬養毅は何處迄も武士氣質《かたぎ》だ、其風貌に於ても、其の行動に於ても、儒教に依って堅められた古武士の俤《おもかげ》が存して居る。故に義に就いて動かざること磐石の如しである。之れが彼をして主義に忠實ならしむる理由で、彼の自由民權の思想は、此性格の上に築かれたものである。故に自由民權を唱へても、其立場に於てはアスクィス、グレーなどゝ同じく中流階級の國民を根抵として居る。此點はロイド・ジョージと相異なるけれども、其主義に忠實なることに於ては兩者其揆を一にして居る。然してロイド・ジョージは、商務卿より大藏卿、軍需大臣を經て首相の地位に進んだけれども、之れは悉く彼が自ら求めたるものに非ずして、寧ろ他から與へられたものである。犬養毅も曾て隈板内閣時代に、尾崎行雄の後を承けて文部大臣となったことがある。けれども之れ亦求めて得たるものに非ずして與へられたものである。尾崎行雄と犬養毅とは屢次《しばしば》比較される。然して改進黨時代に於ては、犬養が尾崎よりも長者であったとも思はれるが、尾崎は犬養よりも早く大臣となり、又今日犬養よりは勳等も上なれば、大臣になったことも多い。併し尾崎の地位を得たのは、悉く大隈に依って求め得たので與へられたものではない。のみならず尾崎は自己の立身出世の爲めには、主義主張を弊履の如く擲《なげう》つ人だ。犬養には之れが出來ぬ。既に述べたる如く、明治十五年以來今日に到る迄、常に民黨の主張を棄てず、如何なる逆境に處しても清節を守り來りし者は、我政界に於て犬養毅以外に殆んど絶無と言ってよい。然るにロイド・ジョージが昨今疑問とされて居るやうに、犬養毅も亦豹變せしかの如く世人から憶斷されて居る。犬養毅が果して豹變したか否かは將來を俟《ま》たなければ何人も之れを判斷することが出來ないが、彼の人格、その幼少時代の教養、然して三十年清節を守り、更に自ら進んで地位を求めざりし過去の經歴から推して、遽《にわか》に豹變せりと憶斷し去るのは早計ではあるまいか。犬養毅が、一時の虛榮を貪る爲めに主義主張を棄てる人であるとすれば、今日よりよりよき機會は過去に於て屢次《しばしば》あった、犬養毅が今日臨時外交調査會に列席するに至りしが爲めに、直ちに之れを豹變せりと判斷するのは、犬養毅の人物と經歷とを知らざる者ではあるまいか。

十二

尾崎行雄や、武富時敏や、河野廣中や、大石正巳、島田三郎、箕浦勝人等と、犬養毅と行動を倶《とも》にし、同じ主義主張を標榜して居った時代がある。然して尾崎、武富等は、現在に於て、犬養毅よりは多數の黨員を有する政黨に屬して居る。之れに反し犬養毅は極めて少數の黨員を有する政黨を率ゐて居るに過ぎない。之れは何故かと言ふに、犬養毅が、一には主義に忠實なりし爲め、二には彼等より明晰なる頭脳を有し、事物の歸著點をよりよく理解せし爲め、三には虛榮に傾倒せざりし結果に外ならない。一己の立身出世の上から言へば、日本の今日の狀態に於て、之れが犬養毅に取って幸か不幸かは疑問である。併し此點が犬養毅と是等の人々と相異る所以《ゆえん》である。島田は問題にならぬ。大石は政界から隱遁するのハメに立到った。尾崎、武富、河野、箕浦等は、順調に棹《さおさ》し、犬養毅よりは順境に立ち、今日に於ても一層多數を有する政黨に相當の地位を占めて居る。併し乍ら一個人として犬養毅の如き鞏固なる地位は是等の何人も有して居るとは言はれぬ。縱令《たとえ》犬養毅の少數黨に居ることが不幸なるにもせよ個人としての犬養毅の地位は、犬養毅と別れたる、否犬養毅を棄てたる人々の夫れに比して一層勝って居ることは爭はれぬ。犬養毅には多數の敵がある。恰《あたか》もロイド・ジョージが多數の敵を有して居ると同じである。併し犬養毅を知る人は、彼を尊敬して殆んど之れを崇拜する程度に迄達して居る。或場合に於て彼は同志に棄てられたこともある。併しながら、彼を信頼し尊敬する人々は、決して彼の身邊を離れなかった。假令《たとへ》少數黨なるにもせよ、犬養毅が今日最も團結鞏固なる一黨を有して居ることは、立憲國の政治家として、曩《さき》に彼を棄てし尾崎、武富、箕浦、河野等に勝ることを證明して居るものである。

十三

犬養毅は非常なる逆境に處してもよく奮闘し、如何なる强敵を眼前に控へても、敗を取ったことはない、黨員の數は減じても、立憲政體の常則から言へば、彼の戰ひは悉く勝利の戰ひであった。内閣に於て、地位を得ることは出來なかったけども、未だ曾て其政界に於ける一大勢力たることを失はなかった。ロイド・ジョージも太《はなは》だしき逆境に處したことがある。併し彼も亦闘って殆んど敗れたことはない。此點も兩者頗《すこぶ》る能く似て居る。然して斯の如きも兩者に對する一種の疑問の種子となって居る。卽ち、犬養毅は戰へば必ず勝ち、如何なる强敵に對しても決して負けぬ、故に敵は彼を目して極めて權謀術數に富んだ政治家の如く思ふに至るのである。或者は彼を陰險なる政治家であると言ひ、或る者は彼を冷酷なる人物であると評して居る。此點もロイド・ジョージの受くる誤解と同じである。

犬養毅は熱情の人だ、此點も、ロイド・ジョージとよく似て居る。ロイド・ジョージは一般世人から理智の人にして情の人に非ざるかの如く思はれて居るけれども、其友人との交情及び家庭生活の狀態から判断すれば、彼は理智の人よりも寧ろ情の人であると観るのが當を得るに近い、情の人に冷酷なることは出來ぬ、犬養毅を理智に依る冷酷なる人と判斷するのは、眞に犬養毅を知らざる人である。犬養毅は最も溫情に富んだ人である。若し犬養毅に處世上の失敗ありとすれば、其冷酷なるが爲めに非ずして熱情の爲めである。犬養毅の理智の點に於て傑出して居ることは言ふ迄もないが、夫れよりも彼は寧ろ情熱に於て勝って居る。又犬養毅を權謀術數に富める政治家であると評する者は、未だ其の眞を穿《うが》たざるの人である。

十四

彼は熱情の人なるが故に、寧ろ比較的策を弄し得ざる人である。恐らく現在の政治家中彼の如く率直にして策の少き人は稀であらうと思ふ。然るに彼が權謀術數に富める人の如く誤解されるのは、彼の明晰なる頭腦と鋭敏なる分析力とに因ることが多い。

犬養毅程明晰なる頭腦と鋭敏なる分析力とを有する者は實際稀である。彼は如何に複雜なる問題に逢著しても、一たび之れに接すれば直ちに其歸着點が明瞭に殆んど直覺的に理解されるのである。其先きの見えることは、卑近の言を以て言へば、千里眼的に透視するかの如く思はれる程である。斯の如くにして彼は複雜なる政界の事情に於ても、歸着點を何人よりも早く透察し得るのだ。然して豫め之に對する準備を爲し、他に先んじて其歸着點に到達するのである。然るに世人は之れを以て犬養毅が、幾多の奸計陋策を用ひて其處に到達せしかの如く憶測し、彼を權謀術數に富んだ政治家の如くに誤解するのである。若し相當に見識を有する人が、犬養毅に接したならば、如何に其策少き人であるかを瞭解し得るであらうと思ふ。權謀術數は比較的冷血の人に非ざれば爲し能はざることである。故桂公の如きは最も權謀術數に富んだ政治家であった。頭脳の明晰なる點に於て、又その修養に於て、見識に於て、桂公は遙かに伊藤公に及ばなかったけれども、桂公は比較的冷血の人であって、伊藤公は比較的溫情の人であった。故に策に於ては伊藤公は遂に桂公の敵ではなかったのである。舊日本の不言實行の政治家として、桂公が伊藤公に優った所以《ゆえん》は此處に在る。犬養毅が、其頭腦と識見と辯舌との卓越せる割合に、比較的我政界に勢力を扶殖し能はざる理由も亦其策少きに依るのである。世人が犬養毅を冷酷な惡辣な策士の如く許するのに對して、其夫人は之れを理解するに困《くる》しむと言はれたことがあるさうである。良人《おっと》が冷酷な人であるか、溫情に富む人であるかを最も能く知る者は其夫人である。ロイド・ジョージの夫人や犬養毅の夫人が、世人の誤解に對して不平を言はるゝのは尤もな次第である。然して兩者が斯の如き誤解を世人から受ける原因は、前にも言へる如く、兩者の頭腦の明晰にして分析力の鋭敏なること凡人の想像以上であるからである。

十五

ロイド・ジョージが今日保守黨と提携し、最も熱心に戰爭の遂行に從事せるに對して、從來彼を尊敬せる人々の間にも、彼を誤解し、彼に離叛せんとする傾向を帶びて居る。犬養毅が今回調査會に入りたるに就いても亦、多年犬養毅の主義淸節に敬服せる人々の間にも、動《やや》もすれば疑惑の念を起す者があるやうである。ロイド・ジョージは、英帝國に於て、中等以下の階級者の向上を圖り、一層徹底したる民主政治を實現することが英帝國の將來の爲め最も健全なる政策なりと信じ、多年之れを主張し、其實現の爲めに特權階級に反抗し來ったのである。然して之れを實現するには歐洲の一隅に存在する獨逸の軍國主義、官僚政治、武斷政治を根本より破壞することの必要なるを思ひ、曩に南阿戰爭の非を唱へたるに反し、今や熱心に今回の戰爭を遂行せんと欲し、之れが爲めには多年自己の政敵たりし特權階級と提携することをも辭せず、危險を惧れず萬難を排し、身命を賭して今日英帝國の首相として奮闘しつゝあるのだ。ロイド・ジョージが、保守黨と提携したのは、多年の主義を擲《なげう》ったのではなくて、眞に主義に忠實なるの致す所であることは勿論、英帝國の將來の爲めには、一身をも犧牲にせんとの覺悟を有して居るからのことだ。之れが眞の政治家の態度である。之れと齊《ひと》しく、犬養毅が、今日外交調査會に列席したのは、決して多年の主義を擲ったのではない、否その多年の主義主張を實現する機會を造らんが爲めである。のみならず、國家の危急存亡に臨みては、敢て私情を顧みざる至誠の致す所である。犬養毅の外交調査會に列せしを目して多年政敵とせる長閥に屈服せしものと爲すが如きは太《はなは》だしき謬りである。

十六

現在我邦の外交の危機に瀕して居ることは爭はれざることである。日清戰爭、日露戰爭に於て、我邦は世界の耳目を聳動する程の大捷を得た、併しながら此兩戰役に於ける戰後の外交は、世界の外交史上に於ける汚點と言はるゝ程拙劣なものであった。戰爭には勝ったけれども、外交には負けたのである。今回の戰爭は、戰爭其物は日清日露の戰爭程日本に取っては大仕掛けではない。併し乍ら日本の國際關係に於ける地位は、日清日露戰役當時の比ではない。今度の戰爭の外交は、實に世界の列强の間に立っての外交である。太平洋方面に於て日英兩國の利害の衝突も起るであらう、日露兩國の關係には自ら變化を生ずるものと思はねばならぬ。殊に米國の參戰、支那の問題等は、我邦の外交をして最も難境に瀕せしめて居るのだ。如何なる政治家が現はれ來るも、此重大なる外交を内閣のみに委ねて置くことは不安心である。國民は深く此點に心を潜め、全國民の力を擧げて此戰爭の外交に當り、歐洲列強を相手として最も激烈なる利害問題の間に處し、外交上滿足なる解決を得ることに勉めねばならぬ。犬養毅は、現在在朝在野の政治家中、此複雜なる世界の政局を最も能く理解し、深く日本帝國の將來を憂慮して居る政治家である。彼が第三十八議會に於て、内閣を彈劾したのは、今日に到るの前提であった。勿論今日あることを豫期して之れを爲したものではなからう。併し戰時及戰後の外交が、日本の國家に取りて最も重大なることを知覺せし結果であることは疑ふの餘地がない。之れが爲め犬養毅は今日世人の誤解も意とせず、紛々たる毀譽褒貶を更に顧みる所なくして外交調査會に投じたのである。察する所、之れが犬養毅の眞情であらう。彼は自ら外交調査會に入ることは自ら危くするものであるといふて居る。併し自己が重きか、國家が重きか、之れが彼の念頭に浮んだ問題であって、同時に彼の進退を決せしむる唯一の判斷となったのだ。彼が多年民黨として終始一貫せる行動を執れるも、自己の地位を獲得せんが爲めではなくて、健全なる立憲政治を日本に築かんが爲めであった。今日國家外交上の危機に際し、多年政敵とせし長閥、軍閥、官僚と事を倶《とも》にせんとするも、自己の爲め自黨の爲めに非ずして、國家を念ふ至誠の發露に外ならぬのだ。犬養毅も、ロイド・ジョージも、今日如何なる非難攻擊罵詈讒謗に接しても、更に之れに對して辯解を試みんとはせぬ。これ彼等は他日必ず自己の心事の世人に諒解される機會があることを確信して居るからであらう。

十七

ロイド・ジョージも犬養毅も、個人としての毀譽褒貶の爲めに政治的行動を變ずるの人ではない。ロイド・ジョージの念頭には、英帝國と、英帝國内に於て貧困に惱む多數の國民以外何物も無い。之れと齊《ひと》しく犬養毅の念頭には、年主張し來れる憲政の發達と、日本帝國の將來と云ふ以外に何物も無い。勿論ロイド・ジョージや犬養毅も人間であるから、自己の野心が無いとは言はれまい。併し自己の野心の爲めに其理想を棄て國家を顧みざる人ではない。之れは兩者の過去の經歷が最も能く證明して居る。二十年三十年の間建設し來れる行程は容易に棄てらるべきものではない、夫れをも顧《おも》はずしてロイド・ジョージが、或は犬養毅が、自己の地位を得る爲めに豹變せりと言ふが如きは、人生の行路其物を理解せざる人と言はねばならぬ。ロイド・ジョージにせよ、犬養毅にせよ、自己の地位の爲めに豹變するものならば、今日迄に既に何回も豹變して居る筈である。今日ロイド・ジョージが、彼の最も嫌厭し而して彼を蛇蝎の如く言ひし保守黨と提携したる眞情は、實に察するに餘りあるものである。之れと齊しく、犬養毅が、多年否殆んど其一生鬪ひつゝ來りし藩閥、軍閥、官僚と共に、自己を忘れて日本帝國の將來、世界に於ける地位を確立し、向後の國策を樹立する爲め、敢て外交の難局に處せんとする其心狀に就ては、國民は宜しく正當なる理解を爲し、深厚なる尊敬を拂ふべき筈である。然るに政敵が、此機會を惡用して犬養毅を罵倒するのはまだしものこと、多年彼の主義と淸節とを賞揚し來りし者迄が、其の心狀を察し得ざるに至っては驚かざるを得ぬ。

十八

一體犬養毅は、從來空論家と評された程の人であった。然るに今日彼が外交調査會に列せしは、その空論家に非ずして眞の政治家なることを立證せるものである。眞に國家を憂ふる至誠と、眞の政治家たるの度量とを有せざれば、犬養毅の今日あること能はざるのだ。加藤憲政會總理が、情實の爲めに或は個人的理由の爲めに外交調査會に入り能はざりしは、正《まさ》に彼の政治家としての資格無きことを自白したものである。英國の前首相アスクィスが、其自由主義に對して餘りに編狹で、國家の危機に際しよく保守黨と提携し能はざりしは、政治家としての識見力量に於て遙にロイド・ジョージに劣ることを表白したものである。ロイド・ジョージが今日英國の首相として保守黨を操縦して居るのも、犬養毅が凡ての情實、凡ての恩怨を棄てゝ外交調査會に列席し、外交の難局に處して國家の爲めに貢獻せんとして居るのも、倶に是れ眞の政治家の態度である。若し日本の憲政の狀態が英國の如くなりしならば、犬養毅は今日單に外交調査會の一員たるに終らずして、或はロイド・ジョージと齊《ひと》しき地位を占むるに至ったであらう。彼は内閣總理大臣、此は外交調査會の一員、此相違は人物其物よりは寧ろ兩國の政治狀態の齎《もたら》らす結果に外ならぬ。若し世人が眞にロイド・ジョージ及び犬養毅の心事を理解することが出來たならば、曾て彼等の苦境清節に對して寄せたる同情よりはより多き同情を以て彼等に應援し、其大任を全うせしむべきである。併しロイド・ジョージや犬養毅の心狀を理解するには尠くとも彼等の頭腦に接近せる頭腦を有せなければならぬ。故に之れを多數の國民に望むことは或は不可能であるかも知れぬ。されば彼等が自己の地位を得んが爲めに節を變じたりや否や、或は憂國の熱誠溢るゝが如き眞の大政治家であるや否やは、將來の歷史が最も能く之れを批判するであらうから、今は之れ位にして徒らに多辯を費やすことをやめて置く。(大正六年七月下旬)

V　デモクラシイと日本の改造

中外印刷工業社刊　大正八年

序

デモクラシイと改造《リコンストラクション》とは、歐洲戰亂が產み出せし世界の標語である。歐洲戰亂は、獨逸の侵略的軍國主義を打破し、デモクラシイを保全し、世界の平和を確保せんとする戰爭であるとは、各聯合與國の主張であった。而して、約四ケ年半に亘りし空前の此大戰亂は、敵味方の差別なく、些くも歐洲大陸に於ける各交戰民をして、啻《ただ》に戰爭の慘事を深刻に知覺せしめしのみならず、彼等をして從來の政治、經濟產業、社會組織の汎有《あら》ゆる缺陷を明瞭に意識せしめた。歐米各國に於て、デモクラシイの實現と、戰後の改造とが熾《さか》んに絶叫せられつゝあるは、蓋し是れが爲めである。

云ふ迄もなく、我國も交戰國の一國、聯合與國の一員であった。けれども、我國は、歐洲に於ける交戰國の如く、デモクラシイの實現と、戰後の改造の必要とを痛切に感ずるには、戰爭の慘禍を蒙ること餘りに輕微に、且つ其境遇上餘りに幸福であった。故に、我國に於て、デモクラシイが唱へられ、戰後の改造が叫ばれても、恰も谿谷に於ける反響の如く、極めて茫漠、其出所さへも明かならざる感がある。

今や、歐米の列強國は、孰《いず》れもデモクラシイを基礎とする政治組織を略《ほぼ》完成して居る。而して、彼等が戰後の改造を絶叫するは、主として其經濟產業及び社會組織を、其政治組織と齊《ひと》しく、デモクラシイに根柢を置く組織たらしめんとするのである。デモクラシイの實現は、單《ひと》り政治組織の改造のみに依って期待し得らるべきものではない。經濟產業及び社會組織の民衆化と相待って後、初めて其實現を期し得らるべきものである。

既に我國は立憲國なるに違ひない。乍併《しかしながら》、其名あって實なきもの。而して其經濟產業及び社會組織は頗《すこぶ》る缺陥多く、歐米各國のそれに比して著しき遜色あるものである。されば、若し、我國が世界列强國の間に伍し、戰後に於ける世界の進運に伴ひ、能く其地位を維持せんと欲せば、其政治組織の改造は言ふに及ばず、經濟產業及び社會組織をも根本的に改造して、デモクラシイの實現を圖らねばならぬ。而して、戰後の改造とデモクラシイの實現とは、歐米諸國に於けるよりは我國に於て、更に一層焦眉の問題である。又、實際さうでなければならない。然るに、我國民は一般に、未だ現代のデモクラシイの意義さへも理解して居らぬやうに想はれる。況《いわ》んや、戰後の改造問題をやである。

先哲の曰く「眞に識るは行ふの始めなり」と。凡そ戰後の改造とは、政治上、經濟產業上、社會上に於けるデモクラシイの實現に外ならぬ。されば、現代に於けるデモクラシイの根本觀念を理解することは、戰後の改造を企つる端緒である。而して、本書の說く所は、デモクラシイの根本的解釋と、其實現を期すべき我國の政治、經濟、產業社會組織改造の行程である。素《もと》より本書は燥急の作、幾多の缺點なきに非ずと雖も、戰後に於ける世界の大勢に我國をして順應せしむべき途を索《もと》むるに就き、多少の參考となるを得ば、著者の幸福とする所である。

劇務の傍《かたわ》ら本書をものするに就き、校正其他に關して闞末與策君が、著者に多大の援助を與へられたることを錄して聊《いささ》か感謝の意を表する。

大正八年十一月上浣

著者識

V　デモクラシイと日本の改造

目次

目　次

第I部　デモクラシイ

第一章　デモクラシイの哲理

民主主義と民本主義

一體、デモクラシイなる語の起原は希臘語（*δημοκρατια*）である。元來、デモクラシイとは、國家組織に關する一種の哲學的概念にして、此語は或國家組織を表示又は象徴するために使用されて居る。而して、泰西諸國に於ては、希臘以來、不絶《たえず》此語は使用されて居った。猶現在に於ても使用されて居る。けれども、其意義内容は時代に依って甚しく相違して居る。

近來、我國に於てデモクラシイなる語が、民主主義又は民本主義と譯されて居る。蓋《けだ》し、之れを民主主義と譯しても、將又《はたまた》民本主義と云っても、兩者の意義に於て何等の差異はない。原語其物が全く同一である。然るに、動《やや》もすれば、之れを民主主義と云へば泰西の思想にして我國體と融和せざるもの、民本主義と稱《とな》ふれば我國固有の思想と相和し、我國體と相容るものなりと主張するものがある。而して、斯る論者は、民主主義はデモクラシイの譯語にして泰西の思想なるも、民本主義は我國固有の思想である、と、敢て力說するかも識れぬ。併し、往古我國に於て、民本主義なる文字はなかった。而して、之れに對し彼等は斯く抗辯するであらう。勿論、往古我國に於て、民本主義なる文字又は言語はなかった。併し、言葉はなくても思想はあった。「民は國の基なり」「民の心を以て君の心と爲す」と云ふが如きは、即ち民本主義の思想である、と。

此議論は一應理があるやうに思はれる。けれども、縦《よ》しや之れが民本主義の思想であるとしても、此等の言語も、亦時代に依りて、多少異なりたる意義に於て使用されて居ることを識らねばならぬ。言語は同一であっても、往古之れが使用されたると、封建時代に之れが使用されたると、自ら其意義は異なって居る。殊に現今之れを使用する場合、其意義内容を異にせざるべからざるは論を俟《ま》たない。之れ恰も希臘のデモクラシイと、現代のデモクラシイと、文字其物は全く同一なるも、意義に於て著しき差異あると同様である。されば、古來我國に於て「民は國の基なり」「民の心を以て君の心と爲す」てふ思想あり、之れが一種の民本主義であるとしても、之れを以て直ちに現代に於ける我國民の欲求を滿足せしむることは出來ない。否、此思想に依って我國を世界に順應せしむと云ふが如きは全然不可能である。若し、强ひて此思想を現代の我國民生活に適應せしめんと欲すれば、根本的に其意義を改めなければならない。今や我國は其對外關係に於て、鎖國孤立の國家ではない。世界も亦日本、唐、天竺ではない。而して、國內の政治組織も亦、君主獨裁制や封建的專制制度の組織ではない、名に於てのみにせよ、立憲代議政體である。故に古代の我國民と、現代のそれとは甚しく狀態を異にして居る。されば、往古我國に於て、一種獨特なる民本主義的思想ありとするも、之れを以て直ちに我現代國民の欲求を充當せしむることは出來ない。

凡そ人の思想は、主として其生活上の境遇に依って生ずるものである。勿論、他より之れを感受する場合もある。而して、之れを體得するにも、將又《はたまた》實現するにも、豫め之れを體得又は實現し得べき境遇が備はらなければならない。凡そ思想の實現は、之れを實現するものゝ境遇、即ち生活狀態に依って決するのである。而して、其實現の結果も決して同一ではない。されば、民主主義又は所謂民本主義の實現される場合に於て、之れが我國古來傳統的の思想であっても、將又泰西よりの輸入思想であっても、其結果に於て毫も差異がない。其實現の結果は一つに、我現代國民の生活狀態、即ち境遇に依りて決するのである。而して、現今我國民間に熾んに唱へられつゝある所謂民本主義は、縱《よ》しや其思想が我國固有のものなるにもせよ、尠くとも文字其物は我國の傳統的のものではない。最近、デモクラシイの譯語として案出せられしものである。而して、之れを民主主義と稱し、言語内容共に泰西のものなりとするも、敢て之れを排斥する理由はない。假令《たとえ》之れが全く泰西の思想であっても、我國民の生活に必要にして且つ有利であれば、進んで之れを採用しなければならぬ。實際現今我國に於て熾《さか》んなるサイヱンスは、凡て泰西諸國より輸入したものである。けれども、之れが我國家國民を尠しも危險ならしめて居らぬ。否、著しく我國家國民の進運を助けて居る。又、立憲政治の思想も、我國固有のものではない。然るに、國家存立の必要上敢て之れを採用したではないか。而して、我國家國民は之れがため尠しも其存在を脅されて居らない。否、却って之れがため其存立を安固ならしめられて居る。されば、民本主義が我國固有のものであっても、將又泰西の思想であっても、それは問題ではない。敢て之れを民主主義と稱へても更に相違はない。民本主義も、民主主義も、均しくデモクラシイの譯語として案出せられしものなることは、爭ふべからざる事實である。而して、同じ原語を二樣に譯し、二樣に用ふれば、幾多の疑問や誤解を釀すことになる。其結果、現今デモクラシイなる原語が熾んに用ひられる樣になつた。著者も不統一なる譯語を避け、原語其物を用ふることにした。

既に述べたる如く、デモクラシイなる文字は希臘以來用ひられて居る。而して其意義内容は時代の變遷に應じて變化して居る。されば、其沿革を研究することも頗る興味あることであるが、之れは本書の目的でない。沿革に關することは省略し、現代に於けるデモクラシイの意義を、成るべく徹底的に、研究考察することにしよう。

デモクラシイは國家若しくは社會の組織に關する一種の哲學的概念、之れを信ずるものよりすれば、一種の理想とも言ひ得られる。而して、デモクラシイの觀念は、國家若しくは社會を基礎として居る。されば、デモクラシイの意義を詮索するには、先づ其觀念の基礎たる國家若しくは社會の概念に就いて、相當の理解を有《も》たねばならぬ。

元來、國家若しくは社會に對する見解は甚だ區々である。其概念に就いても、將又其起原に關しても。併し、現代に於けるデモクラシイの意義を論ずるに當り、國家若しくは社會の起原は深く關する所ではない。現代のデモクラシイは、現今地球上に存在しつゝある國家若しくは社會を基礎として居るのである。故に、現存する所の國家若しくは社會の概念に就き、明確なる理解を得ればよい。

凡そ國家若しくは社會なるものは、多數人類の集合體である。而して、人類が多數集合して一國家若しくは一社會を構成する所以《ゆえん》は、人間の人間たるため、即ち人類の本能に因由して居る。一體人間は孤獨の生活を爲し能はざるもの、單《ひと》り孤獨の生活を爲し能はざるのみならず、孤獨の生活を以てすれば其生存をも全うすることが出來ない。孤獨の生活に於ては、本能的欲求さへも滿足されない。のみならず、自然の壓迫に對しても對抗力甚だ微力である。故に、一つは人間の本能より、他は自然の境遇より、人類は自《おのずか》ら集團的生活を營むに至るものである。而して、恬《か》くて多數の人類が相集って構成する集合體の或ものを國家、或ものを社會と呼んで居る。されば、國家若しくは社會は、之れを構成する凡ての者のために存在するものにして、其中に於ける一個人若しくは少數者のために存在するものならざることは明かである。元來、國家又は社會は一個人に依りて成立するものではない。君主萬能主義の王國にしても、君主一人のみで國家は構成されぬ。然るに、動《やや》もすれば、或國家又は社會は、其中に存在する一個人若しくは少數者の所有物にして、其他の者は凡て之れに隷屬附隨すべきものなりと云ふが如き說を爲すものがある。

曾て佛國のルイ第十四世は、「朕は卽ち國家なり」と主張した。勿論、ルイ第十四世と雖も、此場合、彼一人にして國家が構成し得らるゝものと思惟して居ったのではない。只國家は彼一人のために存在するものにして、此構成分子たる凡ての者のために存在するものに非ず、凡ての者は彼に隷屬屈從すべきものなることを意味したのである。而して、斯の如き思想を有せしものは、單《ひと》りルイ第十四世のみでない。曾て、國家に對し、此の如き概念の熾《さか》んに唱道されし時代もあった。最近に至る迄、獨逸皇帝は獨逸國に對し、之れと同一なる見解を有して居った。而して、如何《いか》なる國家又は社會に對しても、斯の如き見解は誤れるの甚しきものと言はねばならぬ。元來、國家又は社會があって、多數の人類が其ために集合するのではない、多數の人類相集ひ、相聚《あつま》って國家又は社會を構成するに至るのである。されば、國家若しくは社會は、之れを構成する凡ての者のために存在するのであって、其構成分子たる各個人が、國家又は社會のために存在するのではない。換言すれば、國家又は社會があって、人民があるのではない、人民があって然る後國家又は社會があるのだ。併し、國家又は社會と、之れを組織する各個人との輕重を問ふ場合、國家又は社會は之れを構成する凡ての者を綜合するものなるが故に、單獨なる個人より一層重大視されねばならぬ。而して、之れは國家又は社會が主にして、人民が從なるがためではない。蓋し、國家又は社會の全體、卽ち之れを組織する全部の人民が、其中の單獨なる一個人若しくは一部人士よりは、人類の存續にも又、其利福の增進にも重大なる關係あるからである。されば、國家若しくは社會を重大視するは、畢竟多數人類の存續と、其發展のためにして、社會若しくは國家を主とし、人民を從なりとなすには非ず。人民を主とし國家又は社會を從なりとするがためである。這《こ》は、國家若しくは社會の概念の第一義である。而して、デモクラシイは之れを承認する。

而して、一國家若しくは一社會内に於ける各人の生活は、極めて密接なる關係を有する相互的《インターデペンデント》、且つ協同的のものである。既に述べたる如く、元來、人間は孤獨の生活を爲し能はざるもの。若し、假りに之れを爲し得るものありとすれば、其生活は人生の生活として最も貧弱なるものであらう。先哲の曰く、無人の一大陸に於ける大帝王の生活より、大都會に於ける乞食の生活は、人生の生活として寧ろ豐富且つ一層優良なるものなり、と。這は人生の眞理である。一國家若しくは一社會に於ける乞食の生活も、決して孤獨のものではない。乞食も社會の產物。其生活は全く不生產的にして、協同的生活でないかも知れぬ。けれども、孤獨の生活ではない。國家なく、社會なく又、親なくして生れ出でたるものなりとすれば兎に角、國家若しくは社會と稱へらるゝ集合體中に存在するものゝ生活は、如何なる場合と雖も、其中に生活する其他の者の生活より、絕對的に分立せしめ得らるべきものではない。ロビンソン・クルーソーの生活も、或意味に於て決して孤立の生活ではない。

勿論、其社會若しくは國家の文化の程度に據って、各人間の關係の密度は著しく相違して居る。水草を逐うて轉々移住する遊牧民間、若しくは專ら狩獵又は漁獵に據って生活を營む民族間に於て、各人間の關係は甚だ雜駁且つ單純である。固より、彼等の社會に於て、一定の政治組織のあるべき筈はない。又物品の交換行はるとするも、恐らくは物々交換たるに過ぎない。然るに、一定の場所に居住し、農業を營む者となれば、自《おのずか》ら職業上の區別も生じ、政治組織も整ひ、各人の生活上の關係は一層相互的且つ協同的のものとなる。而して、現今の如く人文發達し、凡ての產業組織が手工業の域を脱し、機械工業に化して、各人の勞働益々分業的になればなる程、相互間の關係は更に緊密となり、纏綿《てんめん》織るが如き狀態を呈する。斯くて、現今の文明國民に依って組織せらるゝ國家若しくは社會に於ける各人の生活は、極めて密接なる關係を有する相互的且つ協同的のものである。而して、デモクラシイは國家若しくは社會の此概念を承認し、更に各人相互間の此關係を、一層完成せしめんと期するのである。

更に、國家若しくは社會が、果して多數人類の集合體であり、而かも其中に在る凡ての者の生活が、相互的且つ協同的であるとすれば、各個人の消長は、直ちに其全部の消長となること疑ひない。斯くて、國家若しくは社會の榮枯盛衰は、之れを構成する各個人の消長に依って決するものなりと言はねばならぬ。而して、此事實は今回の歐洲戰亂に於て最も能く表現された。歐洲戰亂に於て、各交戰國中、國家として最高能率を發揮し得たるものは、其國民が機械的に組織され、其中の少數者に依って統一統御されたるものではなかった。國民全體が、國家の運命は彼等自身の雙肩に懸るものなりと思惟して、自發的に活動したるものであった。換言すれば、歐洲戰亂に於て、國家として最も有力なりしものは、其國民を階級的に組織し、其中の所謂上流階級に屬する偉人傑士に依って之れを統御したるものに非ずして、國民全體が、國家は彼等自身のものなることを自覺し、各自其有する所の才能を協同一致、發揮したるものであったと云ふのである。此事實は、國家の運命と各個人の運命とは、水魚も唯ならざることを證明するのみならず、國家の運命は、各個人の運命に依って決するものなることを最も能く證明して居る。而して、國家若しくは社會の運命は、其國民全體の運命と密接なる關係を有するのみではない。國民各自の運命も、亦相互的に極めて密接なる關係を有するものである。されば、一國家若しくは一社會内に於ける一個人の運命は、直ちに、其他の者の生活に、一大影響を及ぼすものなることを識らねばならぬ。

然るに、動《やや》もすれば、一國家若しくは一社會内の一小局部に於ける激甚なる生存競爭上、各自、嫉妬反目、相排擠《はいせい》しつゝある現象を目撃し、之れを以て、社會の眞相と誤解し、社會に於ける各個人の利益は、反噬《はんぜい》相容れざるもの、他人の利益を侵害し若しくは他人を陷穽《かんせい》するに非ざれば、自己の利益を伸展せしめ能はざるものゝ如く思惟するものがある。而して、短期間、一小局部に於ける部分的の現象として、斯の如き事實が存在せぬでもない。併し、長期間、國家若しくは社會全體を達觀すれば、之れは決して多數人類の共同生活の眞相を穿《うが》てるものではない。他人の利福を侵害して、自己の利福を絶對的に増進し得ることはない。他人の利福を増進し、之れに伴ふて、始めて、自己の利福を絶對的に増進し得る途が開き得らるゝのである。斯くて、一國家若しくは一社會内に於ける各個人の利福増進は、其國家又は其社會の利福増進となり、國家若しくは社會の利福の増進は、其中に於ける凡ての者の利福増進となるのである。されば、一國家若しくは一社會の進歩發達は、其中に存在する一部の者（縱《よ》しや此等が獨特の天才を有するとしても）の才能のみを發揮せしむるに依って定まるに非ず、凡ての者の天賦の才能を、如何に發達せしめ、且つ如何に發揮せしむるかに依って決するのである。而して、國家又は社會の運命は、其中に於ける凡ての者の運命と離るべからざるもの。けれども、國家又は社會の運命に依って、凡ての者の運命が決するに非ず、凡ての者の運命に依って、國家又は社會の運命が定まるのである。是れが、國家若しくは社會の概念の第三義である。而して、デモクラシイは又之れを承認する。

デモクラシイと優良生活

斯くて、國家若しくは社會は、多數人類の集合體にして、此等の集合體は、之れを構成する凡てのものゝ生活の爲めに存在するもの。而かも、此凡ての者の生活は個々に單獨孤立のものに非ず、相互的且つ協同的のものなるのみならず、國家若しくは社會の運命、卽ち其榮枯盛衰は、一つに之れを構成する凡ての者の運命、卽ち其消長に據って決するものなりと云ふことは已に了解された。されば、一歩を進めて各個人の生活其物に就いて竅察せねばならぬ。

固より、國家若しくは社會は、之れを組織する凡ての者の生活のために存立するのであるが、此場合、人間の生活は、單に禽獸蟲魚の群居棲息するが如く、其生命を自然の儘に存續すると云ふことではない。若し、單に自然淘汰に依って、天壽の存する限り、各自其生命を持續すると云ふことであれば、國家の構成も又社會の組織も無必要である。併し、人間の生活は禽獸蟲魚の生活と、自《おのずか》ら其意義を異にして居る。人間には、智、情、意が具はって居る。否、此等が具はって居るのみではない。此等は人間の社會的協同生活に依って、殆んど無限に啓發洗練し得らるべきものである。而して、各個人の生活には甚しき差異、卽ち優劣がある。各自の天稟《てんぴん》と、其啓發洗練の程度と、其境遇と、其努力の如何とに依って優劣が生ずる。されば、人間の生活と云っても、一樣には云はれない。人間の生活として、如何なる生活が、最も優良なるかを研《きわ》めねばならぬ。

曾て天賦人權論者は、人は生れながらにして自由且つ平等の權利を有するものなりと主張した。併し、事實は之れを裏書してゐない。人は生れながらにして、凡て異なったる面貌風姿を具ふるが如く、各自著しく相異なって居る。其腦力に於ても、體力に於ても、將又性格に於ても、各人決して同樣でない。又さうなってはならぬ。人間各々相異なる所に、人生生活の興味と妙味とがある。而して、極めて抽象的に言へば、人は凡て幸福なる生活を欲するもの、之れに就ては各人同樣である。乍併《しかしながら》、如何なる生活が幸福、否、最も幸福なる生活であるかと云ふことは問題である。

曾てベンザム及びミル等の功利主義は、最小限度の苦痛を以て、最大の快樂を享有し得る生活が、個人の生活として最も幸福なるもの、又國家としては其最大多數の人民に、最大幸福を與ふるものが、最も優良なるものであると主張した。而して、彼等の主張に依れば、人は凡て苦痛を厭ひ、快樂を追求するもの、而かも其追求するものを獲得したる場合に於て幸福であると云ふのである。乍併《しかしながら》、最小の苦痛又は最大の快樂と云ふことに就ては、幾多の疑問が生ずる。苦痛にも、快樂にも種類がある。量のみの相違ではない、質に於ても差別がある。又瞬間的のものと、長時間に亙るものとの別もある。故に、一概に之れを論ずるは、決して當を得たるものではない。而して、肉體上の損傷に依って生ずる苦痛は別とし、多くの場合、苦痛なるものは、欲求を満足し能はざる所に存在する。されば、若し假りに、苦痛の量が衡り得られるものとすれば、最小の苦痛は最小の欲求に附隨すると言はねばならぬ。凡そ欲求が大なれば大なる程、之れを満足せしむることは困難である。從って苦痛も亦一層增大する。快樂に就ても亦同樣である。欲求が小なれば小なる程、より容易《たやす》く滿足される。而して、欲求の滿足されたる時、又は之れが滿足さるべき希望を有する時に快樂がある。故に、最小限度の苦痛に依って快樂を享有するには、欲求を小にせねばならぬ。此意味より言へば、比較的知識の發達せる、殊に複雜なる都會に生活する都人の生活より、山間僻地に棲住する無智蒙昧なる樵夫若しくは漁夫の生活は安逸にして著しき苦痛もなく、其欲求も自ら簡單にして、容易に滿足し得らるべきもの多きが故に、一層幸福なる生活であるかも識れぬ。而して、國家若しくは社會に就ても同樣である。其多數の人民が、無智蒙昧にして其欲求する所のものが低級なれば、甚しき苦痛なくして容易く之れが滿足せられる。從って不平もなく不滿もなく、些くも其欲求に對しては、滿足なる生活を營むことが出來る。曾て、ルーソーが、野蠻人の生活は所謂文明人の生活よりも一層幸福なり、人は須《すべか》らく自然に歸るべしと絶叫したるは、蓋《けだ》し此意義に外ならぬ。實際、無智なる蠻民の生活は、文明人の生活よりも安逸である。又山間僻陬《へきすう》の地に在る樵夫漁夫の生活は、文化の巷に居住する都人の生活の如く、甚しき勞苦もなく比較的安穩である。乍併、前者の生活を以て直ちに、後者の生活より優良なるものなりとすることに就ては、恐らく何人も首肯出來ぬであらう。蓋し、人生の生活は、單に、其苦痛と快樂との量のみに依って、評價されるべきものでない。苦痛といひ、將又快樂といひ、之れが人生の生活に就て優良なるや否やは、量の問題よりは寧ろ質の問題である。のみならず、如何なる生活が幸福なる生活であるかと云ふことに就ても、幾多の問題がある。如何に不平不滿なく、滿足且つ幸福なる生活であっても、其欲求が凡て低級のものであれば、之れを以て優良なる生活なりと斷定することは出來ない。唯外界の刺戟と内より起る衝動とに依る本能的欲求のみであれば、此等は容易《たやす》く滿足せしめ得られる。けれども、斯る欲求の滿足のみを以って甘ずる生活は、禽獸蟲魚の生活と大差なきもの、人間は決して斯の如き生活を以て意義あるものと爲すものでない。されば、太平無事の生活が、人生の生活として、必ずしも希望するものでもなければ、又優良なりとも認められるべきものでもない。

元來、人間の欲求は、凡て決して滿足せしめ得らるべきものではない。極めて低級なる而かも本能的欲求のみにしても、其全部を滿足せしむることは不可能である。如何に太平無事の生活に於ても、必ず充實されざる幾多の欲求がある。從って多少の苦痛の存することは疑ひない。而して、如何なる場合と雖も、人間の凡ての欲求は決して滿足されべきものでない。曾て、ショペンハウルは、人生は永久不滿に終るものなりと喝破した。或意味に於て、是れは人生生活の眞理である。人間は其欲求が滿足された時に、又滿足されべき希望を有する時に、甫《はじ》めて滿足であり且つ幸福なるものであるが、人間の欲求は無限である。一つの欲求が充實されゝば、更に他の欲求が生ずる。斯くの如くにして、人間の欲求の凡ては、未來永劫決して滿足されない。されば欲求を制限し、苦痛を輕くし、容易く之れを滿足せしめ、單に享樂することが、人生の優良なる生活ではない。寧ろ成る可く多くの、而かも優良なる、より多くの欲求を有し、より多くの苦痛を犯して、其欲求を滿足せしめ、更に偉大なる欲求を追求し、之れを滿足せしめんと奮闘努力する所に、人生生活の眞の意義が存する。

而して、人生の生活として最も優良なるものは、最も豐富なる、而かも充實せる生活でなければならない。決して單純なる欲求を有し、甚しき苦痛なく之れを滿足せしめ得るものではない。より多く且つ、より偉大なる欲求を有し、幾多の苦痛を侵して之れを充實せしめ、更に偉大なる欲求を無限に追求し得るもの。斯る生活でなければ豐富なるもの又優良なるものではない。されば、野蠻人の生活より文明人の生活、田夫野人の生活より文化の巷に於て奮闘する都人の生活、無智なるもの丶生活、俗人の生活より藝術家の生活、單に俗惡なる物質的欲求のみを追求する者の生活より聰明なるもの丶生活より深刻なる趣味を有する哲人の生活を、一層優良なるものなりと認むるのである。而して、デモクラシイは之れを主張し、且つ斯る優良なる生活を、凡ての者に實現せしめんとする社會若しくは國家を構成せんとするのである。

知識の發達と欲求の擴大

凡そ人間の欲求は、大體に於て、其人の知識の程度と正比例に、擴大され、且つ醇化されるものである。所謂煩惱と稱へらる丶生物の本能より來るところの欲求は知識の程度如何に不拘《かかわらず》自然に起るものであるが、其他の欲求は概して、知識及び經驗の進展に伴ふて生ずるものである。而して、經驗と云っても、事實上の經驗には制限があるが、思想上に於ける經驗には限りがない。されば、人間の欲求の擴大と其洗練とは、一つに知識に由って決するのであると云ふの強《あなが》ち過言でない。而して、豐富なる生活を營まんとせば、先づ最高度に其知識を發達洗練せしめなければならぬ。

知識が發達すれば、人は自ら自己の存在を自覺する。而して、社會も國家も將又《はたまた》宇宙の森羅萬象も、悉く自己に其出發點を有するものなることを知覺するに至るのである。人は萬物の尺度なりと先哲の說破したるは、畢竟此意義に外ならぬ。人は萬物の中心である。天上天下唯我獨尊とは、蓋し人生自覺の此意味である。人は此自覺あって甫《はじ》めて、無限に其欲求を擴大し得るのみならず、完全に自己を尊重し得るのである。而して、完全に自己を尊重する者に依るに非ざれば、健全なる相互的且つ協同的の社會若しくは國家の組織を見ることは出來ない。蓋し、最も善く自己を尊重するものは、又最も善く他人の存在を尊重するものなることは疑ひない。一社會若しくは一國家内に於て、其一部には他に向って强制を敢て爲す者が存在し、他の一部には服從隷屬を餘儀無くされる者が存在すれば、其社會、其國家は、之れを組織する凡ての者に對して、決して相互的且つ協同的の組織を有するものであると云はれない。而して、斯の如き社會又は國家は、之れを組織する者の中に自己の生活を徹底的に自覺せざる者の存在することを證するのである。個人として自覺せざるものは、決して豐富なる生活を營み能はざるもの、又國家若しくは社會として、凡て自覺せるものを以て組織せられざるものは、決して其中に完全なる統一を保ち、健全なる發達を爲し能はざるものである。是れに反し、凡て自覺せる者に依って組織せらるゝ國家又は社會は、自ら其中に秩序と統一とを生じ和衷協同の實を擧げ得ること疑ひない。

已に述べたる如く、人間の欲求は、知識の發達に依って、無限に擴大され且つ醇化される。而して、無限に生ずる欲求に對しても、人は之れを充實し得べき希望を持たねばならぬ。勿論、凡ての欲求は、決して充實されべきものでない。一つの欲求が充實されゝば更に新らしき欲求が生ずる。斯くて凡ての欲求は、永久に充實されないけれども、如何なる欲求に對しても、奮闘努力に依り、充實され得べきものなりとの希望が有されなければならぬ。欲求が有って、之れを滿足し得る希望が無ければ、其生活は、動《やや》もすれば、自暴自棄に終るものである。故に、凡ての欲求が充實せしめ得られざるものなるにせよ、奮闘努力に依って、之れが滿足せしめ得らるべきものなりとの希望は必要である。而して、斯る希望の存在は、個人に就て言へば、主として其人の體力に依って決し、社會に就て言へば、各個人の才能發揮に對する機會の均等に依って定まるのである。故に、知識の發達と共に、個人に就ては、體軀の健全なる發達を講ずることが必要であると共に、國家若しくは社會に就ては、各人の才能を充分に發揮せしめ得る組織を構成しなければならない。現代に於て、該博なる知識と、偉大なる抱負とを擁し、動もすれば、其才幹を發揮せしむる能はずして不遇に陷り、社會若しくは國家に對し反感を有するものあるは、畢竟其社會若しくは國家の組織が、各人に對し、機會の均等を得せしむるに不完全なるが爲めである。是れは其個人にとっても望ましからざることのみならず、其國家若しくは社會にとっても亦甚だ危険なることである。されば、各人の智力と體力とを最高度に發達せしむる途を開くに就ては、其才幹を十分に活用せしめ得る社會組織の構成を圖らなければならぬ。然らざれば國家は其存在の意義を失ふのである。現在の社會に於て不平不滿の者多きは、蓋し其組織が各人の才幹を發揮せしむるに適應せざるに因由することは云ふ迄もない。若し知識の發達に依って無限に生ずる欲求を充實せしめんとするに就き、各人十分に其才幹を發揮して奮鬪努力し得る社會組織が備はれば、何人も其國家若しくは社會に對して、不滿を抱く虞れはない。斯くて各人最も豊富且つ優良なる生活を營むことが出來る。

デモクラシイと機會の均等

（略）

第二章　政治上のデモクラシイ

元來デモクラシイなる語は、希臘以來十九世紀の終りに到る迄、專ら政治上の事に關することのみに使用されて居った。尤も希臘のアリストートルの如きは、政治を以て人生々活の總てを包擁するものと信じて居った。彼は政治は文學、藝術、美學、哲學、倫理、宗教は云ふに及ばず、科學、產業等をも綜合するものなりと論斷して居った。素《もと》より一政治團體内に棲住する者の生活の樣式は、殆んど凡て政治に依って定まるのである。而して政治は人類の共同生活上、最も重要なるものなることは疑ひない。併し、政治は人類共同生活の凡てゞはない。又各個人の生活の樣式が、悉《ことごと》く政治のみに依って定まるのではない。經濟組織及び社會制度等も、亦之れに關して有力なるものである。故にデモクラシイの實現に就ては、政治組織を始めとし、經濟組織及び社會制度等の問題をも均しく考量せねばならぬ。而して政治上のデモクラシイと稱ふるは、デモクラシイの實現に關する政治的手段方法、卽ち主として政治組織の問題である。

アリストートルは凡ての政治組織を三種に大別した。モナーキイ（君主制）、アリストクラシイ（貴族制）、デモクラシイ（民主制）、卽ち之れである。君主制とは一人が政權を掌握するもの、貴族制とは少數者、民主制とは多數者が政權を把握するものゝ意義である。而してアリストートルは此等の異なる政治組織の長短得失に就いて、斯う云ふて居る。モナーキイに於ては君主が聰明なれば、善政若しくは仁政行はれ、人民は其恩惠に沿し、國家の秩序は整然たるものである。併し、君主が政權を擅《ほしいまま》にして、專制獨裁政治を行ひ、動《やや》もすれば虐政に陷る虞がないでもない。アリストクラシイに於ては、少數者が時により彼等自身の利福のために人民の利福を犧牲にして寡頭政治を產出することがある。けれども、元來貴族なる治者階級に屬するものは、幼時より文學、藝術、哲學、倫理等に於て十分に教養され、國家のために専心盡力すべく薫陶さるゝのみならず、已に衣食足り禮節を識るが故に、政權を私するが如きことなく、能く民情を精探するの明を有し、民意に適應する政治を行ひ得るのである。加之、斯かる境遇に於て斯く涵養されたるものは、善美を觀賞する見識を有すべく、從って人民を指導するに最適者なることは論を俟たない。而してデモクラシイに於ては、民衆は凡て平凡、否無智なるが故に、屢〻政治の實權が其中の野心ある少數者に歸し、其專斷に出づる寡頭政治又は官僚政治を現出するが通例である。然らざれば、民衆は多數の力を恃み、少數者の利福をも壟斷し、横暴を極むる衆愚政治を實現するのである、と。

素《もと》よりアリストートルは賢人政治の力説者である。彼は階級制度を是認し、之れを基礎とする最も優良なる政治組織を探索した。其結果彼の想像せし貴族政治卽ち少數の賢者に依って政治を行ふ賢人政治を以て、彼は最も優良なるものなりとする結論に到達したのである。而して是れはアリストートルのみではない。何人にしても階級制度を是認する、最も優良なる政治組織を求むれば、結局賢人政治に歸著せざるを得ない。アリストートルがデモクラシイを誤解し、之れを非難したるは、畢竟階級制度を是認したる謬想に基いて居る。彼は牛馬の如く働いて、物品の如く賣買される多數の勞働者を、國家の産業に必要缺くべからざる者と考へて居った。彼は之れを生存競爭場裡の敗殘者として考へたのではない。國家に當然必要なる一階級として之れを認めたのである。而して教育も、彼は之れを一般國民に授くるの必要を認めず、恰《あたか》も我國の封建時代に於て、學問は大名武士の獨占物なりと爲せし如く、治者階級に限らるべきものと思惟して居った。さればアリストートルがデモクラシイは多數に依って決する政治なるが故に、衆愚政治に終るものなりと主張せしは當然の歸結である。彼は奴隸制度の存在を必要とし、而かも多數國民に教育を與ふることなくして、彼等を無智蒙昧ならしむることを是認して居った。斯かる状態に於て、單に多數頭《あたま》数《かず》を以て政治を定むる組織を作れば、必ず衆愚政治に終らざるを得ない。併し、是れは現今稱ふる所のデモクラシイに非ずして、オクロクラシイ卽ち衆愚政治である。デモクラシイとオクロクラシイとは、均しく多數を以て決する政治組織であるけれども、其基本觀念は甚しく相違して居る。デモクラシイは、凡そ一國家内に於ける凡ての國民に、其天賦の腦力、體力、個性を最高程度に發達せしむる主義を以て、其政治組織の根柢として居る。然るに、オクロクラシイは、國民全體の智囊の啓發に就ては更に考慮せず、單に其多數に依って政治を定むることを主義として居る。而して、アリストートルのデモクラシイと稱へしは此後者である。

云ふ迄もなく是れは現今のデモクラシイではない。又古來我國に於て、民本主義の存在せしと主張する者の所謂民本主義も、アリストートルの稱へしデモクラシイの如きものではない。而して、アリストートルの稱へしデモクラシイと現今のデモクラシイとは、多數政治と云ふ點に於て共通の點がある。併し、彼等の稱ふる所謂我國傳統的の民本主義なるものとデモクラシイとには、何等共通の點がない。彼等の所謂民本主義なりと稱ふるものゝ思想は、現今のデモクラシイの思想に當塡《あては》まるよりは、寧ろアリストートルのアリストクラシイ卽ち貴族政治と稱へしものの思想に類似するものである。

「民は國の基なり」若しくは「民の心を以て君の心と爲す」と云ふが如き言葉は、多數政治を想像せしものに依って發しられたる語ではない。此等は凡て階級制度を是認し、且つ、永久之れを存續せしめんとしたる治者階級の者に依って稱へられし言語である。而して、此等の言語中に包容せらるゝ思想及び精神を以て、我國の政治の行はれたる時代に就て考ふるも、此思想中に多數政治の樣式が想像されて居ったとは思はれない。此等の言葉の代表する主義及び思想は、寧ろ一種の賢人政治を意味せしもの、之れを解剖すればかうである。攝政關白、太政大臣、將軍と雖も其生活は人民に依って支へられて居る。而して國は人民に依って樹《た》って居るのだ。人民を大切にしなければならない。人民を虐《しいた》げるやうなことがあっては、彼等の地位を危險ならしむる虞れがある。政治を行ふに就ては、人民の生活の狀態を考慮し、反對なく、停滯なく上納を納むるように、人民の心を參酌して政治を行はねばならないと云ふことである。而して、攝政關白、太政大臣、將軍等は世々其門地に依って職を襲ひしもの、多數人民をして政治に參與せしむると云ふが如きことは、彼等の思ひ及ばざりしことである。而して、是れは勿論現今のデモクラシイの觀念ではない。デモクラシイは賢人政治や、所謂善政や、仁政を意味するのでない。

歐米各國に於て、デモクラシイの熾《さか》んに唱へられしは、十八世紀末以後である。殊に米國合衆國の獨立と佛國革命とは、一時歐米に於て、デモクラシイを非常に高唱せしめた。けれども、此時代に於けるデモクラシイは、殆んど政治上の意義に限られて居った。而して凡そ一國の政治は人民の同意若しくは協贊を經て行ふべきものであると云ふ主張であった。是れは現今のデモクラシイと聊《いささ》か其意義を異にして居る。「人民の同意若しくは協贊を經て」と云ふ言語の内には、隱然所謂人民といふもの以外に、治者階級の存在を承認して居るのである。若し、凡ての人民が、自ら政治を行ふと云ふことであれば、人民の同意若しくは協贊を經てと言ふ必要はない。實際、十八世紀時代、歐米各國に於て唱へられしデモクラシイは、治者に對し被治者が政治上の協贊權を與へよと云ふ叫びであった。

中世紀以來、歐洲各國に於ては嚴然たる階級制度存在し、政權は全く少數の貴族と僧侶の階級に把握せられ、專制政治が行はれて居った。而して、此等階級の行ふ專制政治は、時に或は善政又は仁政を行ひしことありしも、根本に於て治者の利益を主とするものなりしが故に、動《やや》もすれば、租税に誅求を試み、賞罰一に情實に因るが如き現象を呈するに至ったのである。其結果、多數人民は自然少數政治を呪ひ、政治は治者の專斷に依って決定さるべきものに非ず、須《すべか》らく被治者卽ち多數人民の同意を經て行ふべきものなりと主張したのである。されば此時代のデモクラシイは政治上治者に對する被治者の參政權要求の叫びであった。而して是れは政治上に於ける現今のデモクラシイと、聊《いささ》か其意義を異にして居る。現今のデモクラシイは、一國家内に於ける一部の者の他の者に對する政治上の權力の叫びや要求ではない。現今のデモクラシイは、國家は之れを組織する國民全體のものなるが故に、各個人が自己の意思に依って行動し其運命を定むる如く、國民全體の意思に依って其協同生活の必要のために、國家の運命を決する政治を行ふことを主張するのである。若し、自己の運命を自己の意思に依って決することが各個人の權利であるとすれば、國家の運命を國民全體の意思に依って決することは、國民凡ての權利である。而して、是れが現今の政治上に於けるデモクラシイの主張である。

勿論、多數の國民は通例軍事及び外交等に關して、特別の知識や經驗を有して居らぬ。英國の對獨政策はどうであるか、佛國のモロッコ問題とは何であるか、合衆國と墨西哥《メキシコ》との關係はどうであるか、西比利亞《シベリア》の眞相は如何であるか、と言ふが如き事に關しては彼等の深く識る所でない。而して、法律の法文を專門的に解釋すると云ふが如きことも、亦彼等にとって不可能かも知れぬ。併し、國家に緩急ある場合、彼等自身の生命財産を賭するは勿論、其子孫をも犧牲に供せざるべからざる義務を有して居る。又、法律に就てもさうである。彼等は法律を專門的に解釋することが出來ぬからと云うて、法律上の責任を免るゝことは出來ない。されば國家のため、彼等自身及び其子孫の利福のために、此等内外の諸問題に付き彼等の説を述ぶべき權利は、彼等自身之れを所有しなければならない。元來、國民全體の意見が國家の諸問題に就て發表される場合、其個々の異なったる意見が實行されるのではない。個々の意見が研磨洗煉され、綜合されたるものが國家の意思として實行されることになる。而して實行の局に當るものが治者として之れを強制すると云ふ理由はない。國民の代表者卽ち公僕として國民のために、國民に代って之れを實行すべきである。是れが政治上に於けるデモクラシイの主義原則である。而して之れを實現する手段方法が政治組織の問題である。

斯くて、政治上のデモクラシイを實現するに就き、立憲代議政體の組織に依らなければならぬと言ふこともなければ、又君主が存在して居っては其實現が不可能であると云ふこともない。代議政體に依らなくても、國民が國民自身の意思に依って、自ら政治を行ひ得る方法があれば、デモクラシイは實現出來る。又君主國に於て、君主も國家構成の一部であるが故に、其存在もデモクラシイの實現に付き當然認むべきものである。現在世界に於て英國程、政治上デモクラシイの實現されて居る所はない。尤も英國の政治組織もデモクラシイの實現に就き未だ完全ではないが、佛國や米國のものより遙かに優って居る。而して英國には君主が存在して居る。のみならず其地位は極めて安泰、是れがデモクラシイの實現を不可能ならしめては居らない。君主國でも將又《はたまた》共和國でもデモクラシイの眼目は民意に依って政治を行ふと云ふことである。而してデモクラシイの實現に就き、通例立憲代議政體に依る理由は、現在の國家が非常に多數の人民を以て構成されて居る爲めである。數百萬、數千萬、若しくは數億の人民を一堂に集め、同時に其意思を發表せしめ、之れに依って政治を行ふと言ふが如きことは不可能である。又、縱《よ》しや之れを爲し得るとしても、滿場一致の意見を發見すると云ふことは不可能である。而して如何なる場所、如何なる時代に於ても、多數人類の集合する場合、其全體の意思を尊重するには、其多數の意思を以て事を決することになって居る。人間の知識と經驗とに依って多數の意思を實行するに就き、未だ是れ以外の良法が發見されて居らぬ。されば、デモクラシイを實現せんとするに就き、國民をして其意思を發表せしめ、其多數の意思を代表する者をして、其多數の意思に基いて政治を行ふ代議政體に依らんとするのである。

立憲代議政體と云っても、實際現今世界各國に存在しつゝあるものは種々雜多である。此等の中には、名義は立憲代議政體であっても、事實寡頭政治、官僚政治又は金力政治を實現して居るものが尠くない。現今に於て實際、政治上デモクラシイの實現に就き、稍々整へる政治組織を有するものは、英國と、佛國と、端西《スイス》との立憲代議政體である。此等と雖も未だ完全の域には到達して居らない。米國合衆國の政治組織は、デモクラシイの實現に未だ少しく距離がある。而して、凡ての立憲代議政體がデモクラシイの實現に適するのではない。

（以下　略）

植原悦二郎略年譜

一八七七　明治一〇　長野県南安曇郡明盛村中萱にて出生　父繁太郎・母つじ
一八九五　　　二八　諏訪龍上館製糸勤務
一八九八　　　三一　大蔵省税関監史補　横浜税関勤務
一八九九　　　三二　渡米　シアトル・ブロードウエイハイスクール入学
一九〇四　　　三七　ワシントン州立大学入学
一九〇七　　　四〇　渡英　ロンドン大学LSE(London school of Economics and Political science)研究生
一九一〇　　　四三　学位取得（政治経済学博士）　博士論文がイギリスで出版される。同年一二月帰国
一九一二　　　四五　明治大学教授、蔵前高等工業（現東京工業大学）講師
一九一七　大正　六　衆議院議員初当選（國民党）　蔵前高等工業講師辞職
一九一九　　　　八　明治大学辞職
一九二五　　　一四　革新倶楽部（旧国民党）が政友会と合同したので、植原は政友会所属の議員となる。
一九三二　昭和　七　衆議院副議長
一九四二　　　一七　翼賛選挙落選
一九四六　　　二一　国務大臣
一九四七　　　二二　内務大臣
一九六二　　　三七　病没　自由民主党葬

一九六三　　三八　三郷村村民葬

植原悦二郎主要著作・論文一覧

単行本

Political Development of Japan (1968－1910) 1910

通俗立憲代議政體論　一九一二年（明治四五年）
日本民權發達史　一九一六年（大正　五年）
犬養毅とロイド・ジョージ　一九一七年（大正　六年）
デモクラシイと日本の改造　一九一九年（大正　八年）
新生日本と民主主義　一九四五年（昭和二〇年）
何故戰争を起こしたか何故負けたか　一九四五年（昭和二〇年）
現行憲法と改正憲法　一九四六年（昭和二一年）
日本民權發達史（弐巻〜四巻）　一九五八年（昭和三三年）
八十路の憶出　一九六三年（昭和三八年）

雑誌掲載論文

『國家及國家學』　「上杉博士の憲法論を評す」（大正五年五月号）など多數
『東洋時論』　「憲法上の謬想−上杉・美濃部・市村博士の論争批評」（大正元年八月号）など

『第三帝國』「我憲政發達の九大障害」（大正三年十月）など
『日本及日本人』「吉野氏の憲法論と民本主義」（大正五年五月号）

植原悦二郎伝点描

長尾龍一

一 明治憲法下の国民主権論

松尾尊兊は、その著『大正デモクラシー』（岩波書店、一九七四年）において、植原悦二郎（一八七七―一九六二）を三浦銕太郎、石橋湛山、植松考昭などと並ぶ「急進的自由主義者」として取り上げ、それを承けて宮本盛太郎が『日本人のイギリス観』（お茶の水書房、一九八六年）等において、伝記と思想の研究を公けにしている。社会主義が魅力を喪失しつつあった時期に、思想史家の間で非社会主義的自由主義者が改めて脚光を浴びたことの一例かも知れない。

彼の八十五年の生涯は、第一には政治家、第二には政論家で、狭義の憲法学者といえるか否か、問題があるかも知れず、従って本叢書に取り上げることに疑問が提起される恐れもなくはないが、少なくとも、旧憲法下において国民主権論を唱えた点で、美濃部達吉の国家主権論を超える重要な憲法思想の提唱者として回顧に値すると考える。

（1）美濃部・上杉論争

明治国家（一八六八―一九四五年の日本国家）において、天皇が主権者であったことを、殆ど自明のことのように思っている人が多い。

確かに、明治維新は「王政復古」を本質とし、「大日本帝国ハ万世一系ノ天皇之ヲ統治ス」という憲法第一条の規定が天皇主権を明言しているように見え、現在の東京大学の前身東京帝国大学が唯一の大学であった時期に、そのただ一人の憲法教授であった穂積八束が断々乎としてそれを唱えていた。戦後は「国民主権の日本国憲法」を「天皇主権の明治憲法」と対比して説くことが、教科書的知識となっている。

しかし、専門家の世界では必ずしもそうではなく、当時においても、「すべての国において主権は法人たる国家にあり、君主はその機関である」とする「国家法人説」「国家主権説」「君主機関説」「天皇機関説」が有力説で、ドイツ国法学の権威を背景に、帝大国法学教授一木喜徳郎以下、有力な学者によって支持されていた。

この天皇主権説と国家主権説の対立が表面化したのが、穂積の弟子上杉慎吉と一木の弟子美濃部達吉の間で交わされた論争（明治四十五＝大正元（一九一二）年）である。[1] 時は明治の最末期に当り、論争は、外見上君臨し、統治しているように見えた明治天皇の死と、カリスマにおいて遙かに劣り、君臨はともかく、自ら統治するとは到底見えない大正天皇の即位の時期を挟んで、多くの論客を巻き込んで行なわれた。論争の途中で穂積八束が病死し、更には桂太郎が新帝を自らの権力意志の道具に使うかのような、即ち通俗的に解釈された「天皇機関説」[2]を実践するような行為をとり、それが非難されて失脚する事件が生じた。[3] この論争は「大正デモクラシー」の発足を告げる象徴的な事件と見られている。

「司法省辺でも若い者は、議論は美濃部の方が偉いですね、上杉のザマはありませぬね」と評されていたと言われるように、知識層の世界では、論争は美濃部の圧勝に終ったと見られていたが、それはあくまで「天皇主権説」対「国家主権説」の対立であった。[4]

上杉は、美濃部が国家とは「多数人結合の団体」で、統治権は国家にあり、天皇はその機関であるとした点をとらえて、国家は「多数人結合の団体」即ち国民の団体であるとすれば、美濃部の国家主権説の実質は国民主権説ではないか、と指摘した。それに対し、美濃部は「人民は国家を組織する分子ではあるけれども国家其れ自身ではないことは、恰も細胞が即ち人間たるものではないのと同様である」などと反論し、「余は……帝国を以て民主国なりとしたことはなく、又天皇国を統治するの大義を無視するの言を為したことはない。却て帝国が古来常に君主国たり、天皇国を統治するの原則は万世に亙って動かすべからざることを切論して居る」と断言した。[5][6][7][8][9][10]

あくまで自説を国民主権説でないとする美濃部の態度に対し、穂積は上杉への書簡（一九一二年七月二日）において、美濃部の「筆端畏縮」し、「唯々弁解是レ努ムルノミ」と評している。この穂積の観察が当っているか否かはともかく、美濃部が自らを国民主権説論者と見られることを避けようと努めたことは疑いない。時は南北朝正閏問題で国定教科書編纂の任にあった喜田貞吉が失脚し、大逆事件で幸徳秋水以下が死刑になって数年後で、穂積らの言動には、美濃部の失脚を図ろうとする意向が潜んでいたのである。[11][12]

ともあれ、美濃部は、天皇は法人としての日本帝国の最高機関であるとし、日本の政体を「立憲君主政体」であるとした。この美濃部の域を越えて、明治憲法体制を国民主権の民主体制であると唱えた人物が、明治憲法下に少なくとも二人いる。その一人は二十三歳の青年北輝次郎（北一輝）（一八八三～一九三七）で、もう一人が植原悦二郎（一八七七～一九六二）である。前者の論拠が歴史哲学的なものであると[13][14]

すれば、後者の論拠は政治哲学的なものであった。両者の個性は甚だ異なっているとはいえ、タブーを無視する怖いもの知らずという点では共通している。

(2) 北一輝

北が『国体論及び純正社会主義』(明治三十九(一九〇六年))第四編第十四章などにおいて展開した、日本の体制を民主制であるとする議論の論拠には、明治維新論と憲法論の二つがある。まず前者について、——

北は、「歴史は循環するものにあらず」とする進化史観の持主で、彼によれば、歴史は「君主国、貴族国、民主国」という順序で進化する。(15) そして「維新革命の本義は実に民主主義に在り(16)」。尊皇の志士たちが天皇への「忠」を説いたのは、「貴族階級[従来の支配階級]に対する忠を否認する」という目的の手段に過ぎない(17)。

維新の大義たる民主主義は、直ちには制度化されなかったが、憲法制定によってそれが実現した。美濃部は、この憲法において、天皇のみが国家の最高機関であるとするが、北はそれを根拠なき思想として名指しで批判し、「最高の立法たる憲法の改正変更」に国民代表としての議会が参加することを見れば(憲法七十三条)、最高機関は天皇と議会の二つである。「天皇は主権者にあらず」、天皇と議会の両者が合体して最高機関をなすものであると指摘した(18)。そしてその天皇も、明治維新において「民主主義の大首領」として活躍した(19)。後の北の言葉によれば、天皇は「国民ノ総代表」である(20)。

確かに、維新は多分に裏切られた革命となり、藩閥や財閥によって民主主義の大義は簒奪されかかっている。しかし国民は、暴力によらず、投票権をもって、平和的に普通選挙を実現し、寡頭支配者を倒し、

「社会民主主義」を実現することができるのである、と言う。[21]

この北の著書は、出版から程なく発行禁止となった。美濃部の眼にもとまらなかったのであろう（当時の法学部研究室でこれに眼をとめた者もいた。少なくとも河上肇は『読売』に書評を載せて、「敬意ヲ表」していた）。[22]

（3）植原悦二郎

他方植原の議論は、主権と統治権の区別の上に成り立っている。彼は、主権は他から拘束・制限を受けない、超憲法的な、国家最高の絶対権であるとする伝統的性格づけを踏襲するが、この主権はいかなる国家においても国民に存するという。なぜなら「如何なる君主国に於ても、君主があって国民があるのではない。国民があって初めて君主がある」からである。そこで主権とは「国民の総合意志」で、いかなる専制君主も、その承認なしには存立し得ない。

それに対し統治権は、その主権によって改廃される、憲法上の存在である。憲法第一条が天皇の「主権」でなく「統治権」を定めているのは、そのことを示している、と言う。それ故、天皇の統治権の上に国民の主権があり、あらゆる国家と同様に、日本もまた国民主権の民主国だということになる。[23]

これが発表されたのは明治四十五（一九一二）年八月、即ち上杉慎吉の「国体に関する異説」が『太陽』六月号に発表され、美濃部が同誌七月号に反論（弁解）した直後のもので、穂積が文部大臣その他に工作し、美濃部に危険が迫っている時期であった。当時は西園寺政友会内閣であったから、迫害問題が生じなかったとはいえ、公然と天皇主権を否認する言論を主張したのであるから、危険がなかったとはいえない。現に大正二（一九一三）年三月十八日、貴族院予算委員会において、大略次のような問答があった。

伯爵松浦厚君　曩ニハ法学博士ノ美濃部達吉氏ヲシテ、中等教員ノ教育ノ講習会ニ於テ憲法ノ講義ヲ為サシメタヤウニ承ッテ居リマス、文部省ニ於キマシテハ此美濃部博士ノ憲法解釈ニ付キマシテハ果シテ是認サレテ居リマスル次第デゴザイマスカ。

国務大臣（奥田義人君）　文部省ニ於キマシテハ我国ノ歴史ニ基礎ヲ取ッテ一定ノ観念ニ依リマシテ、国民教育ノ上ニ過チノ無イヤウニ致シタイ。……是マデ間違ノアリマシタ事柄ニ付イテハ之ヲ正シクスルノ途モ講ズル覚悟デゴザリマス。

伯爵松浦厚君ソレナラバ今ノ美濃部達吉博士ノ論ゼラレタル論点ニ付イテハ、……中ニハ間違ガアルカラ、ソレハ追ッテ正スト云フ思召デアリマスカ。

国務大臣（奥田義人君）　美濃部博士ノ論ジマシタ所ハ、是ハ其本旨ニ於キマシテハ益々我ガ国体ヲシテ固カラシメムコトヲ欲シテ、学説トシテ論ジマシタノデアリマスケレドモ、事甚ダ穏当ヲ闕イタヤウニ考ヘラレマスノデ、其不穏当ナル所ハ何所マデモ正シマシテ過チノ無イ事ヲ期スル、斯ウ云フ訳デアリマス。

江木千之君我ガ憲法ノ趣意ヲ益々明ニスル為ニシタノデアッテ、過チハナイノデアルト云フヤウナ御答弁ノヤウニ承リマシタガ、……決シテ歴史ニ基イテ居ラヌ、……憲法第一条ガ、ドウシテアレデ説明ガ出来テ居ルカ、……我国ノ憲法ヲ或ハ英吉利流儀ノ憲法ニ引当テコジツケテ之ヲ解釈シヤウトシタモノデハナイカ。……ドウ云フ処置ヲ御執リニナルノデアリマセウカ、……既ニ発行ニナッテ居ルモノニ訂正ヲ命ゼラレルノデアリマスカ。

国務大臣（奥田義人君）　前任文部ノ当局者ニ於キマシテ甚ダ不穏当ナリト認メマシテ、ソレソレ注意ヲ加ヘ来ッタト云フコトヲ承ッテ居リマス、成ルホド著書モ出テ居リマスルガ、其著書ハ個人ノ著書デアルカラ先ヅ其儘ニシテ置クト云フヤウナ方針デ参ッテ居ッタヤウニ私ハ承知ヲ致シテ居ッタノデアリマス。私ノ考デハ是カラ以後、相当ナル方法ヲ講ジマシテ、歴史ニ基礎ヲ取リマシテ、其不穏当ナ事ハ正シクシテ置キタイ……。(24)

文部当局の立場は、個人の出版なら容認し、文部省主催の行事については、「不穏当」でない学説を登用するという趣旨のようで、植原の著作も個人出版である故に看過されたのであろう。また江木らの攻撃対象にならなかった理由は、恐らく帰国早々の無名の論客で、美濃部に比べれば、影響力が小さかったことにも起因しているであろう。

二　植原悦二郎――生い立ちと青年時代（一八七七―一九一〇）

以下の記述の基礎となっているのは、高坂邦彦『清澤洌と植原悦二郎：戦前日本の外交批評と憲法論議』（銀河書房新社、二〇〇一年）の他、主として左記の資料である。

① 自伝『八十路の憶出』（植原悦二郎回顧録刊行会、一九六三年、以下『自伝』として引用）
② 『植原悦二郎と日本国憲法』（植原悦二郎十三回忌記念出版刊行会、一九七四年、以下『十三回忌』として引用）
③ 三郷村植原悦二郎顕彰会『植原悦二郎先生年譜』（本書二九三～四頁、刊行年不詳、以下『年譜』として引用）

④　植原脩市氏の作成された資料[25]（以下『履歴』として引用）
⑤　立教大学に保存されていた履歴書[26]

（1）　理解されぬ野心（一八七七―九四）

『自伝』は次の言葉から始まる。

　私は信州松本平、南安曇郡、享保義民中萱嘉助の出生地なる中萱で、明治十年五月十五日に生れました。（三頁）

中萱は現在の長野県南安曇郡明盛字中萱、松本市の西北西に位置し、大糸線で松本から六番目の駅の近辺である。西に穂高連山を望む盆地で、古くより農業地帯であった。「享保義民中萱嘉助」とは、凶作の中で年貢増徴を図った松本藩に対し、民衆の抗議を率いて極刑に処された前庄屋多田加助のことである。貞享三（一六八六）年の事件で、「享保」は記憶違いである〔貞享は一六八四〜七年、享保は一七一六〜三五年〕。坂本令太郎（元『信濃毎日新聞』主幹）は、植原の「反骨の血」は、加助の血が「流れこんでいるかも知れぬ」と言っている（「剛直な自由主義政治家」『十三回忌』三七四頁）。それにしては記憶が曖昧だが。

『自伝』等によると、祖先は信州安曇野中萱で「大庄屋」であったが、悦二郎の祖父が事業に失敗して没落した。「身代限」となったのは、悦二郎生誕の翌年の明治十一（一八七八）年である。十七（一八八四）年から二十五（一八九二）年まで、小学校・高等小学校の教育を受けた彼は、家計の事情で中学に進学できず、留守がちの父（繁太郎）の家で農業に従事しつつ「独学」しながら兄と暮らしていた。当時既に、渡米の希望を口にしていたというから（『履歴』）、能力と意欲が理解されず、まさに埋もれそうになっている現状に切歯扼腕の状態であったと想像される。

(2) 横浜にて(一八九四―九九)

「一年有余」の後に遂に家出を決行。行く先は、かつて彼と同様に家出して船乗りとなっていた叔父米三郎で、日清戦争に航海士として従軍、当時は郵船で航海士をしていた。だが、そこから家に手紙を出すと、母が切々たる手紙をよこし、情に惹かれて一箇月後家に戻る。彼は『自伝』の中で、帰宅したことを「一生の失敗」だったと後悔している(六〜七頁)。その後諏訪の製糸工場に勤め、「女工の監督のようなこと」をした後、漸く母の了解を得て、横浜に出たのが二十歳の頃である。横浜で英語を学び、税関官吏の試験に合格、税関の「監吏補」を「約一年半」勤めた後、渡米した。明治三十二(一八九九)年末のことであるという。渡米が満二十二歳、現在でいえば大学四年生である。

(3) シアトル=ロンドン遊学(一八九九―一九一〇)

日本人のアメリカ移民は、幕末に海外渡航の禁制が解かれた慶応二(一八六六)年旧暦四月七日[新暦五月二十一]日より始まる。明治二十九(一八九六)年日本郵船がシアトル航路を開いてから、シアトル経由での渡米が原則的ルートとなった。植原の叔父はこの航路の航海士となっていて、その縁から植原もシアトルを留学先に選んだ。

明治三十三(一九〇〇)年のワシントン州在住日本人は三六一七名という統計があるが、[27]当時のシアトルの状況については、明治三十六(一九〇三)年欧米留学の途上同市に立ち寄った永井荷風の『アメリカ物語』に、ニューヨークの在住日本人の話(恐らくは荷風自身の体験)として次のような叙述がある。

私が米国《こっち》に来るとき初めて上陸したのはシアトルです。さあもう丁度三年前の事だ。能く晴れた十月の末、私は暮れ行く日と共に波止場に着いた……。客引きに出て居る日本人の旅館《やどや》の番頭とか云ふ五十ばかりの男に案内されて、電車に乗込み、日本人街へ曲る角の汚い木造りの旅館に送り込まれた。

成程、あの地方で日本人が誤解されるのも無理ではない。宿屋の界隈は商店続の繁華な街が、丁度人の身の零落して行くやうに次第々々に寂れて行って、もう市が尽きて了はうとする極点である。四辺《あたり》の建物はいづれも運送屋だの共同の厩《ステブル》などばかりで、荷馬車と労働者ばかりが馬糞だらけの往来を占領して居る。

案内された旅館の窓から頸を出すと、遥に市中の建物の背面が見え、正面には近く浅草のパノラマ館を見る様な瓦斯溜《ガスタンク》所が高く黒く大きく立って居る。其の辺りから往来が俄に狭くなって、狭い木造《きづくり》の小家のごたごたして居る間《なか》へ一筋の横町が奥深く行先を没して居る。何でも其の端れは海辺へでも出るらしく、人家の屋根を越しては、倉庫の鉄屋根と無数の帆柱が見え、又鉄道の敷地もあると見えて、機関車の鐘の音につれて凄じい黒煙が絶え間なく湧出で、屋根と云はず往来と云はず、時々の風向によっては、向も見えぬ位に棚曳き渡って、あたり一帯を煤だらけにして居る。この横町、この汚い木造の人家、これが乃ち日本人と支那人の巣窟、東洋人のコロニーで同時に又、職にありつかぬ西洋人の労働者や、貧と迫害に苦んで居る黒人が雨露《うろ》を凌ぐ処である。

……私は……汚い宿屋の一室に引籠って居るのが厭さに、……朝から晩まで歩き廻ったが、何処に行っても子供が吾々日本人の顔を見ると「スケベイ」と云って囃す。この言葉は日本の醜業婦の口を経て或る特別な意味を作り、広く米国の下層社会に流布して居るのである。

……往来傍《ばた》には日中其の辺をうろうろして居た連中の外に、処々の波止場や普請場に働いて居た人足どもが其の日の仕事を了って、何処からともなく寄集って来るので、唯さへ物の臭気《にほい》を絶さぬ四辺《あたり》の空気は更にアルコールと汗の臭気を加へたかとも思はれる。重い靴の響罵る声につれて土塗れの破れシャツ、破れズボン、破れ帽の行列は、黒い影の如く、次第々々に明く灯の点《つ》いて居る日本人街の横町へと動いて行く。と、その横町からは絶え間なく雑然たる人声に交って、酒屋や射的場の蓄音機に仕掛けてあるらしい曲馬の囃子《はやし》や騒しい楽隊《バンド》の響が聞え、同時にチンテンチンテンと彼方此方で互に呼応《よびあ》ふ様に響く三味線の音、それに続いて女の歌ふ声男の手を叩く音……。(28)

他に「丁度シアトルやタコマへ日本人が頻と移住し始めた当時」、「今日のやうに万事が整頓して居ないから、種々の罪悪が殆ど公然と行なはれて居た」頃のことについての記述もある。日本人の仲間に妻を取られて発狂した男の話など。(29)

もっとも植原は、横浜で古屋政次郎(30)（シアトルで日本人相手の商店を営んで成功していた人物）と会い、面倒をみてもらう約束を取り付けていたから、「人足ども」よりは多少ましな生活をしたであろう。しかし自活のため仕事を求め、まずホテルの皿洗いをするが、「一日で参ってしま」った。それから「スクール・ボーイ」（「学校に通わせてもらえる住み込みの家事使用人」高坂一七六頁）をした。小学校に入ったが、ほどなく校長が学力を検査し、「君はもう小学校に来る必要はない」と言われて、中学校に入学した（『自伝』八〜九頁）。

中学卒業後ワシントン大学入学。政治経済と哲学をメジャーとした。指導教授は、政治経済が憲法史学者ジェームズ・アレン・スミス（James Allen Smith, 1980–1926）、哲学はウィリアム・ジェームズ（William James, 1842–1910）の弟子ウィリアム・セイボリー（William Savory?）というが（『自伝』一四頁）、後者については、今のところ調べがつかない。

大学時代には、『日米商報』という週刊雑誌を刊行し、その購読料と広告料で生活できるようになった（『自伝』九頁）。『大衆人事録』第十四版（一九四二年）東京編によると、それ以前に『西北新報』記者を歴任しており、そこで修業して、やがて自力で『日米商報』を創刊したものらしい。

その間色々なことで活躍している。日露戦争の戦勝気分の中で「広瀬中佐旅順港攻撃の段」というシナリオを書き、青年を集めて一座を結成し、大当たりして大いに儲けた。しかし続いて柔道家（日本人）とレスリング選手（米人）の試合で儲けようとしたが、柔道の側が簡単に負けて、広瀬中佐で得た収益を吐き出してしまった（『自伝』一〇〜一二頁）。

また日本人「醜業婦」撲滅運動の演説会を開いたが、業者に殴り込みをかけられる、というようなこともあった（一二〜三頁）。『大衆人事録』によれば、「華州日本人会副会長」も務めたらしい。学生時代に四千ドル貯めたというから（一四頁）、大変な行動力である。

一九〇七年一月、卒業の資格を得たので、卒業証書は後で送ってもらうことにして、数箇月の米国国内旅行に出た。シカゴ、ボストン、ニューヨーク、ワシントンを訪れた後、ヴァージニア州ノーフォークに滞在して黒人問題を観察した（一五〜一六頁）。

一九〇七年九月初めロンドン着、London School of Economics の研究生となり、フェビアン協会の一員として知られる政治学者グレアム・ウォラス（Graham Wallas, 1858–1932）の下で、「よそ見もしないで、三カ年ひたむきになって勉強し」た（一七頁）。その間リー・スミス（不明）の経済学、婚姻史の研究で有名なウェスターマーク（Edward Westermarck, 1862–1939）の社会学講義を聴講し、シドニー・ウェッブ（Sidney Webb, 1859–1947）の指導を受けたこともあるという。学費は在米時代の知人（恐らく古屋と同郷の太田丑太郎）が出してくれた（一四頁、一七頁）。この三年の成果が論文 Political Development of Japan で、Doctor of Economic Science という学位を授与され、「アダム・スミスの銀盃[31]」を受け、Studies in Economics and Political Science シリーズの一環として、Constable 社から出版された。

この一九一〇年の五月一日より十月末日まで、ロンドンで日英博覧会が開催され、帰国の「旅費かせぎ」の趣旨もあって、その事務局で働いた。仕事は日本側と英国側の運営上の問題の交渉という難事であったが、「徐々に解決し」「すべて好都合に運んで」関係者に感謝された。

ところで、当時駐英大使は欠員で、参事官陸奥廣吉（一八六九〜一九四二）（陸奥宗光の長男、伯爵）が大使館の責任者であったが、植原を頼りにする余り、陸奥を通じて申し入れのあった「ロンドン大学で教鞭をとらないか」という申し入れを、「今これを植原に見せたらば、博覧会の仕事をやめてしまうだろう」として、一箇月以上植原に伏せておいた。大学の方では、返事がないので、申し入れをキャンセルした。いくらなんでもこれは行き過ぎだと、植原は「向かっ腹を立て」、辞任して独仏などの国を漫遊し、一九一〇年晩秋の頃帰国した（『自伝』一七・八頁）。

三　教育者・政論家として（一九一一－二一年）

（1）言論活動

植原は多年英国の社会や政界について「深い関心を寄せ、これに強い憧憬を持って」いたから、在英中しばしば議会を傍聴した。バルフォア（Arthur James Balfour, 1848-1930）、アスクィス（Herbert Henry Asquith, 1852-1928）、ロイド＝ジョージ（David Lloyd-George, 1863-1945）、チャーチル（Winston Churchill, 1874-1965）などの演説を聴き、「どうしても、日本の国民を英国民のように教育し、英国の政治家のように日本の代議士を訓練せしめたいものだ」と思ったという（『自伝』一九～二〇頁）。

帰国後、蔵前にあった高等工業高等学校の英語教師、続いて明治大学で「比較憲法や政治学、社会学等」の講座を担当した[32]。政治学の教科書として、「日本人の政治学者、ことに国立大学の教授たちの書いたもの等にはロクなものはないから、そんなものを読んでも無駄だ。それよりはプラトーやアリストートル等の古典を精読しろ」と学生に勧めた（弓家七郎「日本民権発達史のころ」『十三年忌』一三頁）。

『万朝報』の編集者、当時代表的な政論家であった茅原華山（一八七〇～一九五二）は、植原の在英期にロンドンにおり、両者は共鳴するところがあった。『自伝』によると、この茅原が、帰国後の植原に同紙の紙面を提供して『通俗立憲代議政体論』を連載させ、それを単行本として博文館から刊行したのが、本書所収の著書である（一九頁）[33]。

その後展開された言論活動の発表媒体を見ると、初めは明治大学の『国家及国家学』、茅原の刊行していた『第三帝国』[34]、及び石橋湛山の『東洋時論』等が主なものであるが、やがて『日本及日本人』『太陽』など多様な雑誌に執筆することになる。主題は、英国・米国憲法の紹介、国家原論、日本憲法論のようなものも存在するが、大部分は時事政治論で、当時の彼は基本的には政論家ということができる。また国際政治の解説者としての役割も無視できない。政治的立場は、英国憲法をモデルとする立憲主義、その枠内における尊皇思想を基調とするが、山県閥に対する批判において、当時の立憲主義者たちと共通している。

大正六（一九一七）年、犬養毅に誘われて政界入りし、同年の選挙において衆議院議員に当選した経緯については次章で述べるが、彼はその後もしばらく活潑な教育・言論活動を続けた。

（2）明大争議

そこに生じたのが、植原・笹川事件とよばれる明治大学の争議である。

大正九（一九一〇）年十一月三十日、明治大学学生会館に「三、四百名」といわれる学生が集まり、「学長及び学監の勇退を勧告し、其実現を見るまで休校す」という決議をした。木下友三郎学長の学校運営が消極的・事なかれ主義で、「これでは将来の発展を期し難い」というような理由である（『朝日新聞』大正九・一二・一）。

翌十二月一日午前十時半、学生代表が決議文を携えて学長を訪れると、学長は「三十日の学生側集合は烏合の衆にして学生大会と認むることを得ず」と答え、その回答が伝えられると、学生側は休校を決議した。それに対し午後三時、大学側は八名の「主動者」の放校処分を発表した。木下学長は、問題は思想的なところに淵源するという者もあるが、自分も自由主義者で、少数煽動家によって多数善良な学生を妨げることは許せない、という談話を発表した（同一二・二）。

この当局の態度は、中立的だった学生をも敵にまわすことになり、実際上授業が不可能となって、大学側も六日から一週間の休校を決定した。ところが突如十日に、植原と笹川種郎（号臨風）予科科長（一八七〇〜一九四九）の解職処分が発表された。後の新聞記事によれば、「学生盟休の煽動者と認められ」たからだそうである（同一〇・五・五）。

木下学長は、これは「自分の責任」で決定したことで、理由は「人の一身上に関する事」なので発表できない、と述べた。両氏は「何も知らずに学校に出て来て、門前で学生につかまって初めて知った様な次第で、何だか雲をつかむ様に思はれる。理由も何も心に思ひ当る事もない。今度の問題に関しては学校と学生等との間の円満解決を思って極力尽力した外に何等学校の不為になるやうな事をした覚えはない。斯うした咄差の出来事とて考へも何もない」と語って苦笑した。笹川氏は「自分は此前に講堂の焼けた時に五十円寄附して感謝状を貰った事があり、今度は二度目の感謝状を貰ふものとのみ思って居た」と語った（同九・一二・一一）。

しかし翌十一日、校友評議員会の斡旋が功を奏し、学生大会は両教授の解職は認めないが、解決は校友の一部に一任し、一旦休戦することとして、十三日からの開講を決議した（同一二・一二）。当時はこのような人事にも文部省の承認が必要であったらしく、大学当局は両教授の復職を文部省に申請した。

こうして一旦収まった紛争は、翌十年五月に再燃した。文部省は笹川の復職は承認したが、植原について、思想を調べるから著書を提出せよなどと条件をつけた。（この問題について全権を委ねられた）鵜沢総明理事（一八七二～一九五五）は、植原に「学校と手を切って戴き度し」と申し入れ植原はこれに応じて、四月二十七日に学校との絶縁の意思を表明した（学生は当初それを知らなかった）。笹川は「自分だけの復職は男としても出来ぬ」として復職を拒否した（同一一・五・五）。

鵜沢は「元来僕は植原君を明大に推薦した関係上飽く迄この復職を物にしやうと骨を折って居るので、実は植原君の思想を見るといふ著書などの提出も僕から届けてやった程である。木下学長も大いに復職に骨を折ってるが、如何にも貴族院の或一部が煮え切らぬ様で困ってる。考へて見ると議会の昇格問題等で植原君の質問が大分応へたらしい。それで文部省としても植原君の思想をまだ取調中であるから待って貰ひたいといふ話であった」と語ったという（同五・一〇）。

鵜沢は無党派の政論家であった植原に眼をつけて明大に招聘したが、やがて疎隔したらしい。大正二（一九一三）年十月号以後、『国家及国家学』の、鵜沢主筆の巻頭論文の次に掲載されていた植原の論文が、四年六月号からずっと後に回されたのは、その徴候かも知れない。植原が鵜沢の政友会でなく、犬養の国民党に接近し、やがて入党したことは、疎隔を深めた。「著書などの提出も僕から届けてやった」というのが植原にとって歓迎すべきことであったかは疑問で、「文部省から著書の提出を求められたが、右は思想上の疑問からだとの評判もあり」「植原氏は飽く迄承諾を拒み居」るとの新聞記事もある（同五・五）。

五月十六日には学生大会が「一、吾人は元本大学教授植原悦二郎氏の復職を熱望す。二、文部省は速に私学に対する不当なる圧迫を廃除し、併せて大学の権威を尊重し、学の独立自由を保証すべし」と決議し、大挙文部省に押し寄せた。最初禁止的態度をとっていた警察も、学生代表と交渉の結果「学生としての正々堂々たる運動は黙過する」ことになる。学生代表は南次官と三度に亘って会見し、一両日中に回答する旨の約束を取り付けた。

植原は明大弁論部長であったから、弁論部がこの抗議行動に重要な役割を果した。五月十八日明大弁論部主催の私学連合演説会を記念館で開催しようとしたが、大学当局は会場使用を不許可とした。学生たちは、それに抗して会場を占拠、文部省に対する抗議・復職要求の決議をした。更に学校当局の干渉により会に参加しなかった慶応と日大を弁論部連合から除名した（同五・一九）。

十九日文部省は、植原と大学との関係は既に断絶していることを理由として、この問題にもはや関知しないと声明、また植原の属する国民党代表が、二十日朝中橋文相の私邸に「寝込みを襲」って面会を求めるなど、国政レヴェルの問題ともなった（同五・二〇）。

学生側は同盟休校、大学側は首謀者退学処分と応酬が続いた後、二十五日には学生側が大学を占拠、大学側が警察の介入も求めたが、西神田署は「大学は一自治国に等しい、無暗に干渉すべきでない」として拒否。「併し再三の哀願に警察も遂に申訳的に五六名の巡査を急派したが、実行委員に懇々説かれて之も引退」。商学部一年生全員は、要求が容れられなければ総退学することを決議した（同五・二五）。

同盟休校が続き、学生・事務員・教員は学生たちによって入構を拒否される状態が続いた。二十五日には大学側が校舎を奪還、三十日に警察力を導入して授業再開を強行しようとし、暴力沙汰となる。その責任をとって、木下学長、鵜沢理事など四名が辞任。学生も六月六日から登校し、一応の決着を見た。

この事件について『朝日新聞』は「問題の裏」と題する次のような解説を掲載している（五・三〇）。

笹川教授のことは知らず、植原氏は教授仲間に敵が多い。憲法講座の受持松本重敏教授と社会学講座の藤森達三教授等はその対手で、松本、藤森両教授の両講座は、共に植原氏も担任し、学生は植原氏のものを歓迎して、両教授のものは聴講しない。而も藤森教授は国勢院総裁で、政友会に勢力ある小川平吉氏の推薦教授である。植原氏と小川氏は共に信州地方を選挙区とする政敵であり、植原氏の危険思想を貴族院の問題とした江木千之氏への橋渡しは松本教授であったと云ふ。ここに政友会の領袖なる中橋文相の顔ものぞく。（五・二〇）

植原は『自伝』において、この事件について、次のように回顧している。

多勢の学生が私の教室に集まった。講義のたびに聴講生がふえて、大きな講堂に入れないという始末であった。私の講義が珍しいというので、早稲田や東大から聴きに来た生徒もあった。私の教室が盛んになればなるほど、当時明大で憲法を教えておった松本重敏教授の講義の教室は、だんだんさびれていくような形勢であった。そのためであるかどうか、松本君と当時の学長木下友三郎氏とが相談をして、植原と笹川がどうも学校のためになりそうもない、彼等は学校を乗っ取るかもしれないというような風評を立てたらしく、その結果であるかどうか、われわれの知るところではないが、私と笹川臨風との二人は学校を辞めてもらいたいという、学長からの話であった。私は衆議院議員であったし、笹川臨風君は有名な文士でもあった。私にせよ、笹川君にせよ、学校によらなければ衣食のできない柄ではなく、……木下学長の言うことは、私ども二人に対しては、何らの苦痛もないことで、早速承知しましたと言って、二人とも学校を退くことになった。これが生徒の間に伝わると、生徒の大騒動となって、駿河台の明大の屋台を揺るがすような騒擾をかもした。私や笹川君に同情し、これを支持する学生は、毎日神田の松本亭を本拠にして、明大の総長に迫り、われわれの復校を要求したのである。ところが私にせよ、笹川君にせよ、学校に帰る希望がむしろないので、われわれ両人に、非常に同情をし、真心をこめてわれわれのために大騒動を起こしてくれたことについては、生徒に感謝するけれども、学校の騒動に対しては、われわれは気乗りもしないし、また復校も希望しないので、約半月ぐらいの間、非常な混乱を重ねたが、……この明大学生騒動は尻切れとんぼになって、二週間後には収まった。……

それから十数年後に、木下友三郎学長は、私に対して、学生騒動のときは、実際自分が誤解しておって、はなはだ相すまないことをした。あのことは僕と笹川氏に対してもすまないことであったばかりでなく、そのために学校の将来を傷つけたことも多かったと思って、非常に後悔していると、心から私に詫びられたことがあった（『自伝』四二～四三頁）。

四　政治家への転身

（1）　政界入り

植原は、国民党首犬養毅に、大正六（一九一七）年の選挙に際し「きわめて熱心に、かつ執拗に、出馬を勧め」られた。最初は固辞したが、教壇から学生を教えるよりは、選挙に臨んで選挙民を教育する方が、議会政治の根を日本に下ろすために近道だという議論に説得されたという（『自伝』二二～二三頁）。

この時期は、万年少数派であった犬養にとっても政治的転機であった。八十七名の議員を擁していた立憲国民党は大正二（一九一三）年一月に分裂、島田三郎、大石正巳、片岡直温、武富時敏、箕浦勝人ら有力議員が、桂太郎が組織した立憲同志会に参加するため脱党、国民党は六年早々には二十八名の弱小勢力となっていた。植原が敢えてこの小政党に参加したのは、反骨精神の表われといえよう。

同年一月二十五日に憲政・国民両党が寺内内閣に対し不信任案を共同提出、犬養の提案演説の後に衆議院が解散され、四月二十日に選挙が行なわれた。これが植原の最初の選挙である。植原の選挙は、演説とパンフレット以外に何もしない「言論、文章一点張りの戦法」で、選挙演説では「明大教授として拝受帽を冠り、ガウンを着られ、颯爽として」壇上に立った（増田甲子七「偉大なる先見性」『十三回忌』五頁）。明治の学生も応援演説したという（神谷博「初出陣のころ」同、三三五頁）。九人当選中八位で当選（『自伝』三七頁）、以後昭和二七（一九五二）年まで十三回当選した（昭和十七（一九四二）年、東条内閣下の「翼賛選挙」のみ落選）。

『日本及日本人』（一九一七（大正六）年五月十五日号）上の評論「各派別に観たる新代議士」において、鵜崎鷺城（本名熊吉、一八七三～一九三四）は、植原を次のように評している。

英国法学博士植原悦二郎も若手の新人物である。米国へ行く前に信州の或る製絲家の職工監督をして居た。今度製絲業が彼の為めに骨を折ったのもさる関係よりして居る。外国から帰って高等工業の教師となり、次いで明治大学の講師に任ぜられた。明大では政党史を受持ち、憲法に就いても一種の意見を有して学生の間に人望がある。唯だ年少時代の境遇が自然に彼を負惜みの人、旋毛《つむじ》の曲った人に化し、変った気焔を吐くと共に反抗力も強い。斯ういふ点がウブな書生の人気に投ずるのである。論客揃ひの多い国民党には釣合の議員であらう。（四七・八頁）

（2）臨時外交調査会

その後の彼の議員としての活動の中には、いかにも「急進的自由主義者」らしいものも見られる(35)。しかし、彼の政界入りは、「急進的自由主義者」としての言論活動の軌道修正を意味した。それは、政治家として忙しくなったという卑近な理由もあり、政治的現実の泥にまみれ始めたという要因もあると思われるが、具体的には三つの理由が考えられる。第一は、犬養の権力接近、第二は彼の国際観念、特に中国政策の問題、そして第三には思想界の位相変化である。

寺内内閣は、政友会と国民党を与党化することを策し、原敬政友会総裁、加藤高明憲政会総裁、犬養国民党総裁の参加する臨時外交調査会なるものを組織しようとした。予想通り加藤は参加を拒否し、他の二人が受諾。天皇に直属して事務所を宮中に置き、外交に関する重要事項を調査研究するという甚だ格の高い組織である。委員長は寺内首相、委員は本野一郎外相、後藤新平内相、大島健一陸相、加藤友三郎海相、伊東巳代治枢密顧問官、平田東助・牧野伸顕両貴族院議員、それに原・犬養と、最後の二人を除けば官僚色濃厚な組織であった。一貫して藩閥政権と闘ってきたように見えた犬養が、臨時外交調査会委員となることによって、典型的な山県閥超然内閣の寺内正毅内閣に接近したのがまさしくこの時期であり、その犬養に与することによって、植原もまた権力に接近する。

犬養の寺内内閣接近には賛否両論あったが、素朴な国民世論からは激しい反撥を受けた。『日本及日本人』（一九一七年七月十五日）において、山脇高等女学校長山脇房子（一八六七～一九三五）・東京高等女学校長棚橋絢子（一八三九～一九三九）・桜井女塾長桜井ちか子（一八五五～一九二八）など、女性のオピニオン・リーダーたちがこもごも犬養の無節操を非難しているが、日本女子商業学校学監嘉悦孝子（一八六七～一九四九）の「嗚呼清節三十年」はその総収編の感がある。

多年、少数党を率いて奮闘してゐらっしゃった犬養さんが、外交調査委員に突然任命されなすったについては、世間でもいろいろ申して居る人がありますが、御本人に伺って見たら勿論、相当の理由はお有りでありませう、その胸の内を伺はずに軽々に女の私が考へを申すのは軽率の様に思ひますが、只、犬養さんが、これまで清節三十年の叫びがそれ以来薄らいで、以前ほどの尊敬を一身にお蒐めになるのは六ヶ敷からうと、それのみ残念に思ひます。国家に尽す道はいづれにせよ同じですが、国民党はどこ迄も今迄通りのやり方がよくはなかったでせうか。……之れを、婦道と結びつけて見ましても、決して人心の上によい影響を齎すものではあるまいと存じます。女にも節操があれば、勿論男子にも節操と云ふものがありませう。犬養さん今回の場合が、その節操を捨てた女子に喩へてよいかどうかは、私には判然と申し上げてよいやら悪いやら判然と申し上げてよいやら悪いやら分りませんけれど、少くとも、それに近く比較される行動であると云ふことは、私も断言して、そして遺憾に思って居る次第で御座います。

六月二十一日に第三十九特別議会が召集された。植原の最初の演説は、七月十三日の本会議における、斎藤隆夫議員（憲政会）の、外交調査会違憲論に対する反論、即ち犬養の藩閥政府接近の弁明であった(36)。その趣旨は、このような調査会の設置は国務大臣が外交の全責任を負うという原則を変えるものでないから、違憲問題となりようがないというものであるが、颯爽たるデモクラットの登場とは言い難いものであった。

植原はまた、『新公論』同年七月号に「臨時外交調査会と国民党の態度」という論文を寄稿し、「米国の参戦と支那の紛擾」などによって、日本は「対外関係上一大危急」に直面しており、「真に国家及国民を思ふもの」として傍観できなかったからだ、と犬養の行動を弁護した。戦後も、この時の犬養の態度について、「確固たる大陸政策樹立の道」を求めようとしたのだと説明している（『日本民権発達史』（二）五一頁）[37]。

（3） 対中国政策

植原の「支那の紛擾」「大陸政策」に対する態度について述べるためには、その後数年間の彼の身も振り方を先取りして述べる必要がある。

彼は犬養と行動をともにし、大正十三（一九二五）年六月犬養が（第二次山本権兵衛内閣から継続して）三派連立[38]の加藤高明内閣逓信大臣となると、逓信参与官という官職に就いた。しかし植原の政界における身の振り方を大きく規定したのは、大正十四（一九二五）年五月における犬養の政友会入りである。犬養は、政界引退の決意に際して、高橋是清政友会総裁に次のように語ったという。

自分はこれまで一党をひきいてやって来たが、自分の党は細りこそすれ大きくなるようなことはない。この際なんとか同志の身の振り方を考えてやらねばと思っている。党内の意向は政友会と合同したらというのだ[39]。

こうして植原も政友会に入党した。選挙区には、それに反対して袂を分った者も出たという（神谷、同、三三七頁）。彼が帰国した明治末期と異なり、今や政党政治の全盛時代で、政友会は幾度も政権を担当し、当時は三派連立内閣の一環として政権党に属していた。二年後には、国内において共産党の大弾圧、国際的には山東出兵を強行した田中内閣が発足する。この政友会に属することによって、植原は少数野党の野人政治家という在り方から決定的に訣別した。しかも、このような犬養との関係のみならず、植原固有の中国観が、田中内閣の対決的対中国政策にコミットさせることになる。

田中内閣は外相を田中首相が兼任し、実際の決定を森恪政務次官、吉田茂事務次官、そして外務参与官に委ねた。植原の言葉では、「外務省の仕事はほとんど三人に任せきりで、すべてめくら判を押していた」(『自伝』九一頁)。この参与官、即ちナンバー・スリーが植原であった。

留学より帰国後しばらくの間の植原の中国論は、抽象的であると同時に、友好的であった。彼の中国論として早いものは、辛亥革命からほどない『国家及国家学』一巻九号(一九一三年九月一五日)に寄稿した「支那政体論」で、共和政体存続への悲観論者たちが挙げる八つの論点を逐一検討し、必ずしも悲観する必要がないと説いている。同誌二巻十号(一九一四年十月一日)の「膠州湾に対する我国の態度」は、第一次大戦開戦とともに独領膠州湾を攻撃したことについて、三国干渉の怨恨を報ずるというのは感情論に過ぎず、日英同盟は開戦まで要求するものでなく、これが東洋平和に役立つとはいえず、中国人の反感と疑惑を招いて、長期的国益にも役立たないと論じている。

しかし彼の中国論は、具体的政治勢力が眼中に入るにつれて、性格を変えていった。即ち孫文の率いる国民党に対する低い評価、更には敵対的姿勢が、北方軍閥政権への支持に彼を赴かせた。彼は孫文について、「彼の議論は常に空中楼閣を築くが如く、現実を無視し、その脚は常に地上を離れて居った」と評し[40]、従って国民党を中国の代表者として交渉相手とする幣原外交を批判した。日本において官僚派の幣原が孫文の民主主義を評価し、日本において民主派の植原がそれを軽視ないし敵視したのである。

この態度と結びつくのが西原龜三（一八七三～一九五四）との密接な関係である。西原は、周知のように、寺内首相の意を受けて、北方軍事政権（段祺瑞政権）に、正式の外交ルートを通さず、確実な担保もなく一億五千万円近い借款を与える交渉に当った人物である。

読売新聞政治記者岩淵辰雄（一八九二～一九七五）は、植原と最初に直接会ったのは西原の事務所であった、そこで両者はしばしばヘボ将棋を指していた、と回顧しており、その関係が「いつごろから始まったことか、詳しいことは知らない」と言っている（「植原さんの憶出」『自伝』巻頭）。将棋に関しては、国会図書館憲政資料室に、「昨今は天候も陰鬱、世相も陰鬱、政界亦然り」「鬱晴らしに将棋も一興、下町へ御散策被成ては如何」という、植原の西原宛書簡が保存されている（六年六月十七日附）。もう一通「御迷惑の御願」を快諾されたことの礼状もある（年不詳、十二月十六日附）。

浜口内閣時代には、幣原外交批判によって、植原の立憲主義的立場の放棄に接近する。即ち、ロンドン条約問題について、国防計画の輔弼機関は軍令部長であり、その反対を押し切って条約を締結したのは統帥権干犯であると主張した[41]。満洲事変後には、「我国が十三対一の侮辱的取扱ひを受けましたのは、何故かと申しますれば、幣原外交の軟弱に依りしことは国民一人の疑問を有するものはない」「我国が亜細亜の盟主として此対支外交の根本を建直」すなどと演説している（『政友』三七八号、一九三二年三月一日）。

（4） 位相の変化

以上、植原が犬養に伴って権力に接近していく過程を述べたが、この時期に植原の急進派的言論活動が減速した第三の理由は、思想界の変動である。

第一次大戦は、西洋中心的世界観を大きく動揺させ、ロシアの二度の革命（一九一七年）、米騒動（一九一八年）、朝鮮三・一運動、中国の五・四運動（一九一九年）等は、藩閥対政党という対立構図を激変させた。その「左」に過激な体制批判勢力が登場したのである。原敬内閣の成立は、政党の藩閥に対する一応の勝利を象徴したが、同内閣が過激社会主義者取締法案を立案したことは、そのことを物語っている。

英国流自由主義から藩閥を批判するという植原の位相も、急激に急進派から中道派へと押しやられた。大正六（一九一七）年という早い時期に、室伏高信（一八九二〜一九七〇）は、植原の「著作と論文とを散見するときに、ただバヂョット時代を回想してゐるような、古い、そうして現代の政治思想と遠ざかった感じに打たれる」と指摘した(42)。

鈴木正節は、大正一四（一九二五）年の治安維持法制定に際して、彼が「終始幹部と行動をともにし」「政府側から対応」したと指摘している(43)。「国体」（天皇制）「政体」（議会制）「私有財産制」を左翼過激派から防衛するという同法草案の発想は(44)、第二次護憲運動に勝利し、ブルジョワ政党の支配を確立した体制派の、新たな敵に対する身構えであった。植原もまた、今やその発想圏の中にいたのである。

植原の左翼過激派に対する敵対的姿勢は、中国論においても示されている。即ち国民党は「露国労農政府及び第三インターナショナルの組織に酷似して居(45)り、同党内には「第三インターナショナルの勢力が存在(46)」し「南方国民革命軍の活動は、主としてボロジン及ガロン等の指揮指導に基(47)くが、これら「共産主義者の暴挙暴動」は「支那を破滅に導く」ものであるという(48)。

こうして非社会主義的自由主義者は、社会主義と闘うために、「体制」に参加したのである。

五　その後

昭和一桁台の総理大臣は、すべて暗殺ないし暗殺未遂の対象となっている。若槻礼次郎は昭和六（一九三一）年の「十月事件」、同七（一九三二）年の「血盟団事件」で暗殺の対象に擬され、田中義一は三（一九二八）年六月八日岡村新吾という青年に上野駅で襲撃された。浜口雄幸は五（一九三〇）年十一月十四日東京駅頭で佐郷屋留雄に襲撃され、それが原因で十箇月後に死亡、犬養毅は七（一九三二）年「五・一五事件」で射殺された。斎藤実は内大臣であった十一（一九三六）年「二・二六事件」に斃れ、岡田啓介は同じ事件で人違いにより奇跡的に死を免れた。

彼らは各々の分野において、大正期の成功者として、昭和初期に権力の頂点に登りつめた者で、彼らの運命は、昭和初期を動かした「大正的なるもの」清算の衝動を物語っている。法学界における瀧川幸辰や美濃部達吉の失脚などもそれと連動した潮流の結果であろう。このような中で、「大正デモクラシー」の担い手たちは、いかにして一九四五年までの二十年間を過ごしたか。一方に被迫害があり、他方に転向があって、植原なども、その間の隘路を生き延びた人物ということができよう。

昭和前期は言論の不自由な時代であったとはいえ、植原には、国会議員としての身分保障、権力層の間での厚い親英米派の存在もあり、マルクス主義者たちのような弾圧を蒙った訳ではない。彼は当選を重ねたとはいえ、暗殺の対象となるほどの有力者・著名人でもなかった。昭和六年一二月一三日犬養が首相となると、その腹心として大いに活動を開始したが、四箇月後に犬養が暗殺され、三二年から三六年まで、衆議院副議長という比較的風当りの弱い無難なポストにあったこともある。

しかし彼の林銑十郎首相が政党員の入閣に際し離党を求めたことを追及した一九三七年二月十六日の演説は、当時の時流から見ればアナクロニズムに見えたに相違ないが、立憲主義者としての筋を通したものといえよう。曰く、

立憲政治は君民一致の政治、万機公論に決するの政治であります。……議会政治と政党とは、依存共栄不離のものであります。政党が健全なる発達をなさざれば、議会の健全なる発達を見ることは出来ませぬ。それのみではありませぬ。議会政治の円滑なる運用を期さうと致しますれば、何と致しましても政党に依るよりは途がないのであります。稀代の政治家、我が憲法の制定者の一人なりし伊藤公は、多年政治の経験に依り政党を離れて議会政治の円滑な運用期し難しと確信をされまして、自ら起って政党を組織し、其総裁となられたのであります。西園寺公亦然り、桂公でさへも、政党の必要を痛感せられまして、自ら政党組織を企てられたのであります。斯様な事実に鑑みましても、如何に政党が議会政治の為に緊要なものであるか、政党を無視して立憲政治の運用不可能であることは明でありますのに、林大将は何の見る所あって政党員に対して入閣を勧むるに際して離党を条件とされたのであるか。それのみではありませぬ。政党には主義政策があります。政党の主義政策なるものは国民に公約せるものであります。此政策を実現することが立憲政治の民意暢達と申すことであります。民意暢達を念とせずして立憲政治の完成を図ることは不可能であります。林首相は是等に対して如何なる所見を有せらるるか、明確なる御答弁を煩したいのであります。

これに対し林は、「当時の情勢の上から適当と考へましたことで、決して政党を無視すると云ふやうな意味ではありませぬ」と存外低姿勢で答えている。

五　その後

戦時下十七年五月の「翼賛選挙」では徹底した選挙妨害を受け、落選した。「東条総理の人相をよくよ

く観て下さいよ、諸君。あの人相でこの国を興し得るものかどうか」などと演説し、猛烈な官権の妨害を受けたという（伊部政隆「翼賛選挙の裏街道」『十三年忌』三二〇頁）。十九年より吉田茂らと東条倒閣運動に参加、その縁から戦後吉田内閣の閣僚に列することとなる。

戦後植原は、政治家として、また著作者としての活動を再開した。まず二十一（一九四六）年四月の戦後最初の選挙に長野全県一区から立候補し二位当選、吉田内閣の国務大臣・内務大臣に任命された。かつて憲法学者であった彼のことであるから、新憲法制定過程で大いに活躍するかと思われたが、そうならなかった。その理由は、彼によれば、日本国憲法の原案が吉田内閣の閣議にかけられた時、彼が非武装化や最高裁判所制度、内閣総理大臣の権限などについて反対意見を述べ、幣原国務大臣に発言を封じられた。国会答弁は金森徳次郎に委ねるということで諒解がつき、従って発言をしなかったのだという（『自伝』二六〇～一頁）。

やがて吉田と対立し、党内野党的地位に立つ。民主政治についての入門書のようなものを色々書くが、大正期に輝き渡った論旨も、今では平凡なものとなり、注目を集めなかった。『日本民権発達史』を大正政変以後から書き継ぎ、全六巻を完結した。これは文献註がないなど、学術書としては受け容れられなかったが、政治家の見た大正期以後の通史として、色々注目すべき観察がある。

終りに

占領下における言論において、八・一五以前の近代日本を一括して否定するものと、大正期と昭和前期を分けて、後者をもっぱら否定するものとの対立があった。後者の主張者は「オールド・リベラリスト」

とよばれ（これは「和製英語」である。英語では自由主義者はliberalとよばれる）、旧日本の病理の深さ、戦後改革の根源性を理解しないものとして、「新時代のオピニオン・リーダーたち」から嘲笑された。

憲法学界においては、後者の代表者が美濃部達吉で、美濃部憲法学の立憲主義がある程度行なわれた大正末期から昭和初期を回帰すべき伝統と考え、その域を逸脱したと彼が考えた戦後の憲法改革に消極的な態度をとった。この戦後の美濃部の憲法論は、実際上無視された。植原の日本国憲法批判も、焦点ははっきりしないが、同様の雰囲気の産物であろう。

この対立は、米国政府内における日本観の対立と連動していた。元駐日大使ジョセフ・グルーらは、若槻礼次郎、浜口雄幸、幣原喜重郎などの国際協調主義的政治家たちを「穏健派」(moderates) とよび、その延長線上の勢力に戦後日本の運営を委ねることを構想した。それに対し、占領軍左派に連なる勢力は、戦前の体制を一掃することを意図した。大正期の憲法状態を修正する改憲の松本案を一蹴した態度もこの発想と結びついている。

しかし戦後の日本国民は一貫して保守党に過半数を与え続け、その保守党は日本国憲法を基本的に大正期の憲法慣行に近い形で運営してきた。「旧日本とのラディカルな断絶」という「戦後民主主義」の綱領（その憲法学的表現が「八月革命説」である）を、結局国民の多数が選択しなかったのである。

現在、イデオロギーとしての「戦後民主主義」と最も密接に結びついた政治勢力（「護憲勢力」）は存亡の危機に立っており、憲法学界も思想的展望喪失状態にある。このような中で、大正期の自由主義と戦後保守主義を繋ぐ線が、日本憲法史を貫く太い線として、再認識の対象となり得るのではないか。

植原は戦後、最後の帝国議会で日本国憲法が審議されていた一九四六年夏、いわゆる「国体論争」に関連して発言し、超憲法的主権と憲法下の統治権の区別に関する持論を反復して、「如何なる国に於ても主権は其国内に生存するすべての国民に帰属すると解釈するのが政治哲学上の原理」で、現行（明治）憲法も同様であるとし、また明治憲法においても、第四条の統治権の「総攬」とは、統治権の不行使を定めるものだとして、「国体」は変化していないと力説している。

これが植原が繋いだ、大正期自由主義と戦後保守主義の間の線である。そして戦後保守主義者たちも、国民主権主義を覆そうとはしていない。その点でも植原は新旧の連結者と見ることができよう。

（1）「近代イギリスの君主が一般に思われている以上に政治関与をしているのに対し、近代日本の君主制を形作った明治天皇は、じつは一般に思われているほど政治に関与してはいない。憲法（国制）上の君主権は明治天皇の方が強いが、実態としての明治天皇の政治関与は近代イギリスの君主に準ずる程度である」（伊藤之雄『政党政治と天皇』講談社、二〇〇二年、一八三頁）

（2）「天皇機関説」には、国家法人説に基づく法理論上の主張と、天皇は内閣などの諸機関の決定を形式的に裁可するのみの存在だという通俗的な観念が存在した。昭和天皇が二・二六事件に際し「軍部にては機関説を排撃しつつ、而も此の如き、自分の意思に悖る事を勝手に為すは即ち、朕を機関説扱と為すものにあらざるなき乎」と言った（『本庄日記』原書房、一九六七年、二〇八頁）場合の「機関説扱」いとは、この通俗的意味である。

（3）この事件については、長尾『法学に遊ぶ』（日本評論社、一九九二年）第六章「二人の長州軍人」参照。

（4）『平沼騏一郎回顧録』（一九五五年）三四頁。

（5）美濃部達吉『憲法講話』（有斐閣書房、一九一二年）二頁。

（6）同、一八頁。なお美濃部は、主権の語は多義的で、その一つの意味は統治権と同義的であるが、避けた方がいいという趣旨のことを述べている（二三頁）。

(7) 同、六五頁。
(8) 上杉慎吉「国体に関する異説」(星島二郎編『上杉博士対美濃部博士最近憲法論』実業之日本社、一九一三年)二二頁。
(9) 美濃部「上杉博士の『国体に関する異説』を読む」(星島編、同)五〇頁。
(10) 美濃部、同、四一〜二頁。
(11) 長尾編『穂積八束集』(信山社、二〇〇一年)二一五頁。
(12) 穂積は、美濃部説を「甚不都合」な(同、二一一頁)「邪説」(二一四頁)であるとし、文部大臣や枢密院・貴族院の有力者に措置をとるよう勧説しているが、他方で「美濃部氏ハ将来有望ノ人」であるから「身分及評判」を傷つけないようにするとも述べている(二一六頁)。
(13) 美濃部『憲法講話』六五頁。
(14) 同、五五頁。
(15)『北一輝』(みすず書房、一九五九年)第一巻、一七五頁。
(16) 同、三四四頁。
(17) 同、三五一頁。
(18) 同、二三二〜六頁。
(19) 同、三五一頁。
(20) 同、「国家改造法案大綱」『著作集』第二巻、二二二頁。
(21) 同、三八九頁。青年北の思想については、長尾「『国体論及び純正社会主義』ノート」『思想としての日本憲法史』(信山社、一九九七年)参照。
(22) 田中惣五郎『北一輝(増補版)』(三一書房、一九七一年)七八〜九頁。

(23) 植原「憲法上の謬想」(『東洋時論』一九一二年八月号) 本書一五九〜一六三頁。植原は、北と同様に、憲法七十三条が、憲法改正への議会の参与を規定していることを、国民が主権に参与していることの論拠として挙げているが、これを「我国の主権が君民の両者にあること」の論拠としているのは(同、一六二頁)、彼の「政治哲学」とは矛盾する。

(24) 『貴族院予算委員会議事速記録』第二号(大正二年三月十八日) 一八〜一九頁。なお江木千之の保守的イデオローグとしての活動については、三井須美子「江木千之と臨時教育会議」(一)〜(七)(『都留文科大学』四二〜四八集、年)、「江木千之と文政審議会」(同、五一〜五七集) 参照。

(25) 『履歴』の主要な部分は左記の通り:

祖父 植原喜太郎(別名:国三郎、九郎次、僖太郎)

○文化十三(一八一六) 年一月二十日生

○明治二十一(一八八八) 年二月十一日没(満七十二歳)

○作世話役・長百姓役・越中世話方(河川工事技術者招致役)・渡場世話方(藩の貯木場の出材管理)・副戸長・病院世話役等を歴任

○明治十一(一八七八) 年、飛騨より生糸を大量に買い入れ、暴落して身代限となり、屋敷を手放す

父 植原繁太郎

○弘化三(一八四六) 年二月二日生

○大正十一(一九二二) 年一月三十一日没(満七十五歳)

○坐繰製糸・蚕種製造販売

○弟金弥は農業(喜太郎が破産譲渡した水田を小作)

植原悦二郎(鋭二郎と命名したが、後に戸籍吏の間違いにより悦二郎に改名、高等小学校読本に書き入れた

署名には鋭二郎とある）
○明治十七（一八八四）年四月　村立明盛小学校初等科入学（校舎は廃寺となって中萱法国寺の建物）
○十九（一八八六）年　二年生に進学
○二十（一八八七）年　二年生より四年生に飛び級。一日市小学校に通学
○二十一（一八八八）年三月　卒業（当時小学校初等科は四年制）、四月南安曇高等小学校入学（当時高等小学校は一郡一校）
○二十五（一八九二）年三月　卒業（当時高等小学校は四年制）。以後二十六年末まで農業に従事（この頃渡米の希望を叔母に語ったという）
○二十七（一八九四）年旧正月四日、横浜の叔父米三郎の下に家出。母の懇願により一ヶ月後帰宅。四月より諏訪の製糸工場に就職
○三十（一八九七）年末　再び横浜叔父宅に向う。英語を六ヶ月間学ぶ
○三十一（一八九八）年五月　税関監吏補試験に合格、横浜税関に就職
旧七月七日　兵役検査
○三十二（一八九九）年十二月　シアトル着
○三十七（一九〇四）年　ワシントン大学（シアトル）入学
○四十（一九〇七）年　同大学卒業
九月　渡英、ロンドン大学入学
○四十三（一九一〇）年五～八月（？）　日英博覧会（五月一日～十月三十一日）事務局勤務
十一月二十六日　中萱の家で帰国祝い。
○四十四（一九一一）年五月五日より、「在東京植原犀西」のペンネームで「通俗立憲代議政体論」連載

(26) 立教大学に提出された毛筆書き履歴書の内容は左記の通り:
開始
「拝啓
兼て御話有し小生の畧歴は左の通りに候
明治四十年
米国華盛頓《ワシントン》州立大学の政治経済及哲学両科を修了してバッチェラー・オヴ・アーツの学位を受く
同四十一年
英国倫敦《ロンドン》大学の大学院に於ける研究を卒へドクトル、オブ、サイエンスの学位を授けらる
同年
倫敦大学の学士会員に推薦せらる
同年
拙著 The Political Development of Japan（一八六七〜一九〇九）は政治経済学に貢献する所あるものとして倫敦大学より銀杯を授けらる
同四十三年日英博覧会嘱託
同四十四年より大正四年迄東京高等工業学校講師
大正一年より明治大学講師
倫敦大学東洋コレスポンデント
大正五年
桑港に於ける太平洋巴奈馬《パナマ》博覧会に就て農商務省嘱託として渡米
大正六年より立教大学講師

大正七年
　衆議院議員に当選
同年
　衆議院の遣米議員として渡米
　（以下著書目録）」

なおこれに衆議院に提出されたらしいタイプ刷りの履歴書が添付されており、それには「原籍　長野県南安曇郡明盛村弐千八百拾参番地」「現住所　東京都赤坂區青山高樹町十二ノ五号」と記され、明治大学講師が「大正二年ヨリ同七年マデ」、「同七年ヨリ九年マデ私立明治大学教授」、七年より立教大学講師と、些か喰い違っている。『年譜』では、大正八年から十年まで「立教大学教授」ということになっている。

(27) 今野敏彦・藤崎康夫編著『移民史Ⅲ（アメリカ・カナダ）』（新泉社、一九八六年）一七四頁。

(28)『あめりか物語』（福武書店、一九八三年）一一〇～二頁（原著は一九〇八年）。

(29) 同、二三～八頁。

(30) 古屋政次郎は山梨の人、明治二十三（一八九〇）年ヴァンクーヴァーからシアトルに移り（宮原安春『誇りて在り：「研成義塾」アメリカに渡る』（講談社、一九八八年）五八頁）、日本の雑貨や食料品などを販売して、古屋商店は「移民者の生活の中心」といわれた（同二一四頁）。ワシントン靴店創業者東条鱒の自伝に、明治三十九（一九〇六）年、古屋商店で植原に会い、世話になった思い出話がでているという（宮本、前掲書、一三三頁参照）（なお補遺参照）。

(31) 宮本盛太郎氏の調査によると、これは Hutchinson Silver Medal の記憶違いだという（『日本人のイギリス観』御茶の水書房、一九八六年、一一四頁）。

(32) 高等工業学校との関係は、博覧会関係者から同校手島精一校長（一八四九～一九一八）に紹介されたこと、プラグマィズムの哲学者田中王堂（一八六七～一九三二）が同校で教鞭と執っていたことが契機だという（『自伝』二五、二八頁）。田中は早稲田における石橋湛山の師で、早大系統の「急進的自由主義者」群と植原との橋渡しとなった可能性がある。現在東京工業大学に、年俸五四〇円という明治四十四年四月八日附資料が保存されている。『自伝』に月給六〇円とあるから（二八頁）、一ヶ月分ボーナスがついたのであろう。『履歴』（註(25)）には大正四年まで在職と記されているが、『年譜』には「大正六年辞任」と記されている。なお手島夫妻の紹介で、東京製鋼創業者社長山田昌邦の次女照子と結婚したが、大正八（一九一九）年三児を残しインフルエンザで死去。また明治大学には現在「大正二年九月任用、同十年三月辞任」という記録が残っているのみだというが、『年譜』には「大正八年十月笹川臨風と共に辞任」と書かれている。

(33)　もっとも宮本氏によると『万朝報』にこれが連載された事実はない（前掲書、一三四頁）。他方植原脩市氏はその一部が掲載された『信濃日報』を所蔵している。私信によれば、高坂氏は『信濃日報』に掲載したことの記憶違いではないかと推測している。

(34)　『第三帝国』という誌名の由来は、「イブセンの劇に取れり。イブセンは第一帝国を古代希臘思想の文明、肉の帝国となし、第二帝国を中世基督教の文明、霊の帝国となし、第三帝国は、この両思想を併せ兼ねたる近世思想の文明、霊肉統一の帝国とせり。吾人は之を我が日本の現状に鑑み、第一帝国を覇者の帝国、明治維新以前の帝国となし、第二帝国を閥族の帝国、藩閥財閥党閥僚閥の帝国となし、第三帝国は、人民自ら覚醒して立ち、天皇と共に君民一体の立憲政治を行ふの帝国なりとせり」とある（『第三帝国』（一九一七年六月十五日）七頁）。

(35)　例えば大正九年七月第四十三特別議会本会議において、シベリア出兵について、チェコスロヴァキア軍保護という目的を超えて、革命政権への敵対のために駐兵している状況を批判し、英国は革命政権の承認を検討しているという事実を指摘している。また国民党提出の選挙法改正案（普選案）の趣旨説明を行ない、世界大戦において「少数者が政権を左右して居った」独露は敗北して帝制が倒れ、「国民全体が国家は我物なりと、義務と責任とを感じ」ていた諸国が勝利した事実を指摘して、普選の不可避を説いている。

(36) もっとも本会議議事録に植原が最初に登場するのは、シアトル領事館に対する「不敬投書」事件に関してである。領事館は、太田房太郎なる人物を、筆跡の類似を理由として、その容疑者として拘禁して本国に送還したが、東京控訴院は無罪判決を下した。植原は、この事件について六月二十六日づけで質問状を提出している(補遺参照)。

(37) 『新公論』一九二〇年二月号において、「鉄拳禅」なる人物は、植原について「彼は外国の学位を二つ迄も有する政治学者にして一時は論壇に持てたる事もあり。明大教授として超然と構へ居れば、甚だしくその箔を落さざりしや知るべからずと雖も、代議士たるに及んで、その言語行動何となく世人の腑に落ちざるものあり。為に折角の名声を没却せるの観あり」と評している(三五頁)。

(38) 犬養率いる国民党は、大正十一(一九二二)年解党して、尾崎行雄らと革新倶楽部を結成、十三年には憲政会・政友会と連合して第二次護憲運動に参加した。

(39) 岩淵辰雄『犬養毅』時事通信社、一九五八年、一八七頁。

(40) 『支那現状の解剖』東海堂書店、一九二八年、六〇頁。

(41) 『経済的破滅か振興か』一九三〇年、四五頁。

(42) 「貴衆両院に於ける有望なる少壮人物」『新公論』一九一七年一二月。

(43) 『大正デモクラシーの群像』雄山閣、一九八三年、一二七頁。もっとも戦後の彼は同法を「民権阻止を目的とする悪法」と性格づけ、星島二郎、清瀬一郎らの反対論を好意的に紹介している(『日本民権発達史』第二巻、一九五八年、一九八頁)。

(44) 「貴族院廃止論が本邦の規制対象になる恐れがある」という批判に応えて、草案にあった「政体」が構成要件からはずされた。議会を拠点とする三派連立内閣の擁護しようとした議会制がこうして条文から抜け落ち、

「国体」と「私有財産制」という異質なものの組み合わせとなったのである。

(45)『支那現状の解剖』七八頁。
(46)同、一二頁。
(47)同、八二頁。
(48)同、一〇五頁。
(49)『現行憲法と改正憲法』東洋経済新報社、一九四六年、八〜二一頁。

〔補　遺〕竹内幸次郎『米国西北部日本移民史』(一九二九年)の中の植原悦二郎と古屋政次郎

その後明治大学図書館書庫にて、竹内幸次郎『米国西北部日本移民史』(大北日報社、一九二九年)の復刻版(奥泉栄三郎監修、雄松堂、一九九四年)に接したので、関連記事を紹介したい。

巻末に附された奥泉氏の解説によれば、著者竹内幸次郎(一八七九〜一九三三)は群馬県出身、独逸協会中学・成城中学・東京専門学校(早稲田大学の前身)などで学んだ後、明治三八(一九〇五年)家に伝わる鎧・刀剣類を密かに持ち出して家出、横浜で換金してシアトルに渡った。皿洗いなど各種の肉体労働を含めて「体当りで働いた」後、一九〇九年邦字紙「大北日報社」を創立、以後同紙を拠点にシアトル日系人社会の指導者と活躍した。

一二〇〇頁以上にわたるこの大著の中に、筆者(長尾)の気づいた範囲でも幾度か植原の名が登場する。

① 「昭和四年初夏」と記された「序」(著者の他三名が執筆)において、排日の中で在留邦人が悪戦苦闘したこと、その実情に最も精通している著者による本書の貴重な意義を強調している。
② シアトル在住の学生・元学生による団体「誠友会」の幹事となる(四三四頁、五四三頁)。
③ 日系人によるバプティスト教会に一時寄宿していた(四五〇頁)。

④　日露戦争後、『廣瀬中佐』の英語劇で廣瀬中佐を演じた（五三五頁）。
⑤　一八九九年創刊の雑誌『おもしろ誌』に「社友として執筆もするし又事務の手伝」（五三九頁）、集金（五七二頁）などもしていた。
⑥　同誌は一九〇二年に『西北新報』と名を変えたが、植原は「翻訳などをしていた」（五四〇頁）。
⑦　なお、植原の名は出てこないが、彼の最初の議会活動である「不敬投書事件」（一九一三・四年）で逮捕された太田房太郎が領事館によって日本に送還され、一七年四月に無罪放免になるまでの経緯が詳しく描かれている。植原がこれを取り上げたのは、彼が世話になった古屋政治郎が教唆者の嫌疑を受けていたからであることも分かる（五五〇～九頁）（本文註(36)参照）。

なおこの古屋については、シアトル日本人社会における派閥対立や諸企業の興亡等々、随所に多大の記事があるが、次の二箇所のみ引用しておこう。

氏は山梨県八代郡宇高部に文久三（一八六三）年十一月七日に生れた。少、青年時代を日本で送り、小学校の助教員をやり、徴兵に応じて歩兵第一連隊に入営、二十（一八八七）年三月除隊、渡米したるは明治二十三（一八九〇）年四月の初旬である。英領加奈陀の晩香坡［Vancouver］に上陸後、直にシヤトル市に来り、居ること月余にして仕立屋を開業した。……

斯くして氏は同［一八九二］年末千余弗の資本を以て小規模なる雑貨店を市内エスラウエイ街三〇三番地に開業し、日米雑貨及び食料品を販売すると共に信託部を設けて同胞預金を取扱ひ……、既に創業成りしも、始めて日本より輸入せし雑貨品は波止場附近に於て暴風雨に遭遇し、一切の商品を海中に沈め、其損失実に一千余弗に上った。然れども氏はそれを天運と諦め、勇猛邁進益々業務を拡張したので日を逐ふて盛に赴き、……第二街、ポートランド、横浜等へ支店を設くるに至った。……

一九〇二年古屋土地会社を創設し、土地十四ヶ所及び住宅の他建築物を買収し、一九〇四年には郵便局を店内に設け、貯金為替送金其他一切の郵便業務を取扱ひ、一面英語にて不充分なる同胞の不便を除くと共に、米国人の排日口実の一たる同胞の本国送金高を彼等に知悉せしめざるに至った。(二八八〜二九〇頁)

当時既に同胞醜業婦は其数百に垂んとして居て、……其の繁盛すること文字通り一夜に千金を儲けると云ふ有様であった。併し儲けた金は無頼漢に難題を吹きかけられて絞られる、情夫に使はれる、どうせ貯らぬ金ならば贅沢をやれと云ふ塩梅で女郎達は惜気もなく其金を費してしまふ。此処に着眼したのが古屋氏である。女物仕立屋を表看板にして女郎屋に出入りして、無智なる女郎達を言葉巧みに説き廻り彼女等に貯金の奨励をした。勿論此の計画は図に的った。アメリカ三界に渡って誰一人頼る者とてない淋しい彼女等に執りては金が唯一の慰藉である。それを悪者共に右から左と捲き揚げられる。併し出入りの仕立屋の政さんにこっそりと預けて置けば安心して使ひたい時に使へる。日本の両親にも送金して貰へる。一度信用を得たとなると女郎仲間では我も我もと古屋氏に預金を依頼するやうになった。併し商売が商売だから、彼女達の中には病気で死ぬる者が多い。無理心中の片割れとなる者がある。そんな女郎が個人信用で証文なしに預けてゐた金はだまってゐても古屋氏の懐中に転げこむ。こんな種類の金も並大抵の額ではなかったらしい。(三八〜三九頁)

解説

高坂邦彦

一　『通俗立憲代議政体論』

明治四五年に発刊された植原悦二郎の『通俗立憲代議政体論』（博文館）は、大日本帝国憲法（以下、明治憲法と略記）をイギリス・モデルで解釈したものである。ドイツ法学者たちの晦渋な憲法論とは違う英米法的な明快な考え方の紹介であり、あたかも学者の秘技のようだった憲法学を村々の青年たちにも分かるように書き表した、文字どおりの通俗的解説書である。

明治憲法はドイツ憲法に倣って作られたものであるとは、中学生の教科書にも書かれているいわば国民の常識のようなものであるが、実像はもっと複雑である。

アメリカ政府が占領軍向けに作成した『日本案内 Guide to Japan』には、「明治憲法はプロシャの専制政治を父に、イギリスの議会政治を母にもち、薩摩と長州を助産婦として産み落とされた両性具有の生き物である」と書かれているというが、至言というべきであろう（ジョン・ダワー『敗北を抱きしめて』下、岩波書店、二〇〇一年、一〇九頁）。美濃部達吉の憲法学説が、「頭はドイツ国法学、心はイギリス憲政論」だといわれたのも故なきことではない。「慣習憲法（不成文憲法）のイギリス憲法を成文化すれば、明治憲法に似たものになる」というのは識者の常識だし、明治憲法がドイツ・モデルでも、漸進的にイギリス的な解釈と運用に変わっていくと期待した人たちが制定当時にはいたのである（長尾龍一他編『憲法史の面白さ』信山社、一九九八年、一四四頁）。

したがって、植原悦二郎が明治憲法をイギリス・モデルで解釈したのも、何ら奇異なことではない。ドイツ・モデル一辺倒だった明治四五（一九一二）年時点でのイギリス・モデルの憲法解釈は憲法学史上の興味深い事実のはずであるが、今まで憲法学者には注目されてこなかった。同書が全国に数冊しか現存しないので研究者の目にとまらなかったこと、著者植原の学者・論説家としての期間が明治四五（大正元）年から大正五年までの五年間しかなく、政治家に転進したことによって、学者としては不成就・無名に終わったことなどがその理由であろう。また、戦後の歴史学者や憲法学者たちにとって、明治憲法は検討するにも値しない悪法との思い込みがあるからだとも考えられる。しかしながら、明治憲法とよく似ているイギリス慣習憲法の運用の実際をよく知っていた植原からみれば、明治憲法そのものが悪いのではなく、解釈と運用が悪かったのである。

植原は高等小学校卒業後に家出して単身で渡米し、米国でハイスクールと大学（ワシントン州立大）を卒業した。大学卒業後は渡英しロンドン大学の大学院 LSE(London School of Economics and Political Sience)の研究生となって政治学を修め博士号を取得した。

つまり、彼は自我と思想の形成期に日本の教育を受けておらず、ドイツの学問に対する日本的な憧憬と劣等感がない。また、英国からみた「憲政後進国のドイツ」という視点を持っている。帰朝した植原は大胆にも次のように日本の憲法学者たちを批判した。

「我國に於ける独逸派の或学者は独逸に流行せし國家学を主張し、國家と政府、國家の主権と政府の権勢とを混同し、動もすれば我國に於いて武断政治をも鼓舞せんとす。これ単に彼等は独逸派の國家学を倣ふのみにて、何故独逸殊に普露亜に於いて斯る國家学が称讃せられしかを竅究せざるがためなり。

独逸帝國と称ふるものは幾多の聯邦を以て約四十年前漸く建設せられたるものにして、其帝國の基礎極めて薄弱なり。故に独逸帝國は聯邦の統一を全うし、其基礎を強固ならしめんがため、凡てを犠牲に供さざるを得ず。これ独逸聯邦を中心とする普露亜に、斯る一種の國家学なるもの興り頻りに珍重称讃せられし所以なり。」（『立憲代議政体論』二五〇頁）

「然るに、独逸学派の或國家学者は人間の存在を捨てて、抽象的に國家なるものを、自己の胸中に蜃気楼のように描き出し、厳格らしく論ずることあり。此種の学者は憲法を解釈するにも矢張り人間の存在を認むることなく只管文字の意義に拘泥し、自ら漂泊する所を意識せざるものの如し。」（同書九頁）

「曾つて独逸の哲学者ヘーゲルは、只管厳然たる論理一片に基き宇宙の森羅万象を解釈せんと企て、其結果彼自身の胸中に一種異様の宇宙を案出せり。國家の組織及び憲法制定の源泉たる人間を忘れ、國家の存在を論じ、憲法を解説せんとするものも亦蓋し此類なるか。」（同書九～一〇頁）

現代哲学の世界では、言葉が指し示す対象のことをさしおいて、「只管文字の意義に拘泥」することを、verbalism（語句拘泥）といい、verbalism に起因する論争のことを verbal dispute（言葉をめぐる争い）という。初歩的な思考の混乱である。なかには承知のうえで「言葉尻を捉える」という性根のよくない言い争いもある。植原はこのことを早くも明治四五年に指摘しているのである。また、それに陥る理由についても次のように的確に指摘している。

我国に於ける幾多の憲法学者は能く熱心に明治二十二年発布せられたる憲法の行文字義を論じ、種々なる註釈を付せらるゝと雖も、更に憲法が実際如何に運用せられつゝあるかを研究せざるものゝの如し。文字はものの符号なり。其数にも限あり、意義も亦不完全なることを免れず。而して宇宙の森羅万象及び人間の思想は殆ど無限なり。此不完全にして限ある文字を以て殆ど限なきものを代表せしめんとすは固より完全なる能はず。（前掲書六〜七頁）

「文字はものの符号なり」という前提でものごとを考えることをノミナリズム（唯名論）といい、明確な思考をしようとする者にとっては当然の手法である。

植原はこのような立場にたって、『通俗立憲代議政体論』で英国憲法について解説しながら、明治憲法下でも国民主権であり、象徴天皇であり、責任内閣制であると説き、また、枢密院、官僚政治、政党、国民の自由、地方自治制度等々の諸問題について明快に著した。

①　国民主権論

法哲学者・長尾龍一教授は、植原悦二郎の唱えた国民主権論について次のように説明している。

「水よく舟を載せ、水よく舟を覆す」とは、徳川家康が座右の銘としていた中国古典の言葉で、水は国民、舟は権力者を意味する。「権力の正統性の根拠は国民にある」という思想は昔から存在した。中国古代の思想家孟子は、権力を与奪するのは「天命」だが、その天命は民の心を通じて現れると言っている。国民がだめだと思えば、天命が去って権力は滅びる。水が舟を覆すのである。

……

「どんな国家でも、主権者は国民で、政府の統治権は主権の派生物である。明治憲法第一条が天皇の主権ではなく、統治権を定めているのは、主権は国民にあることを前提にしている」と、戦前に唱えた人物がいる。大正期の「急進的自由主義者」の一人、植原悦二郎である。（長尾龍一『憲法問題入門』ちくま新書、一九九七年、六二～六四頁）

植原が『通俗立憲代議政体論』を出版したのは帰国して約一年後の一九一二年（明治四五年）二月であるが、その年に奇しくも、憲法学者・美濃部達吉と上杉慎吉の論争が始まった。植原は両者を名指しで批判する論文「憲法上の謬想・上杉、美濃部、市村博士の論争批評」を雑誌に発表した（『東洋時論』三巻八号、大正元年八月号）。上杉、美濃部、市村、三名の憲法学者間の論争について、植原の憲法解釈にてらしてみれば、どれも間違いを冒していると指摘したのである。

余は六月及七月発刊の『太陽』誌上に於て、美濃部、上杉、市村三博士の憲法に関する議論を非常の興味を以て読んだ。……（中略）……そこで余をして最も公平に且つ忌憚なく言はしむれば、三博士の憲法に関する解釈は、何れも五十歩百歩であると思ふ。……（以下略）……（『東洋時論』前掲号二一～二三頁）

植原によれば、美濃部・上杉両者の議論は主権と統治権を混同した上でなされている。「大日本帝国ハ万世一系ノ天皇之ヲ統治ス」という憲法第一条は、統治権が天皇にあることを規定しているだけであって、主権が天皇にあるとはどこにも書いて無い。主権が国民にあるなどいうことは当然の前提だからである。

そもそも、統治権は憲法の規定によって与えられる憲法あってこその問題であるが、主権は憲法そのものを作成しあるいは変更することができるという憲法以前の問題で、はじめから国民が持っているものである。

したがって、どのような「専制君主」でも、国民がその君主の存立を意識的か無意識的にか承認している場合にだけ君主として存在できるのであって、国民たちの「総意」に反してはいかなる君主といえども存在することなどできはしない。この総意を主権というのである。どのような君主国でも、君主があって国民があるわけではない。国民があって初めて君主がある。君主が無くとも国家や国民はあるが、国民がなくては君主が成立するわけがないだろう。国民の無い君主などというものはロビンソン・クルーソーのようなものである、と植原はいう。

「……市村、上杉、美濃部博士は、国家は人格であるとか、君主は機関であるとか、又そうでないとか頻りに論争して居る。而して之に就き欧米の学者の説を引証して弁護して居るが、欧米の学者の説を引証するよりは、此等両者を鋭く分析して事実を研究したら斯様な議論に時を費やすことはなかろうと思ふ。学者の言よりも事実が最もたしかである。国家はその作用の方面に於いては人格と均しき性質を有して居るものだ。此性質を欠けば国家とは云われない。君主も亦人間である。個人と同じ素質を有していれば、機関的性質も有して居る。君主を機関なりと云ふは其作用的方面から云ふのである。全部と各部を混同するから、国家人格説、君主機関説等に付き論争が起こるのである。」（『東洋時論』前掲号二一〜三〇頁）

天皇主権だといわれていた明治憲法の下で国民主権を公言したのは、植原悦二郎と石橋湛山だけであろう。石橋湛山は「代議政治の論理」（『東洋経済新報』大正四年七月号）で国民主権を論じているが、植原の「憲法上の謬想」を載せた『東洋時論』大正元年八月号は石橋が編集した雑誌であり、石橋の国民主権論は植原のこの論説から学んだものである。松尾尊兊は「石橋の国民主権論は友人植原悦二郎の影響である」と指摘している（『大正デモクラシーの群像』岩波同時代文庫版、一二二頁）。

＊　註、木坂順一郎は国民主権論をはじめて提唱したのは石橋だと述べているが（「大正期の内政改革論」『大正期の急進的自由主義』昭和四七年、二二八頁）、石橋が国民主権論を述べた「代議政治の論理」は大正四年七月の『東洋経済新報』であり、植原の『立憲代議政体論』はそれより前の明治四五年二月、また、「憲法上の謬想」は同年（大正元年）八月の発表である。

② 象徴天皇論

明治憲法第三条には「天皇ハ神聖ニシテ侵スヘカラス」とあるのをとりあげて、明治憲法の非近代性の象徴のようにいう人もいるが、この条文は「天皇は神である」などといっているわけではない。植原はこの条文の意味するところを次のように説明する。

抑々、立憲君主国における「君主神聖不可侵」なる原則は、英国に於いて生れ出でたるものである。……併し、英国の国民は国王を全知全能、完全無欠の神様と信じ無暗に有り難がって居る愚物ではない。……君主に対する迷信を以て満足して居るものではない。彼等が憲法上「国王は悪事を為し能はぬ」（The King can do no wrong）と云ふは、国王なるものは憲法上、国務大臣を離れて独断に国政に関し裁決し給ふものではないと云ふ理由に基くのである。英王は専制君主ではない。立憲国の君主である。故に政治に関するものは「朕一人の意思なり」と宣ふことはない。又、国務大臣も「上御一人の御言葉である」と云ふてその責任を陛下に塗り付くることは出来ぬのである。

我国の憲法三条に於いても、「天皇ハ神聖ニシテ侵スヘカラス」と規定して居る。而して、之は立憲君主国に於ける憲法の最重要なる規定である。我国民が立憲政体の健全なる発達を望み、憲政の実を挙げ、皇室を泰山の安きに置き奉らんと欲せば、飽く迄此規定を尊重し、其意義を実現せしめねばならぬのだ。

然るに、我国の憲法学者は動もすれば、君主を人間以外の生物となし、神代の民が至尊に対して抱き居りしが如き観念を以て、此規定の意義を解釈しやうと努めて居る。又国民中の頑迷の徒は、君主の「神聖不可侵」と「神」の神聖と同意義、同一観念の如く思惟して居る。

けれども、現代に於ける思想の変遷は実に著しいものである。我国民とて何時迄も、世界は日本、唐、天竺で、太陽は東から出て西に没するものであるとは信じて居るまい。大師様や観音様に依って安心立命慰安を求めようとは思はぬやうになるに違ひない。水天宮様の護符を産婦に与えるよりは、大学病院へ入れた方が安心だと思ふやうになるに違ひない。不遠、我国民も迷信や謎で支配されぬやうになるであらう。……。（「英王の神聖不可侵」『国家及国家学』大正二年三月号）

植原がロンドン大学に提出した博士論文は、大政奉還・明治維新からはじまって藩閥政治、民権運動を経て明治憲法制定に至るまでを詳細に分析検討したものである。この論文は、日本への関心が高まっていたその当時のイギリスにとっては価値のある文献だったのであろう。指導教授の世話により一九一〇年にLondon Constable 社から『The Political Development of Japan 1867～1909』（日本政治発展史）というタイトルで発刊された。

植原はこの著作で、「天皇は、日本人大衆の心に、過去から現在までの国についての心象と国民同胞という観念を生じる象徴である」（the Imperial Throne is the Symbol which ～）と明記している（p.202）。イギリスで彼のこの論文が発刊されたのは一九一〇（明治四三）年である。明治憲法下でこのように天皇が象徴(symbol)であると公言したのは植原一人であろう。本稿では一九一三（大正二）年の雑誌論文を引用したが、君主神聖不可侵論を文語体で著した『通俗立憲代議政体論』を上梓したのは一九一二(明治四五)年のことである。

植原はこのような君主の象徴性を、ウォーラス教授の指導の下で、イギリス王室の実際の姿や、W・バジョットの著作『イギリス憲法』(Walter Bagehot, English Constitution)の次のような見解に学んだことはほぼ間違いないであろう。

……国民は党派をつくって対立しているが、君主はそれを超越している。君主は表面上政務と無関係である。そしてこのために敵意を持たれたり、神聖さをけがされたりすることがなく、神秘性を保つことができるのである。また、このために君主は相争う党派を融合させることができ、……統合のための目に見える象徴となることができるのである。(W・バジョット『イギリス憲政論』中央公論社、世界の名著、七二巻 一〇〇頁)

③ 責任内閣論(明治憲法第五五条の植原的解釈)

国民主権論や象徴天皇論の他にも、特筆すべきは明治憲法第五五条の解釈論である。イギリス政治学者・植原悦二郎の法解釈の仕方が典型的に表れている。

意外に思うかもしれないが、明治憲法下における総理大臣の地位は、今とは比較にならぬほど不安定で弱いものであった。首相の上には元老がおり、首相は元老によって選ばれた。しかも、総理大臣の法律上の地位は他の大臣と対等でしかなかった。「国務各大臣ハ天皇ヲ輔弼シ其ノ責ニ任ス」という第五五条の規定を文字どおりに解釈すれば、それぞれの大臣たちが個々に天皇を補弼し責任を負えばよいのだから、各大臣は総理大臣の指揮に従わなくとも構わないことになるからである。

これは意識的に作られた「法の不備」である。起草者井上毅は、イギリス的な議院内閣制よりもプロイセン流の超然内閣の方が国情に合っていると判断した。当時の政府と議会とが、国際的生存競争の渦中にある日本の地位を確保することなぞ考えもせず、「徒に小局の争に汲々として、大局の何物たるかを忘れ」ている状態だったので、その方が政治の安定を維持できて国益にかなうと判断したのである。起草にあたった井上毅は明治二一年の枢密院における憲法草案審議の場で、第五五条の立法趣旨を次のように説明している。

英国においては内閣を以て一団体と看做し、恰も一個人と資格を同じうし、各個分任して責任せず、一体として責任す。…………我憲法は英制を採らず。…………天皇の主権は議院に譲らず、内閣に与えず、天皇自らこれを統理す。…………各大臣は天皇に対して各々その守る所を尽す。（稲田正次『明治憲法成立史』下巻、有斐閣、一九六二年、七〇七頁）

天皇の主権（じつは元老集団による統治）は議院にも内閣にもゆずってはならない。総理大臣に権力を集中させれば天皇の大権（じつは元老集団の政治支配）をも侵しかねない。これを防ぐために各大臣の権力を分散させねばならぬ。憲法第五五条の規定はそういう目的のために設けられたのである。

ところが、時代を経るにしたがって、起草者たちの予想をはるかにこえて現実の日本社会の方が急速に近代化してきた。大正デモクラシー時代には、実質上の衆議院の優位、議院内閣制、男子普通選挙などが実現して、西欧型の立憲君主制がほぼ実現していたのである。

元老たちが健在の間は、この矛盾した憲法の下でも国家意志を統一することができた。政党の指導者が、原敬のように強力な政治手腕がある場合にも同様だった。しかし、有力な元老たちがみなこの世を去ると、もともと、権力を分散する意図で設けられた五五条が災いした。核心となるべき指導者がいなくなると、議会を基盤とした強力な指導者が登場することを防止した第五五条のせいで、国家としての意志統一をすることが極めて難しくなっていった。昭和初期から終戦までの政府は、機能不全というに等しい権力の分散下におかれた弱い存在だったのである。

つまり、明治憲法は昭和初期にはすでに「耐用年数」がつきかけていたのだといってもよい。明治憲法の本家ドイツでは、日本が模範としたプロイセン憲法の下でのウィルヘルム二世の「素人政治」（天皇親政に相当する）の帝国主義時代は崩壊し、第一次世界大戦、敗戦、ワイマール憲法時代、ヒトラーとめまぐるしく変遷している。

ところが、日本では社会の変貌にもかかわらず、明治憲法は「不磨の大典」として扱われていたから改正などは思いもよらない。美濃部達吉の天皇機関説は、明治憲法の制約の中で欧米的な議会重視の政治体制の正当化をしようというものであったが、これに比べれば、ドイツ憲法学に汚染されていない植原悦二郎の五五条解釈は次のようにじつに簡潔明快である。植原は、憲法は「不磨の大典」扱いされるべきものではないと次のように説明する。

憲法は不変のものならず。成文憲法なれば其行文を改正せざる限り、その法文は不変なるべきも、憲法は不変なりと謂ふべからず。憲法を運用するものは人間なり。而して人間なるものは時々刻々変化しつゝあり。憲法の行文は不変なるべきも、如何でか其運用が運用するものの変化に応じて変化せざるの理あらんや。

加之、憲法は之に付属する議院法及議院選挙法等の改正に由り甚しく変化するものなり。英国の有名なる憲法学者ウィリアム・アンソンは、英国の憲法は一八三二年の選挙権拡張に由り、根本的変化を来たせりと主張し、其著書中に論ぜる一節あり (Low and Custom of the Constitution　三版第二巻緒論二八頁）。……（中略）……。

　されば何れの国の憲法も時日を経過するに従い、漸々制定者の意志と隔たり、行文の意義に違ひ、社会の変化に応じて変化すべし。（『立憲代議政体論』七〜八頁）

こういう考え方に基づき、五五条の解釈の仕方について植原は次のようにいう。

　ドイツ国家学者の説に酔って、事実を無視し、みだりに抽象的な議論を好む癖のある我が国の憲法学者たちは、責任という文字の意味がよく分かっていないので、大臣と内閣の責任についての議論がまちまちになるのだ。

　憲法で大臣や内閣に関して使用する「責に任ず」という文字は、responsible という文字を直訳したもので適切な訳語とはいえない。充分にその意味をわきまえて使うべきである。

　日本の憲法学者の中には英語で表せば responsible for 〜という熟語で表される類の責任（〜に関する責任）を述べている者すらいるが、「何人と雖も社会の一員として、瘋癲白痴にあらずんば其職務に対して責任を有するは必然なり。何ぞ之を特に国務大臣に対して規定するの必要あらんや」。

　憲法でいう大臣の責任とは、responsible for 〜ではなく、responsible to〜 すなわち、誰に対して責任を負うべきなのかだけを考えればよいのである。（前掲書七二頁。原文は文語体）

　responsible to なる文字を意訳すれば、「応じて答ふ」又は「応じて進退す」という意義にして、国務大臣は、君主に責任を負うべきもの、又は国民の輿論を代表する議会に於ける多数に責任を帯ぶべきものなりと云ふは、国務大臣は、君主の独断意思に応じて進退すべきもの、又は国民の輿論を代表する議会に於ける多数の意思に応じ、進退すべきものなりと解釈すべきものとす。而して前にも述べたる如く、国務大臣の進退が専ら君主の独断に由りて決すべきものとすれば、専制国にして立憲国にあらざるべし。我国に於ける多数の憲法学者は我憲法五五条を斯く解釈するも、這は事実を没却したる議論なりと謂わざるべからず。我国の国務大臣の後継者は、時の大臣及元老等に由りて略ぼ決定し、陛下は之に対して儀式的に任命せらるる慣例なることは事実を知る何人も疑わざる所なるべし。（前掲書七三頁）

このように、植原の論述はきわめて明快かつ自由自在である。続けて次のように述べ、責任内閣制を採るべきことを主張している。

憲法には内閣に関する規定はないが、現に内閣は存在している。内閣とは議会における多数の意見に従い国政を実行すべきもので、当然連帯責任を有する責任内閣でなければならない。内閣の連帯責任が皇室の大権を冒すだろうなどとは杞憂でしかない。陛下の威信を傷付けるのは、陛下の権威を笠に着て国民の世論を無視し議会を蹂躙する場合であって、それは責任内閣制をとらず少数の元老などによる寡頭政治が行われる時に生ずるのである。「責任内閣と責任内閣ならざるものとの相違は、前者は連帯責任を帯び、後者は之をなさず。前者は国民を信じ、愛し、国民を基礎として国家を中心として国政を行い、後者は国民を嫌い、国民を隔て、国民を指揮し、国民を屈辱せしめ、自己の地位権勢を中心として、……議会を操縦し買収し、……時として皇室を煩わし、皇室の尊厳神聖を汚す……。」（前掲書八〇頁。原文は文語体）

二　藩閥政治批判

植原は博士論文に、「ある国家の政治の形態と動きを理解するためには、その国民の心理を常に念頭におくことが必要である」と書いた。また、『通俗立憲代議政体論』十四章で日本人の社会心理的な特徴を列記し、国民が、「戦争好きなること」、「陰険なる性情であること」、「感情的なること」、「あまりにも服従的なること」、「言責を重んじざること」、「虚栄虚飾を好むこと」、「史実を重んぜざること」、「理想の低きこと」、「常識の発達せざること」等々を具体的な例をあげて説明し、これらの国民の特性は立憲政治の健全な発達の障害となると説いている。こういう関心と観点は政治心理学者ウォーラスの弟子ならではのものといえよう。

ロンドン大学での植原の指導教授ウォーラス（Graham Wallas, 1858~1932）の主著『政治における人間性』（Human Nature in Politics）［1908］は、政治というものが、法律や制度だけでなく、それに関わる人間の性格や見識はもちろんのこと、無意識の本能など不合理的な要素によって大きく左右されることを説いたものである。

たとえば、政治的議論というものは、「改革か、停滞か」とか、「不景気を選ぶか、好景気を選ぶか」というような著しく単純化した議論が横行する。このような議論は、複雑な現実問題とかけ離れた皮相的かつ非合理的な議論である。こんな判断の仕方ではなく、現実をみて冷静に合理的に判断できるような選挙民に教育することが必要だ。そうすればやがて大衆は、政治家が演説で大言壮語して聴衆を「操作」しようとしていることを見抜いてしまう知恵を身に付けるだろうし、そんな演説に感動している自分を恥ずかしく思うような自己意識も芽生えることであろう（佐々木毅編『現代政治学の名著』中公新書、一九八九年、三〜一九頁）。

ところが、植原がこういう考えを持っていたウォーラスの指導を受けてから帰国した明治末期の日本の政治は、こうした問題意識以前の藩閥政治の時代であった。そこで植原はウォーラス的問題をひとまず措いて、先ず、民主的な政治思想や体制について啓蒙せねばならなかった。帰国直後に発刊した『通俗立憲代議政体論』の序文冒頭は次のように意気軒昂たる調子である。

我國が立憲代議國の名を帯ぶること已に廿有餘年。されど有名無実、未だ代議政治の實行を睹る能はず。否、啻に代議政治の實現を見る能はざるのみならず、我國民中、未だ立憲政體又は代議政体とは如何なるものを意味するかを明確適切に理解せざる者頗る多しと思惟せらる。……（中略）……一般の國民をして立憲代議政體とは如何なるものを會得せしむるは、彼等をして立憲代議政體に関する一定の理想或は観念を抱かしむるの途なり。（『通俗立憲代議政体論』序文）

植原は明治憲法の性格と成り立ちについて、ロンドンで発刊された著作に次のように書いている。

日本の憲法は、日本の伝統的な政治体制や制定当時の状況を考えれば、進歩的な政治原理を体現したようにみえる。しかし、その内実は、国民の批判や自由主義理論を巧妙に避け、反動的な官僚たちと、真の民主的原理を知らない貴族たちの会議（枢密院のこと）によってつくられたものである。（The Political Devolopnent of Japan 1867-1909, p.119）。

明治憲法は、議会政治のためによりも藩閥政治体制を維持するように巧みに作られており、元老、枢密院、貴族院はそのための機関である。彼は『立憲代議政体論』や雑誌論説でそのことを指摘し批判した。

① 山県有朋批判　典型的な藩閥政治家の元老山県有朋に対する批判は痛烈である。「人物人

格、学識、識見、政治思想のいずれの面でも伊藤博文にはるかに及ばぬ山県公（爵）が伊藤公よりはるかに権勢をふるい、法をないがしろにしている。伊藤公は憲政の健全な発達を願っていたし、山県公のような陋劣な陰謀奸策を用いはしなかった……。」（「山県公と立憲政治」『国家及国家学』大正三年三月号）

② 天皇主権論者批判　天皇主権説の憲法学者上杉慎吉に対しては、「上杉博士は我が国憲法学のオーソリティーときいているが、博士の憲法論を読むほどに、博士は現代における立憲政治とは何を意味するか、立憲政治と専制政治との区別さえ理解して居らぬことがわかった。上杉博士の理論は学者の議論として批評する価値などない」と斬っている。（「上杉博士の憲法論を評す」『国家及国家学』大正五年四月号）

③ 樞密院批判と舌禍事件　植原は、国民の意志を代表しない枢密院が憲法の解釈権や条約や官制の審議権を持っていることを強く批判しているが（『通俗立憲代議政体論』、「我憲政発達の九大障害」など）、後年に政界入りした植原自身が樞密顧問官から意趣返しをされることになった。パリ不戦条約の表記に関する舌禍事件である。世界四十六ヶ国が参加した不戦条約の条約文の一節に in name of people（国民の名において）とあるのを、枢密顧問官の伊東巳代治が憲法第三条［天皇の大権］違反であると主張した。「こういう問題があっても条約を締結するのか」という外人記者の質問に対して、外務参事官になっていた植原が「文字に拘泥するよりも条約の精神をくみとって締結すべきである」と答えたことが大問題となった。「憲法の番人」を自称する伊東巳代治の追及によって、植原は外務参事官の地位を棒に振った。伊東巳代治は憲法起草者の権威をかさにきて「大正デモクラシー」を葬るのに一役かった人物である。樞密院は植原が指摘したとおりの負の機

能を発揮したわけである。

④　軍部大臣武官制批判　　枢密院が陸軍大臣・海軍大臣の任用資格を大将・中将に限定した軍部大臣武官制について、植原が憲法違反であると指摘したのは大正三年のことである。大正元年に陸軍からの増設要求を閣議で否決した西園寺内閣が、閣議決定に不満な陸軍大臣の辞任と軍の後任人事の拒否によって崩壊した。そのために議会内外の護憲運動が盛り上がり、翌年の大正二年六月に任命資格から「現役」という条件を削って予備役や退役の大将・中将でもよいことになったが、軍人が条件であることに変わりはなかった。左記の植原の論説はさらにその翌年（大正三年一〇月）のものである。

我が立憲政治の発達を非常に阻害して居るものは海陸軍の官制である。今日の場合、我国の内閣を破壊するに最も有力なるものは海陸軍の大・中将だ。海陸軍大臣が辞職し、其他の現役の大中将が大臣たることを承諾しなければ、何時でも我国の内閣を破壊し、我国を無政府の状態たらしむることができる。憲法の明文に依れば大臣は誰でもよい筈だ。然るに陸海軍官制の備考に於いて容易に発見することができないやうな些々たる官制の中に海陸軍大臣には現役及予備の海陸軍大中将でなければならぬことが規定されてゐる。或意味に於て此規定は我憲法を破壊して居る。語を換えて言えば此規定は海陸軍の現役及予備海陸軍大中将に内閣を破壊し無政府たらしむることができる権能を授けてゐるのだ。……（中略）……

此官制が存在して居る間我内閣の生命を左右する実権は海陸軍に存して居るのだ。如何に国民が軍備拡張二師団増設に反対しても、此官制が存在している間は最終の勝利は海陸軍の実権者に握らるるのは又止むを得ない次第である。実際、我国の政府なるものは、今日のところでは国民の政治機関たるよりは寧ろ陸海軍の政治機関たるやの観がある。海陸軍が一国の内閣を左右するやうでは立憲政治が行われるべき理由がない。海陸軍も国民の為に存在して居るのだから、国民によって支配されなければならぬ。然るに此官制の為に現在我国民は海陸軍によって支配せられて居る。（「我憲政発達の九大障害」『第三帝国』大正三年一〇月号）

植原はこのことを『日本民権発達史』（政教社、大正五年）で再度詳しく記述し（初版四〇七～四一〇頁。昭和三三年の再版では二六一～二六五頁）、また、一般読者向け書物『デモクラシーと日本の改造』（中外印刷工業社、大正八年）にも再々度書いた。そこでは、危惧すべき規定であり、憲法違反であることを分かりやすく説明した後、更に次のような分かり易い話を付け加えている。

陸海軍大臣は純然たる行政官である。之に就ては其他の国務大臣と更に異なる所はない。これが軍人でなければならぬ理由はない。若し、陸海軍大臣が陸海軍の専門家でなければならぬと云ふことであれば、それと同じ理由に依って文部大臣は教育者、逓信大臣は逓信技師、農商務大臣は農業商務技師、司法大臣は法律家でなければならぬと云ふことになる。……（中略）……国務大臣なるは国家の経綸を画するもの、特別の専門的知識を有する者よりは、寧ろ大局を達観し得る才能を有するものでなければならぬ。陸海軍省官制の此規定は速かに廃止せらるべきものである。政治組織改造上の急務中の急務である。（『デモクラシーと日本の改造』一四三～一四四頁）

軍が統帥権を振りかざして、政府に従わずに戦線を拡大していったことは周知の事実であるが、軍部がこの軍部大臣武官制を悪用して政府を思いのままに翻弄し軍国化していったことの方が、歴史上は大きな悪影響があった。大正末期から昭和二〇年までの日本を、暗愚の時代だったという司馬遼太郎は、その元凶が統帥権という魔法の杖だったと指摘しているが（司馬遼太郎『昭和という国家』ＮＨＫ出版、一九九八年、一〜一四頁、七五〜七六頁、一三六頁)、政治的には、軍が政府を思いのままに翻弄し支配できた軍部大臣武官制の方が、より大きな魔法の杖だったのである。

三　吉野作造「民本主義」の批判

学校の期末試験用には、大正デモクラシー＝吉野作造の民本主義と憶える。吉野作造の民本主義は大正デモクラシーの代名詞ともいえるほど有名であるが、植原悦二郎は、吉野の民本主義と憲法解釈を誌上で徹底的に批判した。

東京帝大の政治学教授吉野作造は「憲政の本義を説いて其有終の美を済すの途を論ず」(『中央公論』大正五年一月号)という論文を発表した。これに対して植原は「吉野博士の憲法論を評す」(『国家及び国家学』大正五年三月号)、及び「吉野氏の憲法論と民本主義」(『日本及日本人』大正五年五月号)という論文を発表して批判したのである。

論争は噛み合わず決着もしなかったが、植原のこの論文は、今日指摘されている吉野の様々な問題点をいち早く言い当てており、気鋭の政治学者・植原悦二郎の面目躍如たるものがある。

ところで、カール・シュミットは、「君主機関説は、憲法制定権力の主体の問題を回避する方法」であるといい、穂積八束は、「君主機関説は独逸国民の思想に於て君主主義と民主主義の両様の潮流があって戦ふて居るから之を調和せんとするもの」といっている。つまり、美濃部の天皇機関説は純粋な理論的産物ではなく、さまざまな政治的・イデオロギー的要請の結合の産物であるという(長尾龍一「美濃部達吉の法哲学」『日本憲法思想史』講談社学術文庫、一九九六年、一五五〜一五八頁)。吉野の民本主義はこういう天皇機関説の本質を露呈したものであり、植原の指摘は当を得ていたことになる。

吉野の民本主義が、民主主義を意味する democracy の訳語であるにもかかわらず、民主という言葉を使わずにあえて民本という造語をしたのは、天皇主権という明治憲法解釈のたてまえとの対決を避けるためであった。明治憲法における主権はどこにあるのかという問題を正面に据えることをせずに、「一般に広く参政権を与えよ。政治は議会を尊重すべきである」という、極めて現実的・政治的な主張だったのである。吉野自身が、「民本主義とは、法律理論上の主権は君主に存りや人民に在りやは之を問う所ではない」、「民本主義は政治上の主義であって法律上の説明ではない」と述べている。(『中央公論』大正五年一月号)

吉野の論文を読んだ植原は、「吉野博士の憲法論を評す」を発表して徹底的かつ精細に批判した。その時は吉野に対して一応の敬意を表している。吉野に対する呼称も「博士」でとおしている。それに対して吉野は植原を軽くあしらって「極めて不真面目なる答弁をした。」「吉野氏は余の議論に就いて更にその論点に触るることなく、間違った議論であると云ふやうな口調で、論理もなく、考証もなく、答弁されておる。是は学者として紳士として少しく過った途ではなかろうか」と憤っている。彼はよほど腹に据えかねたのであろう。「学者の態度として断じて許さぬ」とまで書いている。吉野に対する呼称も前回の「博士」から一転して「吉野氏」に変えた（「吉野氏の憲法論と民本主義」）。植原は、憲法学者としては度し難いと評価していた上杉慎吉に対してさえも、「博士」という呼称を使っているにもかかわらずである。

イギリスで議会制民主主義の精神が健全に成長し、議会や行政機構もその精神に則って機能している現実の姿をみてきている植原からみれば、吉野はその姿を知らずに、矛盾だらけの空理空論を弄んでいるとしか思えない。憤懣やるかたなき植原は、筆鋒鋭く吉野の民本主義思想の矛盾を衝く。

吉野氏は「所謂民本主義とは、法律の論理上、主権の何処に在りと云ふことは、措いて之を問はず、唯其の主権を行用するに当って、主権者は須く一般民衆の利福、竝に意嚮を重んずることを方針とすべし、と云ふ主義である」と論じて居る。

茲に至って、吉野氏の民本主義なるものは、益々理解が出来ぬ。民本主義とは、理論上、主権の何処に在りやは不問とは何事であるか。吉野氏は、デモクラシーの氏の所謂第一義として、国家の主権は、人民に在りと云ふて居るではないか。民本主義が、此の意味を有して居らぬとすれば、デモクラシーの解釈とはならぬのだ。又国家の存在、立憲政体の根本を論ずに当って、主権が何人に在りやと云ふことは措いて問はずとは何事であるか。

デモクラシーの第一要素は、国家は国民のものであると云ふ観念である。主権が国家の一人、或は少数者に在りと云ふ主義ならば、それはデモクラシーではない。（中略）デモクラシーの観念は、国家は国民（君主国に於ては君主を含む）のものであるから、国民は国家の為、彼等自身の政治を行ふべきものであると云ふのである。而してデモクラシーの観念が、世界に於ける現代文明の主調となって居る所以は、最も進歩したる思想上に於いて、之を真理と認むるからである。余は吉野氏の云ふが如く、これを以て今日の学問上の定説であるなどとは云ふて居らぬ。余は之が事実であると云ふのだ。

……（中略）……

吉野氏の民本主義は、氏の議論の種々なるものに於いて研究すればする程、何が何やらさっぱり分からぬのだ。氏は或時は国王神権説を民本主義と云ひ、或時は民主思想の根底に蟠まる思想を民本主義というのである。

……（中略）……

以上は吉野氏の憲法論及び民本主義に関する要点のみの批評である。若し余の議論に論理の矛盾があり、事実に反することがあるならば、余が理解し得るやうに実証を挙げて指摘して貰ひたい。（「吉野氏の憲法論と民本主義」大正五年五月号）

じつは、吉野作造は、国民主権の民主主義というものは衆愚政治であって、やがて国の行方を誤ることにもなりうると懸念していた。吉野の民本主義の基盤は、吉野自身による次のような記述に集約されている。

「私の考では最良の政治と云ふものは、民衆政治を基礎とする（精神的）貴族政治であると思ふ。（中略）少数の賢者が近世政治の舞台に上って有効に其所思を実行するの途は、政党政治を外にしては断じてない。故に、政党は、本当の貴族政治の理想を今日に実行せしむる唯一の近世的設備であるといってよい。」（「寺内内閣の出現に対する儼正批判」『中央公論』大正五年一一月号）

それ故に、吉野は、国家の存在理由が一般民衆にあるというような理論構成を警戒して、これを排除している（「民本主義の意義を説いて再び憲政有終の美を済す」『中央公論』大正七年一月号）。

家永三郎は、戦後の論文「美濃部達吉の思想史的研究」（一九六三年）で、吉野作造の国民衆愚視が露骨なものだったことを指摘し、じつは、美濃部達吉にも同様な志向があり、「それが美濃部の思想構造にとって最も致命的な弱点となっている」と指摘している（家永三郎「美濃部達吉の思想史的研究」『家永三郎集』第六巻、岩波書店、一四二〜一四三頁）。

植原悦二郎は、すでに一九三〇（大正五）年五月の時点で、吉野作造の民本主義や美濃部達吉の天皇機関説が有するこれらの問題点を看破し批判していたことになる。

吉野作造との論争を最後に植原は政界に入ってしまった。大正五年の総選挙で犬養毅の国民党議員となったのである。当時の我が国では稀有な存在だったイギリス政治学者・植原悦二郎は、明治四三年に帰国してから大正五年までの数年間だけイギリスの政治思想と体制を説いただけであった。吉野批判論で示したような学者としての学識と切れ味を生かすことなく、折角学んできた政治現象に対するウォーラス的解剖のメスを使うこともなく、さっさと学界に見切りをつけてしまったのである。彼に学位を与え出版までしてくれたウォーラスの学恩に応えることはできなかった。

しかし、植原は日本の政界で大成するには狷介不羈にすぎた。学者の道をすてて政界入りしたのは惜しかったというべきであろう。彼は政界入りした理由を、「犬養翁の言によって、学窓において青年を指導するよりは、街頭に立って有権者を政治的に覚醒させることが議会政治建設の近道であろう、と考えた」と述べているが（『八十路の憶出』三五頁）、ロンドンで修学中に読んだであろうバジョットの次の一節が、彼の脳裏をかすめなかったとはいえまい。

人間は、議員になることによって、他の方法によるよりもはるかに高い地位を得ることができる。古い時代のある政治家がこういっている。「自分は書物を書いた。誰も認めてはくれなかった。今度は演説を試みた。やはり同じ結果であった。私は議員になった。はじめて私は知名の人物になった。」（辻清明編「バジョット」『世界の名著』七二巻、二三頁）

幸か不幸か、バジョットは選挙に敗れたので議員にはなれなかった。もし議員になっていれば、選挙民への同調がもたらす内容の低俗化によって、彼の著書『イギリス憲政論』は、古典の名著どころか選挙向けの政治文書になりさがっていたかもしれない、と辻清明はいっている（辻清明、前掲書の解説、二四頁）。

植原が政界入りした直後に書いた『犬養毅とロイド・ジョージ』（猶興社、大正六年）は、あきらかに犬養毅を擁護する為に書かれた、まさに選挙向けの政治文書であった。犬養をロイド・ジョージと等価のごとくに賞賛した内容は、当時、発表と同時に厳しい批判にさらされている（宮本盛太郎『日本人のイギリス観』御茶の水書房、一九八六年、一六五頁）。大正八年に発刊した『デモクラシーと日本の改造』（中外印刷工業社、大正八年）は、当時の政治状況を勘案すればかなり革新的な内容であるが、著者の肩書きが「衆議院議員」であることによって、党派的な政治文書扱いされてしまっている。

その後の植原は、学術レベルの論説を書いてはいない。政治学者としての植原の生命は大正六年の政界入りをもって終わったのである。

［完］

あとがき

『清澤洌と植原悦二郎』の著者高坂邦彦先生から植原悦二郎の著作の出版を考慮しているので協力して欲しいとのお話があったのは二〇〇二年のことであったと思う。このような出版事情の中で難しいかと危惧したが、信山社の村岡さんにお話したところ、快くお引き受け下さり、この企画が始まった。

高坂先生は自らワープロに原著を打ち込まれ、原著者の孫にあたる植原千文氏（彫刻家、米国在住）など遺族・親族の方々のご協力を得て順調に進行したが、唯一の障碍はこの私であった。妻の病臥と死、学内の雑務、それに他の仕事などもあって、延々と時間がかかり、随分皆様にご迷惑をおかけした後、漸くこうして公刊の運びとなった。

日本近代憲法思想史における植原の位置づけを考えて見ると、「ドイツ対英国」及び「リベラリズム対マルクス主義」という二つの枠組が念頭に浮かんでくる。

明治十四年の政変に伴って、権力主導で俄かに始まった日本アカデミズムのドイツ化は、作為的で不自然なものであることに相違なく、元来「英法派」であった東京大学が強引に「独法化」（現在この言葉は別の意味で用いられている）させられたことも、学問史にとって余り名誉なことではない。慶応や早稲田など、これに抵抗した英学ないし英米学の拠点の日本思想史における意義は、改めて評価さるべきであろう。

英国派にも、君主主義と帝国主義に傾くトーリー系と、議会主義・自由主義と「小英国主義」を志向するホィッグ系があり、明治末期より大正初期において、日本知識層に対して後者の精神的影響が急速に広まった。その象徴的人物が英国ではロイド＝ジョージ、日本では石橋湛山である。そして日本におけるその攻撃対象が、なかんずく山縣閥であった。

英国留学から帰国した植原は、「ホィッグ系英国派」の一員として、山縣閥との闘争に身を投じたが、同時に憲法学界におけるドイツ派の支配に対しても果敢に挑戦した。この闘争の中で、彼は憲法思想史に名を残すことになる一つの重要な理論を唱えた。それが即ち、主権と統治権を区別し、すべての国家において主権は国民にあるという主張である。

植原のみならず、石橋湛山、清瀬一郎など、大正期の「急進的自由主義者」で戦後も活躍した人々は、戦後皆保守党に参加した。これは前述した第二の枠組、「リベラリズム対マルクス主義」の問題と関わる。

岩波書店のような大出版資本、日教組という知的読者層を傘下におく大組織が流布させた歴史観によれば、マルクス主義を拒否したこれらの人々の「本質」は「反動」であり、それゆえ彼等が戦後保守党に属したのは馬脚を顕したものだというふうに議論される。

六〇年安保の年、丸山真男教授が講壇から、「日本の『保守』なるものは『極反動』だ」と喝破されたのを、私は学生として聴いた。ところで現在、保守党主導で改憲準備が進められているが、日本国憲法の国民主権原則を維持することについては、抵抗は殆んどないように見える。穂積八束流「國體論」をたてにとって、それにまで反対する「極反動」は、もはや無視し得る勢力なのであろう。

このような保守党の憲法史理解は、「日本はずっと国民主権国家であった。明治憲法は統治権を天皇に与えただけだ」という植原の議論の上に成り立っているように見える。最近刊行された山口輝臣氏の『明治神宮の出現』(吉川弘文館)によれば、京都に天皇陵を取られた東京都民が、東京に明治神宮を建て、博覧会予定地「外苑」という大公園を作ったのは、ポピュリズムの産物だという。それが企画され、建てられたのが、ちょうど植原の言論活動の時代である。そのポピュリズムの産物が、元旦における参拝客の大群ということになる。

このような近代以降の日本人の意識や在り方については、色々な考え方があるであろうが、現在から顧みて、一つの太い線であることは否定できない。「植原憲法学」というものが、回顧するに値する一つの体系だと考える理由はここにある。

本書について是非記憶に留めらるべきは、「完全主義者」高澤弘明氏(東洋大学非常勤講師)の存在である。同氏は、やや不用意で不統一も少なくない植原の原文を、徹底的に旧漢字旧仮名遣いで一貫させた。これは筆者が先に編集した『穂積八束集』の不徹底さと対比して下されば明らかなことである。このために印刷会社も随分苦労されたと聞いている。この完全主義は、同氏のご尽力による人名索引にも貫かれている。現在同氏等と、『明治憲法逐条註釈』を計画中なので、期待して欲しい。

最後に改めて、お世話になった諸氏に謝意を表し、遅延をお詫びしたい。

二〇〇五年二月十四日

長尾龍一

人名索引

あ・い

足利尊氏 （1305〜1358）…… 130,204
家永三郎 （1913〜2002） …… 358
石橋湛山 （1884〜1973）…… 296,309,332,342,343
板垣退助 （1837〜1919）… 11,67,118,119,141,142,143,145,146,170,220,257
一木喜徳郎 （1867〜1944） … 297
市村光恵 （1875〜1928）…… 156,163,294,341,342
伊藤之雄 （1952〜 ） …… 326
伊藤博文 （1841〜1909）…… 5,9,11,40,43,45,46,50,58,64,66,67,69,94,116,117,118,119,120,143,144,146,147,148,152,154,163,165,166,167,169,171,261,323,352
伊東巳代治 （1857〜1934）… 147,148,316,352
稲田正次 （1902〜1984） …… 346
犬養毅 （1855〜1932）… 246,247,254,255,256,257,258,259,260,261,262,263,264,265,294,309,312,315〜320,322,333,359,360
犬養千代子 （1865？〜1952） 261
井上毅 （1843〜1895） … 148,346
伊部政隆 ………………………… 324
岩倉具定 （1851〜1910） …… 147
岩倉具視 （1825〜1883） …… 154
岩淵辰雄 （1892〜1975） 320,333

う

上杉慎吉 （1878〜1928）…… 156,157,158,159,160,161,162,163,164,202,203,205,206,207,209,210,211,212,123,214,215,216,217,218,219,220,221,223,229,294,297,298,300,327,341,342,352,356
植原繁太郎 （1846〜1922）… 293,303,328
植原金彌 ………………………… 328
植原脩市 ……………… 303,332
植原つじ …………………………293
植原［山田］照子（？〜1919） 332
植原喜太郎 （1816〜1888） … 328
植原米三郎 ……………… 304,329
植松考昭 （1876〜1912） …… 296
鵜崎鷺城［熊吉］（1873〜1934）…………………………………… 315
鵜澤總明 （1872〜1955） 311〜313

え

江木千之 （1853〜1932）…… 301,302,313,328
江藤新平 （1834〜1874） …… 145
榎本武揚 （1836〜1908） …… 148

お

大石正巳 （1855〜1935）…… 258,

315
大浦兼武　(1850〜1918)　188,227
大木喬任　(1831〜1899)　…… 148
大久保利通　(1830〜1878)　… 145, 146,154
大隈重信　(1838〜1922)　…… 11, 67,118,119,142,143,170, 173,174,219,220,256,257
大島健一　(1858〜1947)　…… 316
太田丑太郎　…………………… 308
太田房太郎　………………… 333,335
岡田敬介　(1868〜1952)　…… 332
岡村新吾　……………………… 322
小川平吉　(1869〜1942)　…… 313
奥泉栄三郎　(1940〜　)　… 334
奥田義人　(1860〜1917)　…… 301
小倉徂峰　……… 223,229,231,242
尾崎行雄　(1858〜1954)　…… 126, 143,188,227,256,257,258,259,333
織田信長　(1534〜1582)　…… 47, 158,251
小野梓　(1852〜1886)　……… 256

か

嘉悦孝子　(1867〜1949)　…… 317
片岡直温　(1859〜1934)　…… 315
勝海舟［安房］(1823〜1899)… 148
加藤高明　(1860〜1926)　…… 264, 316,318
加藤友三郎　(1861〜1923)　… 316
桂太郎　(1845〜1913)　…… 13,26, 120,260,261,297,315,323
金森德次郎　(1886〜1959)　… 324
金子堅太郎　(1853〜1942)　… 65, 147,148
神谷博　(1927〜　)　… 315,318
茅原崋山　(1870〜1952)　…… 309
河上肇　(1879〜1946)　…………300
河島醇　(1847〜1911)　……… 147
川村純義　(1836〜1904)　…… 148

き

木坂順一郎　(1931〜　)　… 343
北一輝［輝次郎］(1883〜1937) ……………… 298〜300,327,328
喜田貞吉　(1871〜1839)　…… 298
北畠治房　(1833〜1921)　…… 256
木戸孝允　(1833〜1877)　…… 10, 103,154
木下友三郎　(1864〜1944)　… 310, 311,313,314
清澤洌　(1890〜1945)　……… 302
清瀬一郎　(1884〜1967)　…… 333

く

工藤武重　(1869〜1937)　…… 118
藏原惟郭　(1861〜1949)　…… 131
黒田清隆　(1840〜1900)　…… 11, 117,151,152,154

こ

孔子　(B.C.552〜479)　……… 124
肥塚龍　(1848〜1920)　……… 256
河野廣中　(1849〜1923)　258,259
幸徳秋水　(1871〜1911)　…… 298
後藤新平　(1857〜1929)　…… 316
今野敏彦　(1935〜　)　…… 331

さ

西園寺公望　(1849〜1940)　… 26,

120,144,147,165,166,168,170,300,323
西郷隆盛 (1827～1877) …… 151
齋藤隆夫 (1870～1949) …… 317
齋藤實 (1858～1936) ……… 322
坂本令太郎 (1904～1981) … 303
櫻井ちか子 (1855～1928) … 317
佐郷屋留雄 (1908～1972) … 322
笹川臨風［種郎］(1870～1949) …………… 310,311,313,314,332
佐々木高行 (1830～1910) … 148
佐々木毅 (1945～) …… 351
佐野常民 (1822～1902) …… 148
三條實美 (1837～1891) … 45,148

し

幣原喜重郎 (1872～1951) … 319,320,324,325
品川彌二郎 (1843～1900) … 148
司馬遼太郎 (1923～1996) … 354
島田三郎 (1852～1923) …… 256,258,315
清水澄 (1868～1947) ……… 5,40
聖德太子 (574 ～622) … 18,49
昭和天皇 (1901～1989) …… 326
神武天皇 …………………… 17,18

す・せ

鈴木正節 (1942～) …… 321
關末與策 ………………………… 269

そ

副島義一 (1867～1947) … 5,40,61
副島種臣 (1828～1905) …… 145,148,220
孫文 (1866～1925) …… 319,320

た

大正天皇 (1879～1926) …… 297
平將門 (? ～940) … 130,204
高橋是清 (1854～1936) …… 318
瀧川幸辰 (1891～1962) …… 322
竹内幸次郎 (1879～1933) … 334
武富時敏 (1855～1938) …… 258,259,315
田中義一 (1864～1929) 319,322
田中玉堂 (1867～1932) …… 332
田中惣五郎 (1894～1961) … 327
棚橋絢子 (1839～1939) …… 317
段祺瑞 (1865～1936) ……… 322

つ・て

辻清明 (1913～1991) … 359,360
手島精一 (1849～1918) …… 331
寺内正毅 (1852～1919) …… 131,141,316,326
寺島宗則 (1832～1893) …… 148

と

東條鐈 (1888～1970) ……… 331
東條英機 (1884～1948) …… 315,323,324
德川家康 (1543～1616) 18,209,340
德大寺實則 (1839～1919) … 148
豐臣秀吉 (1536～1598) …… 47,158,251
鳥尾小彌太 (1847～1905) … 148

な

永井荷風 (1879～1959) …… 304
中萱喜助［多田加助］(1639～1686) …… 303
中橋徳五郎 (1861～1934) … 312, 313

に・ぬ

西野文太郎 (1865～1889) … 151
西原龜三 (1873～1954) …… 320
仁徳天皇 …… 161
沼間守一 (1843～1890) …… 256

の

乃木希典 (1849～1912) …… 168
野村靖 (1842～1909) …… 148

は

浜口雄幸 (1870～1931) …… 320, 322, 325
林銑十郎 (1876～1943) …… 323
原敬 (1856～1921) …… 120 316, 321, 346

ひ

東久世通禧 (1833～1912) … 148
平田東助 (1849～1925) …… 10, 107, 147, 316
平沼騏一郎 (1867～1952) … 188, 227, 326
廣瀬武夫 (1868～1904) 307, 335
廣橋賢光 (1855～1910) …… 147

ふ

福岡孝悌 (1835～1919) …… 148
福澤諭吉 (1834～1909) …… 33
藤崎康夫 (1936～) …… 331
藤森達三 (1841～1913) …… 313
古屋政次郎 …… 306, 308, 331, 334～336

ほ

北條高時 (1303～1333) …… 204
星島二郎 (1887～1980) 327, 333
星亨 (1850～1901) 119, 142, 143
穗積八束 (1860～1912) …… 4, 5, 20, 21, 42, 49, 130, 131, 163, 166, 297, 298, 300, 327, 355
本庄繁 (1876～1945) …… 326

ま

前島密 (1835～1919) …… 256
牧野伸顕 (1861～1949) …… 316
増田甲子七 (1898～1985) … 315
松尾尊兊 (1929～) …… 296
松方正義 (1835～1924) … 11, 67, 116, 117, 143, 167
松田正久 (1845～1914) …… 120
松本重敏 (? ～1941) …… 313
松本烝治 (1877～1954) …… 325
松浦厚 (1864～1937) …… 301

み

三浦銕太郎 (1874～1972) … 296
三井須美子 …… 328
南弘 (1869～1946) …… 312
箕浦勝人 (1854～1929) 258, 259,

315
美濃部達吉　(1873～1948) … 156, 157, 158, 160, 163, 164, 294, 296～302, 322, 325～327, 337, 341, 342, 347, 355, 358
宮原安春　(1942～　　) …… 331
宮本盛太郎　(1942～　　) … 296, 332, 360
三好退藏　(1845～1908) …… 147

む・め

牟田口元學　(1844～1920) … 256
陸奥廣吉　(1869～1942) …… 308
陸奥宗光　(1844～1897) …… 308
室伏高信　(1892～1970) …… 321
明治天皇　(1852～1912) …… 148, 150, 169, 297, 326

も

本野一郎　(1862～1918) …… 316
森有禮　(1847～1889) ……… 151
森恪　(1882～1932) ………… 319
孟子　(B.C.372～289) ……… 340

や・ゆ

山縣有朋　(1838～1922) … 11, 13, 115, 116, 117, 118, 119, 120, 144, 165, 166, 167, 168, 169, 170, 171, 173, 316, 351, 352
山崎直胤　(1853～1918) …… 147
山田昌邦 ……………………… 332
山本權兵衞　(1852～1933) … 318
山脇房子　(1867～1935) …… 317
弓家七郎　(1891～1990)　140, 309
弓削道鏡　(？ ～772)　130, 204

よ・わ

吉野作造　(1878～1933) …… 184, 185, 186, 187, 188, 189, 190, 192, 193, 194, 195, 197, 198, 199, 200, 201, 202, 203, 206, 217, 221, 222, 223, 224, 225, 227, 228, 229, 230, 231, 232, 233, 234, 235, 236, 237, 238, 239, 240, 241, 242, 243, 244, 295, 355, 356, 357, 358, 359
吉田茂　(1878～1967) … 319, 324
吉田正春　(1851～1921) …… 147
若槻禮次郎　(1866～1949) … 322, 325

A

Alexandra (Queen of England) (1844～1925) ………… 5, 35, 36
Anson, William Reynell (1843～1914) …………………… 16, 347
Aristoteles (384～322 B.C.) ………………… 136, 286, 287, 309
Asquith, Herbert Henry (1852～1928) … 128, 249, 250, 251, 253, 257, 265, 308

B

Bagehot, Walter (1826～1877) …………………………61, 345, 359
Balfour, Arthur James (1848～1930) ………… 249, 308
Bentham, Jeremy (1748～1833) ……………………………… 280
Bismarck, Otto von (1815～1898) …………………… 39, 148

Borodin, Mikhail Markovich (1884～1951) ………………… 333
Bulow, Bernhard Heinrich, von (1849～1929) …………………… 39
Burke, Edmund (1729～1797) ………………………………… 8, 77
Burgess, John William (1844～1931) ………………… 107
Burns, John (1858～1943) ………………………………… 250

C

Campbell-Bannerman, Henry (1836～1908) ………… 248, 249
Carlos I (King of Portugal) (1863～1908) …………………… 38
Charles I (King of England) (1600～1649) …………… 36, 130
Churchill, Winston (1874～1965) ………………………………… 309
Cicero, Marcus Tullius (106～43 B.C.) …………………… 136

D・E

Dower, John W. (1938～) … 337
Edward VII (1841～1910) … 5, 35

F

Fawcett, Millicent Garret (1847～1929) …………… 12, 126
Ferrery Guardia, Francisco (1849～1909) ………………… 126
Franco, Joao (1855～1929) ……………………………… 5, 38

G

Galen [Vasily Konstantinovich Blucher] (1889？～1937？) ………………………………… 321
Georg III (1738～1820) 36, 130
George, William …………… 246
Gladstone, William Ewart (1809～1898) …………… 26, 254
Grey, Edward (1862～1933) 251, 253, 257
Grew, Joseph Clark (1880～1965) …………………………… 325

H

Hallam, Henry (1777～1859) 19
Hegel, Georg Wilhelm Friedrich (1770～1831) ………… 16, 339
Hitler, Adolf (1889～1945) 347

I・J

Ibsen, Henrik (1828～1906) 332
James, William (1842～1910) ………………………………… 306
John (King of England) (1167～1216) ……………………… 19

L

Leopold I (King of Belgium) ……………………………… 5, 34, 35
Louis XIV (1638～1715) … 136, 276
Lloyd-George, David (1863～1945) … 28, 246, 247, 248, 249, 250, 251, 252, 253, 254, 255, 257,

259, 261, 262, 263, 264, 265, 294, 308, 360
Lloyd-George, Margaret (1866～1941) ………… 253, 261
Lloyd, Richard ……………… 246
Lowell, Abbott Lawrence (1856～1943) ……………… 34

M・N

Manuel II (1889～1932) …… 38
Masterman, John Howard Bertram (1867～1933) … 121
Mill, John Stuart (1806～1873) ……………… 280
Montesqieu, Charles Louis (1689～1755) …… 6, 49, 188, 225
Morley, John (1838～1923) 250
North, Frederick (1732～1792) ……………… 130

P

Pitt, William (1759～1806) 254
Platon (427～347 B.C.) 125, 136, 309
Primrose, Archibald Philip (1847～1929) ……………… 72

R

Rhodes, Cecil John (1853～1902) ……………… 247
Rousseau, Jean-Jacques (1712～1778) ……………… 281

S

Savory, William ……………… 306
Schmitt, Carl (1888～1985) 355
Schopenhauer, Arthur (1788～1860) ……………… 282
Simmons, Duane B. (1834～1889) ……………… 11, 113
Smith, Adam (1723～1790) 308
Smith, James Allen (1860～1926) ……………… 306
Spencer, Herbert (1820～1903) ……………… 7, 65

V・W

Victoria (Queen of England) (1819～1901) ……………… 5, 65
Wallas, Graham (1858～1932) ……………… 307, 345, 350, 351, 359
Westermarck, Edward (1862～1939) ……………… 307
Webb, Sidney (1859～1947) 307
Wilhelm II (1859～1941) … 347

著者紹介

植原 悦二郎 （うえはら えつじろう）

本書年譜欄参照

編者紹介

高坂邦彦 （こうさか くにひこ）

1941年 長野県生まれ。
信州大学教育学部卒業後，県内各地の小・中・高校教員として勤務。東京大学法学研究室（法哲学）に長野県教委派遣の内地留学（昭和54年度）。穂高中学校長を最後に退職。
著書 『清沢洌と植原悦二郎——戦前日本の外交評論と憲法論議』（銀河書房新社・2001年）他。

長尾 龍一 （ながお りゅういち）

1938年 中国東北部斉々哈爾市生れ。
1961年 東京大学法学部卒業。東京大学助教授を経て，1980年より東京大学教養学部教授，1998年より日本大学法学部教授（専攻・法哲学・政治思想史・憲法思想史）。
主要著書 『日本法思想史研究』(創文社・1981年),『法哲学入門』(日本評論社・1982年),『リヴァイアサン』(講談社・1994年),『日本憲法思想史』(講談社・1997年),『探求の生涯——長尾克子の軌跡 1939〜2003』(日刊工業新聞社・2004年), ほか。

日本憲法史叢書

植原悦二郎集

2005年4月10日 初版第1刷発行

編 者 高坂邦彦・長尾龍一

装幀者 石川九楊

発行者 今 井 貴＝村岡侖衛

発行所 信山社出版株式会社

113-0033 東京都文京区本郷6-2-9-102

TEL 03-3818-1019 FAX 03-3818-0344

印刷 図書印刷 製本 渋谷文泉閣 発売 大学図書

ISBN 4-7972-5050-X C 3332